教職課程コアカリキュラム対応

# 情報社会を支える教師になるための教育の方法と技術

堀田龍也・佐藤和紀 [編著]

三省堂

# はじめに

　教育基本法の第一条には，教育の目的として「教育は，人格の完成を目指し，平和で民主的な国家及び社会の形成者として必要な資質を備えた心身ともに健康な国民の育成を期して行われなければならない」と定められている。学校や教師が，教育の大きな責任を背負っていることは，いつの時代も変わらないことである。

　驚くほど早いスピードで情報技術が進化するこの時代の「社会の形成者として必要な資質」をイメージすることは容易ではない。たった20年ほど前にようやく実用化したインターネットが，今では社会基盤となっている。インターネットによって，仕事で用いるパーソナルコンピュータだけでなく，生活の場で肌身離さず持っているスマートフォンもつながるようになった。近年では世界中のたくさんのセンサーやカメラがインターネットにつながり，ビッグデータを回収し続け，そのデータを人工知能が分析し，私たちに新しい情報を示唆してくれている。世界は人口爆発を続ける中，日本の人口は2004年以降減少に転じており，これまで人手でなされてきたさまざまな仕事はテクノロジーに代行させていく必要が生じている。

　2020年に小学校から全面実施される学習指導要領は，私たちが学校で育てていく子供たちが社会の中心を担う2030年以降の社会をイメージし，そこで必要とされる資質・能力の育成を今の段階から始めようとして策定され，「情報活用能力」が学習の基盤となる資質・能力の一つとして位置づけられた。新しい時代背景を意識して策定された学習指導要領の理念，その具体的な能力観，期待されている指導方法や学習環境などを踏まえ，それでもなお不易の部分は何なのか，新しく置き換えられるべきことは何なのかについて，教師が正確に理解することが求められている。

本書は，先人たちが築き上げた授業技術や教師の姿勢を踏まえ，ICTをはじめとする新しい技術を活用した教育方法の刷新と，さらに情報化が進行するこれからの社会で必要となる資質・能力の育成の手法について解説したものである。執筆陣は，教育方法や教育技術の分野で実践的な研究を進めてきた者で構成されている。テクノロジーがさらに日常に浸透する時代に教職をめざす学生，大学院生，若手教師が学ぶ際の参考になるよう企画された。

　第1部は「教育の方法」として，学習指導要領と授業の基本的な関係と，教育方法および学習評価の原理，教師の意思決定の理論について整理した。第2部「授業の技術」では，具体的な授業技術について，授業における発問と指示の技術，教科書や教材の活用に関する技術を整理した。子供の前に立つ教師に最低限必要な教育の方法と技術が，この第1部・第2部にまとめられている。

　第3部以降は，ICTを積極的に授業に利用していくための方法について整理した。第3部「授業改善のためのICT活用」では，教師によるICT活用の具体的な手法を説明し，とりわけ学校放送番組の活用や思考力を育てる授業の組み立て方について解説した。第4部「児童生徒の情報活用能力の育成」では，児童生徒によるICT活用の指導法，情報活用能力の育成の指導法，情報モラル教育やプログラミング教育の手法について述べた。最後に第5部「学校の情報化」では，教師の日常業務の情報化の観点から，校務の情報化と学校の情報管理に焦点を当てて整理した。

　本書が，未来の日本の情報社会を支える教師たちが学ぶ際の参考になれば幸いである。

まもなく新しい元号を迎える2019年3月吉日

編著者　堀田龍也
　　　　佐藤和紀

目次

はじめに　2

# 第Ⅰ部　教育の方法

## 第1章　学習指導要領と授業 ……………………………………… 8

1-1　学校教育に関する主な法令等　8
1-2　教育課程の基準としての学習指導要領　12
1-3　各教科等のカリキュラムの考え方　14
1-4　教科書・教材　17
1-5　授業と学習環境　19

## 第2章　教育方法の原理と学習評価 …………………………… 24

2-1　教育方法の歴史　24
2-2　授業設計の理論　27
2-3　学習目標の考え方　30
2-4　学習評価の考え方　34

## 第3章　授業中の教師の意思決定 ……………………………… 40

3-1　教師が意思決定を行う場面　40
3-2　意思決定に必要な教師の知識　45
3-3　教師の意思決定の力を鍛える　50
3-4　ICTを活用した授業における教師の意思決定　51

# 第 2 部　授業の技術

## 第 4 章　授業における発問と指示 ……………………………… 56
- 4-1　発問と指示の役割　56
- 4-2　発問と指示の種類と効果　60
- 4-3　優れた発問と指示および使い分けの実際　64
- 4-4　発問と指示を生かすために　69

## 第 5 章　教科書活用の技術 ……………………………………… 72
- 5-1　教科書を使って行う授業の効果　72
- 5-2　教科書を使った教材研究や授業準備　76
- 5-3　教科書紙面を提示する際の工夫　83

## 第 6 章　教材活用の技術 ………………………………………… 88
- 6-1　教材の側面　88
- 6-2　授業設計における教材の分析と選択　90
- 6-3　アナログ教材，デジタル教材の活用　95

# 第 3 部　授業改善のための ICT 活用

## 第 7 章　教師による ICT 活用 ………………………………… 104
- 7-1　授業改善と ICT 活用　104
- 7-2　教室の環境づくり　105
- 7-3　教材研究・教材準備（授業設計）　108
- 7-4　知識・技能を身に付けさせる　111
- 7-5　わかる授業の工夫と特別な支援　113

## 第 8 章　学校放送番組の活用 …… 120
- 8-1　学校放送番組とは　120
- 8-2　学校放送番組の特徴　124
- 8-3　学校放送番組の活用状況とその効果　128
- 8-4　学校放送番組を活用した授業方法　131

## 第 9 章　思考力を育てる授業 …… 136
- 9-1　思考力育成と授業の組み立て　136
- 9-2　学習目標と学習活動　139
- 9-3　学習活動を組み入れた授業設計の観点　143
- 9-4　学習活動を組み入れた授業の実際　147

# 第 4 部　児童生徒の情報活用能力の育成

## 第 10 章　児童生徒による ICT 活用 …… 152
- 10-1　児童生徒による ICT 活用の意義　152
- 10-2　児童生徒による ICT 活用の効果　154
- 10-3　教室の環境づくり　155
- 10-4　ICT 活用のために必要な基本的な操作　159
- 10-5　児童生徒による ICT 活用の授業場面　164

## 第 11 章　情報活用能力の育成 …… 168
- 11-1　小学校での情報活用能力を育成するための方策　168
- 11-2　情報活用能力を育成するための教材開発　170
- 11-3　情報活用能力を育成するための教材を活用した授業実践　177

## 第12章　情報モラル教育　……………………………………… 184
- 12-1　児童生徒の情報モラルに関する現状と課題　184
- 12-2　学習指導要領における情報モラル教育の位置づけ　185
- 12-3　情報モラル教育を実現するための教材　189
- 12-4　情報モラル教育の実践　193

## 第13章　プログラミング教育　………………………………… 200
- 13-1　小学校におけるプログラミング教育導入の経緯　200
- 13-2　諸外国におけるプログラミング教育　202
- 13-3　学習指導要領等におけるプログラミング教育　206
- 13-4　プログラミングの授業　209

# 第5部　学校の情報化

## 第14章　校務の情報化　………………………………………… 216
- 14-1　校務の情報化の意味と目的　216
- 14-2　業務の軽減と効率化の具体例　220
- 14-3　教育活動の質の改善の具体例　223
- 14-4　校務の情報化と学校経営の改善　228

## 第15章　学校の情報管理　……………………………………… 232
- 15-1　学校における情報管理とはなにか　232
- 15-2　授業改善における情報管理　233
- 15-3　校務改善における情報管理　235
- 15-4　情報セキュリティ対策　236

参考　248
索引　249

# 第1部 教育の方法

## 第1章 学習指導要領と授業

> ▶学習のポイント
>
> 日本の教育制度の特色について,教育課程の基準としての学習指導要領,教科書に関する制度等について概観したうえで,年間指導計画,単元の指導計画,1時間の授業の関係と,指導法と教科書・教材の活用,学習スキルや学習規律の必要性など,教育の方法と技術の重要性について学ぶ。

**教職課程コアカリキュラムとの対応**　(1)の2,(1)の3

### 1-1　学校教育に関する主な法令等

#### 1) 我が国の学校制度

　我が国の学校制度は,小学校6年間,中学校3年間の義務教育の上に,高等学校3年間,大学4年間などの各校種が接続しているような形となっている。小学校段階を初等教育,中学校と高等学校段階を中等教育,大学等の段階を高等教育と呼ぶ。初等教育を受けている子供を児童,中等教育を受けている子供を生徒,高等教育を受けている子供を学生と呼ぶ。

　文部科学省は,学校教育行政に必要な学校に関する基本的事項を明らかにすることを目的として,毎年「学校基本調査」を実施している。

　平成30年(2018年)の学校基本調査によれば,初等中等教育機関等の学校数,在学者数,教員数は[表1-1]のとおりである。我が国には小学校

が約2万校,中学校が約1万校,高等学校が約5千校ある。少子化による子供の数の減少により,学校数は年々減少している。減少する子供たちが社会を支えていく時代を見越して,公職選挙の選挙権年齢を20歳以上から18歳以上に引き下げる法改正・選挙制度改正が2016年に行われた。高等学校卒業者の大学・短期大学進学率（過年度卒を含む）は57.9%であり（同学校基本調査より）,大学生であっても社会的な責任をもつ時代となった。これらの変化を受け,我が国では,18歳段階の子供たちに身に付けさせておくべき力についての検討が,中央教育審議会等で続けられてきている。

表 I-I ▶日本の学校数,在学者数,教員数
令和2年度文部科学省学校基本調査より作成

| 校種 | 学校数 | 在学者数 | 教員数 |
| --- | --- | --- | --- |
| 幼稚園 | 9,698 校 | 1,078,496 人 | 91,785 人 |
| 幼保連携型認定こども園 | 5,847 校 | 759,013 人 | 120,785 人 |
| 小学校 | 19,525 校 | 6,300,693 人 | 422,554 人 |
| 中学校 | 10,142 校 | 3,211,219 人 | 246,814 人 |
| 義務教育学校 | 126 校 | 49,677 人 | 4,486 人 |
| 高等学校 | 4,874 校 | 3,092,064 人 | 229,245 人 |
| 中等教育学校 | 56 校 | 32,426 人 | 2,683 人 |
| 特別支援学校 | 1,149 校 | 144,823 人 | 85,933 人 |
| 専修学校 | 3,115 校 | 661,174 人 | 40,824 人 |
| 各種学校 | 1,102 校 | 105,203 人 | 8,866 人 |

人がもっているべき力のことを資質・能力と呼ぶ。今日の学校教育において,子供たちにどんな資質・能力を育てるべきなのかについての関連法令等は,以下のように整理できる。

・教育基本法：教育の目的
・学校教育法：各学校段階の目的
・学習指導要領：何を,いつ教え育てるか
・各学校の教育課程：誰が,どのように教え育てるか

## 2）教育基本法

　教育基本法は，学校教育だけでなく社会教育や家庭教育を含む教育関連の最上位法である。昭和22年（1947年）に施行されたが，それから約60年経過した平成18年（2006年）に社会の変化に合わせて改正された。併せて，学校教育に関する学校教育法についても平成19年（2007年）に改正された。

　教育基本法には，第1条に教育の目的として「教育は，人格の完成を目指し，平和で民主的な国家及び社会の形成者として必要な資質を備えた心身ともに健康な国民の育成を期して行われなければならない」と示されている。第6条には学校教育として「学校においては，教育の目標が達成されるよう，教育を受ける者の心身の発達に応じて，体系的な教育が組織的に行われなければならない。この場合において，教育を受ける者が，学校生活を営む上で必要な規律を重んずるとともに，自ら進んで学習に取り組む意欲を高めることを重視して行われなければならない」と示されている。このように，教育とは人格の備わった我が国を支える国民の育成を目指しているのであり，学校においては，自ら進んで学習する意欲の向上を目指すこと，そのために必要な規律は重んじることとされており，社会規範の指導の必要性を読み取ることができる。

## 3）学校教育法

　学校教育法には，第30条第2項に「生涯にわたり学習する基盤が培われるよう，基礎的な知識及び技能を習得させるとともに，これらを活用して課題を解決するために必要な思考力，判断力，表現力その他の能力をはぐくみ，主体的に学習に取り組む態度を養うことに，特に意を用いなければならない」と示されている。これが，我が国の学校教育において身に付ける資質・能力に関する規定の法的根拠となっている。

　学校教育法における主な学校段階の設置の目的は次のようになっている。

> 第三章　幼稚園
> 第二十二条　幼稚園は，義務教育及びその後の教育の基礎を培うものとして，幼児を保育し，幼児の健やかな成長のために適当な環境を与えて，その心身の発達を助長することを目的とする。
>
> 第四章　小学校
> 第二十九条　小学校は，心身の発達に応じて，義務教育として行われる普通教育のうち基礎的なものを施すことを目的とする。
>
> 第五章　中学校
> 第四十五条　中学校は，小学校における教育の基礎の上に，心身の発達に応じて，義務教育として行われる普通教育を施すことを目的とする。
>
> 第六章　高等学校
> 第五十条　高等学校は，中学校における教育の基礎の上に，心身の発達及び進路に応じて，高度な普通教育及び専門教育を施すことを目的とする。
>
> 第八章　特別支援教育
> 第七十二条　特別支援学校は，視覚障害者，聴覚障害者，知的障害者，肢体不自由者又は病弱者（身体虚弱者を含む。以下同じ。）に対して，幼稚園，小学校，中学校又は高等学校に準ずる教育を施すとともに，障害による学習上又は生活上の困難を克服し自立を図るために必要な知識技能を授けることを目的とする。

### 4）学校教育法施行規則

　学校教育法施行規則は，学校教育法の下位法である文部科学省の省令であり，学校における教育課程や授業日，学校評価等に関することが定められている。

　各学校段階の各学年における各教科等の授業時数，各学年における総授業時数を別表として示しており，これを授業時数の標準と規定している。

表 I-2 ▶ 小学校・中学校の授業時数

小・中学校学習指導要領（平成29年告示）の「学校教育法施行規則（抄）」より

| 区分 | | 第1学年 | 第2学年 | 第3学年 | 第4学年 | 第5学年 | 第6学年 |
|---|---|---|---|---|---|---|---|
| 各教科の授業時数 | 国語 | 306 | 315 | 245 | 245 | 175 | 175 |
| | 社会 | | | 70 | 90 | 100 | 105 |
| | 算数 | 136 | 175 | 175 | 175 | 175 | 175 |
| | 理科 | | | 90 | 105 | 105 | 105 |
| | 生活 | 102 | 105 | | | | |
| | 音楽 | 68 | 70 | 60 | 60 | 50 | 50 |
| | 図画工作 | 68 | 70 | 60 | 60 | 50 | 50 |
| | 家庭 | | | | | 60 | 55 |
| | 体育 | 102 | 105 | 105 | 105 | 90 | 90 |
| | 外国語 | | | | | 70 | 70 |
| 特別の教科である道徳の授業時数 | | 34 | 35 | 35 | 35 | 35 | 35 |
| 外国語活動の授業時数 | | | | 35 | 35 | | |
| 総合的な学習の時間の授業時数 | | | | 70 | 70 | 70 | 70 |
| 特別活動の授業時数 | | 34 | 35 | 35 | 35 | 35 | 35 |
| 総授業時数 | | 850 | 910 | 980 | 1015 | 1015 | 1015 |

備考　一　この表の授業時数の1単位時間は，45分とする。（以下略）

| 区分 | | 第1学年 | 第2学年 | 第3学年 |
|---|---|---|---|---|
| 各教科の授業時数 | 国語 | 140 | 140 | 105 |
| | 社会 | 105 | 105 | 140 |
| | 数学 | 140 | 105 | 140 |
| | 理科 | 105 | 140 | 140 |
| | 音楽 | 45 | 35 | 35 |
| | 美術 | 45 | 35 | 35 |
| | 保健体育 | 105 | 105 | 105 |
| | 技術・家庭 | 70 | 70 | 35 |
| | 外国語 | 140 | 140 | 140 |
| 特別の教科である道徳の授業時数 | | 35 | 35 | 35 |
| 総合的な学習の時間の授業時数 | | 50 | 70 | 70 |
| 特別活動の授業時数 | | 35 | 35 | 35 |
| 総授業時数 | | 1015 | 1015 | 1015 |

備考　一　この表の授業時数の1単位時間は，50分とする。（以下略）

## I-2　教育課程の基準としての学習指導要領

### 1）学習指導要領とは

　学校教育法施行規則の第52条には，小学校の教育課程の基準として，文部科学大臣が別に公示する小学校学習指導要領によると定められている。中学校，高等学校等にも同様の記載がある。この記載が，学習指導要領の法的基準性を意味している。

　学習指導要領は，小学校，中学校，高等学校および特別支援学校に分かれて作成されている。幼稚園においては，同様の趣旨で幼稚園教育要領が作成されている。学習指導要領の記述の意味や解釈などの詳細について，教育委員会や教員等に対し説明するために，文部科学省によって学習指導要領解説が校種・各教科等別に作成される。学校は，国が示した大綱的な基準である学習指導要領をもとに，学習指導要領解説を参考にしながら，それぞれの学

校の教育課程を編成する。

　学習指導要領は，おおむね10年間に1回の頻度で，時代に合わせた改訂がなされてきた。改訂については，文部科学大臣が中央教育審議会にその検討を諮問し，検討結果にあたる答申を中央教育審議会から受けた文部科学省が，学習指導要領を作成し，文部科学大臣が告示するという形で進められる。

　最新の学習指導要領は，平成29年（2017年）3月に小・中学校が，翌30年3月に高等学校が告示され，2020年から小学校，2021年から中学校，2022年から高等学校において全面実施となる。全面実施の前の2～3年間は移行期間と呼ばれ，新旧の学習指導要領の内容や指導体制等についての調整が行われると同時に，先駆けて取り組みたい学校から新学習指導要領に取り組むことができるとされている。

### 2）最新の学習指導要領の特徴

　最新の学習指導要領では，小学校では高学年に外国語が教科として設置され，これまでは高学年で行われてきた外国語活動は中学年に位置づけられた。また，小・中学校ともに道徳が特別の教科として設定され，グローバルな社会における多様な価値観をもとにした議論に重点を置いたものになった。高等学校は，教科の新設や，各教科に属する科目の再編，必履修科目の見直し，従来の総合的な学習の時間を総合的な探究の時間と名称変更することなど，大幅な改訂となった。

　これらは中央教育審議会において検討されてきたことであるが（中央教育審議会，2016），中央教育審議会では学習指導要領の審議と同時に，高大接続を意識した大学入試の改善についても検討され，従来の大学入試センター試験から大学入学共通テストへの再編，特に英語を中心とした民間の資格・検定試験を活用することなどの検討が重ねられた。

　また，学習指導要領はこれまで「何を知っているか」という観点から，いわゆる「教える内容」である知識や技能を各教科等・学年ごとに整理して示す文書という性格が強かったが，最新の学習指導要領では，最優先すべきこ

とを「何ができるようになるか」とし，そのために「何を学ぶか」だけでなく「どのように学ぶか」が重要であるとした。そして，「何ができるようになるか」にあたる児童生徒に求められる力を「資質・能力」と呼び，この資質・能力を以下の3つの柱として整理し直した。

①生きて働く「知識・技能」の習得
②未知の状況にも対応できる「思考力・判断力・表現力等」の育成
③学びを人生や社会に生かそうとする「学びに向かう力・人間性等」の涵養

「どのように学ぶか」を具現化するために，各教師は「主体的・対話的で深い学び」という授業改善の視点をもつ必要があることが示された。また，各学校は，子供たちの姿や地域の実情等を踏まえ，各学校が設定する教育目標を実現するために，学習指導要領等に基づきどのような教育課程を編成し，どのようにそれを実施・評価し改善していくのかという「カリキュラム・マネジメント」の確立が求められるとされた。

## I-3　各教科等のカリキュラムの考え方

### 1) カリキュラムにおける授業の位置づけ

1時間の授業は，小学校は45分，中学校は50分が原則である。授業が午前中に4時間，午後に2時間程度で1日が構成され，それが月曜日から金曜日の5日間にわたることで1週間の時間割として構成される。これを学校週5日制と呼ぶ。

［表1-2］に掲載した学校教育法施行規則が規定する標準授業時数では，小学校第4学年から中学校第3学年までの年間の総授業時数は1,015時間となっており，年間35週（第1学年については年間34週）以上にわたって行うよう計画することが定められている。週5日×35週は175日となるが，一般的な小・中学校の年間の授業日数は約200日ほどである。この

差分は，小学校のクラブ活動や，児童会・生徒会活動，入学式や卒業式などの儀式的行事，遠足や宿泊学習，運動会や学習発表会などの行事等に充てられるほか，台風や大雪による休校や，インフルエンザ等による学級閉鎖などを念頭に置いた余剰時間として確保される。

さて，1,015時間を最低限の週数である35週でわり算すると，1週あたりの授業時数は29時間となる。月曜日から金曜日まで6時間授業としたときに1時間だけ余る計算である。1週間の時間割はこの29時間を各教科等に比例配分することが原則となる。

## 2）年間指導計画

ある学年のある教科等の授業が，1年間かけてどのような時間配分で行われるのかという計画を年間指導計画と呼ぶ。

第5学年の算数を例にとると，年間175時間であるから，週あたり5時間ということになり，月曜日から金曜日まで毎日1時間という計算になる。

学習活動の一連のまとまりを単元と呼ぶ。ある単元が10時間構成だったとすれば，単元の導入から最後の単元テストまで，おおむね2週間ほどで行われるということになる。

実際の算数の教科書では，例えば東京書籍「平成27年度版 新編 新しい算数」（2014）では，第5学年に16単元があり，短い単元で3時間，長い単元で14時間が想定されている。

この16単元の並びは，学習指導要領で示されている第5学年の算数の教育内容をもとに，教科書会社が検討を重ねたものである。その検討には，各単元でどのような知識・技能や思考力・判断力・表現力を身に付けるのかということのみならず，それが次の単元でどのように発揮されるのかということが綿密に想定されている。したがって，当該単元でどんな力を身に付けさせるのかをないがしろにしてしまうと，先の単元で学習の準備状態が保障されないということになってしまう。

### 3）単元の指導計画

1単元は数時間の授業で構成される。大きな単元の場合は，内容のまとまりごとにいくつかの小単元に分けられる。

各単元の導入では，事前に学習した関連する学習内容をもった単元の復習，すなわち既習事項の確認から入ることが多い。

単元の並びや内容の構成は教科書ごとに異なることから，使用されている教科書を発行している教科書会社が想定している単元の指導計画を参考にして，子供たちの実態や指導体制（少人数指導など）を検討して，授業者が単元の指導計画を決定する。進度の調整のために学年で相談することもある。

学習指導案には単元の指導計画を記載するのが一般的である。その際には，単元の目標と単元の総時数を示したうえで，各授業時間の主な内容を記載する。単元の目標は，知識・技能，思考力・判断力・表現力，学びに向かう力などの複数項目で示すことが多い。各授業時間の主な内容については，毎時ごとにその時間の主な学習活動と評価規準を対応させて示すことが多い。これらの形式は各学校や教育委員会，あるいは教科等によって少しずつ異なることが一般的であり，形式の確認とともに前例を知ることが必要となる。

### 4）1時間の授業

1時間の授業は一般に，導入－展開－まとめで構成される。

1時間の授業の導入では，前時の学習内容の確認など，学習の準備状態のチェックを行う。その後，本時の学習課題が提示される。学習課題に対しては，各自の考えを整理させるような個別学習，それらを座席の近い人たちと対話して確認したり，話し合って整理したりするようなグループ学習，学級全体で話し合い追究していくような一斉学習などの学習形態を経て，理解したことを振り返ったりまとめ直したり，あるいは学習の定着を図るような演習問題を行うことが一般的な流れとなる。

1時間の授業で何が学ばれるべきかについては，単元の指導計画のどこに

位置づいているかによるものであり，教師は常に単元全体と1時間の授業の関係を意識しておく必要がある。

## I-4　教科書・教材

### 1）教科書制度

授業で用いられる教科書は，授業で用いられる教材の一つであるが，「主たる教材」として位置づけられる。学校教育法第34条では「小学校においては，文部科学大臣の検定を経た教科用図書又は文部科学省が著作の名義を有する教科用図書を使用しなければならない」と定められており，この規定は中学校や高等学校，特別支援学校にも準用されている。

これには大きな理由がある。

学校教育においては，日本国憲法が定める国民の教育を受ける権利を保障すること，教育の機会均等の保障，全国津々浦々での適正な教育内容の維持と教育水準の保障，教育の中立性の確保等の観点から，文部科学省によって教育課程の基準としての学習指導要領が定められ，教科の主たる教材として重要な役割を果たしている教科書については，検定を実施している。教科書制度は以下のようなものである。

教科書の発行は，国の許諾を得た発行者（教科書会社）のみに認められ，作成された教科書は検定を合格したものだけを発行することができる。検定済の教科書は，教科ごとに数種類存在することとなり，各学校を設置する区市町村等によって教科ごとに採択される。

教科書の発行者は，教科書を各学校まで供給する義務を負い，全国に約3,000存在する教科書取扱書店と協力して各学校に供給を行う。

供給された教科書は児童生徒に渡され使用されることになるが，義務教育段階の学校（小学校，中学校，特別支援学校の小・中学部等）で使用される教科書については，全児童生徒に対し国の負担（税金）によって無償で給与される。教科書の裏表紙には「この教科書は，これからの日本を担う皆さん

への期待をこめ、税金によって無償で支給されています。大切に使いましょう」という無償給与制度の意義が掲載されている。同様の教科書無償給与の制度は、イギリス、フランス、ドイツ、フィンランド、アメリカ合衆国、カナダ、韓国などにも存在し、各国が義務教育を重視していることがわかる。

　以上のように、国が示した基準に対応した教科書を民間が作成し、それを各自治体が採択し、そこにかかる費用は国が負担するという形で教科書制度が成り立っている（文部科学省、2018）。

　なお、視覚障害のある児童生徒のために、文字や図形等を拡大して教科書を複製した拡大教科書や、点字により教科書を複製した点字教科書などが、教科書に代えて使用することができることとなっている。さらに 2018 年には、学校教育法が改正され、教科書と内容が同等であるデジタル教科書を使用することが可能となった。これにより、児童生徒が情報端末を授業で活用した学習が行いやすくなることや、障害のある児童生徒の学習上の困難の程度を低減させることが期待されている。

### 2）教材の活用

　授業においては、教科書とともに教材が用いられる。学校で用いられる教材は図書教材と呼ばれ、テスト、ドリル、ワーク、資料集などがあり、一般の書店を経由せず学校に直販されている（日本図書教材協会、2012）。

　学校教育法第 34 条 2 項には、主たる教材である教科書以外の教材について「有益適切なものは、これを使用することができる」とされている。地方教育行政の組織及び運営に関する法律第 33 条第 2 項には、各学校における教材の使用は、設置者である教育委員会に対する届け出、または承認の手続きを行うことと定められている。これを受けて各地方自治体は、教材の選定基準として、内容が正確中正であること、学習の進度に即応していること、表現が正確適切であることなどを定めている。また、無償給与される教科書と異なり、図書教材の多くは保護者負担であることから、保護者の経済的負担について考慮するよう定めている。この観点から、各地方自治体が教材費

の一部を予算化し，教育の充実を図っている例も少なくない。

　図書教材のほかにも，授業を行う教師が作成する自作のプリントなども教材と呼ばれる。また，各学校で整備する教材として，例えば授業中に用いられる円錐などの模型や，体育で用いる跳び箱やボール，理科室の実験道具なども教材の範疇である。最近はICT(1)の導入によって，児童生徒の理解を促すデジタル教材もある。

　これらの教材整備のための経費は，国から各地方自治体に，地方交付税として年間約800億円の財源措置がなされている。また，国によって教材整備指針が提示されており，各校で計画的に教材整備を行うこととされている。

## I-5　授業と学習環境

### 1）学級経営と授業

　学級経営とは，その言葉のとおり学級を経営することである。初等中等教育では，学級を基礎として展開されることが多いことから，児童生徒の人間的成長を目的とし，意図的に組織し，限られた時間を念頭に効果的に運営する必要がある。

　学級経営においては，学級担任のカラーが学級の風土に大きく影響することが知られている。このことはつまり，学習に向かう姿勢においても，学級担任の方針が影響するということを意味している。吉本均は，学習集団とは，学級の構成員全員が，わかり合う授業の創造をめざし，力を合わせながら創り出していくものであるとしている（1981）。そのような学級経営の実践のもとで，はじめて授業は規律をもった真剣なものとして成立し得るということである。

### 2）学習環境

　学習環境には，教室環境のような物理的な学習環境と，教室の雰囲気や教師の態度などの教室文化的な学習環境の両側面がある。

島根県教育センターは，物理的な学習環境として教室環境の整備をあげ，黒板の汚れ取りなどの掃除，机・椅子や学級図書の整頓，適切な室温や照明や換気，学習の成果物や学習内容に関する資料等の掲示など，学習の場を清潔で落ち着いた空間にし，学習に集中する雰囲気をつくることが大切としている。

　同じく島根県教育センターは，子供同士や子供と教師の人間関係づくりは『よい授業』づくりの大きなポイントとし，安心して学び合える集団づくりや学習規律も大切な要素であると指摘している（2011）。

　児童生徒にとって授業内容が理解しやすくなるためには，教師による提示の工夫が必要である。従来より，教室に実物を持ち込んだり，黒板に貼る短冊などを事前に準備するなどの工夫がされてきたが，近年では教室環境として大型提示装置や実物投影機などのICTが導入されるようになり，児童生徒が理解しやすい提示がしやすくなっている。

### 3）学習規律

　割れ窓理論（Broken Windows Theory）とは，建物の窓が壊れているのを放置することによって，人々はそれを当たり前と受け止めるようになるという理論である。もともとアメリカの犯罪心理学の用語であるが，学習環境においてもよく用いられる考え方である。

　教室を平素より整頓しておくことは，みんなで過ごす教室環境を大切にする姿勢につながる。同様に，授業中に私語をしない，授業開始までに学習用具を机上に準備しておくなど，いわゆる学習規律の指導は，よい授業の成立に不可欠である。学級集団は，学級担任によって秩序立てて形成され，その後に次第に児童生徒に自治的な形で運営が委譲されていく。学級崩壊のような状態に向かわないように，学級担任は学習規律を明確に意識し，児童生徒が安心して学習することができる落ち着いた学級を創ることに腐心する必要がある。

　近年，多くの学校において，各学級で守るべき基本的な教室のルールを

「スタンダード」として定めている。転任者や初任者が学校に着任したばかりであっても、学校として守ることになっているスタンダードがあることによって、学習のルールについては児童生徒が十分に理解しており、学級経営上の混乱が小さくてすむ。海外の学校の教室にも同様のルールが掲示されていることは一般的であり、学校という集団で過ごす場でのエチケットとしても教育することが常識となっている。

### 4）学習習慣

　学習習慣とは、毎日の学習が習慣化されたものである。「継続は力なり」というように、学習においては毎日の小さな積み重ねが大切である。

　小学校学習指導要領（2017）の総則には「児童の言語活動など、学習の基盤をつくる活動を充実するとともに、家庭との連携を図りながら、児童の学習習慣が確立するよう配慮すること」と明記されている。学校での学習指導によって、学習習慣が「確立」するようにしなければならないということである。

　そのためには、家庭に協力を依頼しながら、宿題を定型化することが望ましい。日記、漢字ドリルや計算ドリルなどの学習、授業での作業の残りだけでなく、翌日の授業で学ぶ教科書のページを読んで線を引いておくなど予習的な内容によって、授業での理解の深まりが変わってくる。

　学習習慣は、学ぶことによって児童生徒ができるようになったと感じ、それを毎日続けることが自分のためになっていると実感することなしには身に付かない。そのため教師は、児童生徒のみならず家庭に対しても、学習習慣の意義や、個別の宿題の意図を説明することが肝要である。

### 5）学習技能

　学習技能とは、学習を推進するために必要な技能のことであり、学習スキルと呼ばれることも多い。

　例えばノートのとり方、発表や傾聴の仕方、話し合いの仕方、資料の読み

取り方，予習や復習の仕方，レポートなどのまとめ方，中学校に進学すれば定期テスト前の計画的な勉強の仕方など，その範囲は多岐にわたる。

　これらの学習技能が身に付くことによって，各教科等における学習がスムーズになり，結果として授業がもたつかなくなる。したがって教師は，例えばノートのとり方では，授業の最初に日付や学習課題を書くこと，教師が板書することを遅くならないようにノートに書かせること，ノートのとり方が上手な児童生徒を取り上げて全員に紹介することのように，日頃から児童生徒の学習技能の定着を意識する必要がある。

　また，学習指導要領（2017）においては，学習の基盤となる資質・能力として情報活用能力があげられているように，児童生徒がICTの基本的な操作とともに，情報を適切に取り扱うような学習技能を身に付けておくことが求められている。そのためにも，児童生徒が1人1台の情報端末をインターネットに接続しながら活用できる学習環境としてのICT環境の整備が求められている。

【注】
（1）Information and Communication Technology。インターネット等の情報通信技術の総称で，視聴覚教材や機器を含む。

【参考文献】
- 島根県教育センター浜田教育センター（2011）平成22年度研究紀要『学習指導の基本を身に付けよう 授業づくりQ&A ～『よい授業』を目指して～』
- 中央教育審議会（2016）「次期学習指導要領等に向けたこれまでの審議のまとめ」
- 東京書籍（2014）「平成27年度用小学校算数科用 新編『新しい算数』5年 年間指導計画作成資料」
- 一般社団法人日本図書教材協会ウェブサイト（2012）「学校直販の図書教材［図書教材とは］」（2018年閲覧）
- 文部科学省ウェブサイト「教科書制度の概要」（2018年閲覧）
- 吉本均編（1981）『教授学重要用語300の基礎知識』明治図書出版, p.274

> ✏️ **若い先生へのメッセージ**
>
> 　第1章で取り上げた教育基本法をはじめとする関連法令は，教員採用試験に頻出する重要なものです。我が国は法治国家ですから，学校も教師の裁量も法令によって規定されており，教師としてはそのことを理解せずに行動することはできません。
> 　また，学習指導要領から年間指導計画，単元の指導計画というカリキュラムの考え方と1時間の授業の関係については，ややもすると日常に埋没してしまう教師生活に突入する前にしっかりと理解しておきたいものです。さらに，学級担任として，あるいは授業を担当する教師として，学級経営や学習環境等との関係を常に意識して授業づくりを進める必要があります。

（堀田龍也）

■ 2刷にて補記

　本書が出版された後，第2刷が発行されるまでの2年の間に，「GIGAスクール構想」によって学校現場の情報化は飛躍的に進んだ。

　「GIGAスクール構想」とは，義務教育段階のすべての児童生徒に対して1人1台の情報端末を提供しようという国策である。クラウドでのサービスを学習に利用することを前提とし，校内Wi-Fi等の高速ネットワーク化の経費も含め，4,819億円もの巨額の整備投資がなされ，令和3年（2021年）4月から日本中のほぼすべての児童生徒が情報端末を日常的に利用しながら学習を進めることができるようになった。

　本書では，第10章に児童生徒によるICT活用について説明しているが，まだ少し先のことのように見えていたことがあっという間に現実のものとなったのである。これが情報社会のスピードである。今後は，1人1台情報端末の学習環境において，従来の教育方法のどの部分が不変なのか，あるいは変更すべきなのかについて，実践や研究が進められていくことだろう。

# 第 2 章 教育方法の原理と学習評価

**▶学習のポイント**

教育方法の基礎的理論や実践について，教育技術との関係や歴史を踏まえつつ，授業設計の方法，授業の根幹をなす学習目標について，具体例とともに理解を深めていく。また，学習評価の基礎的な考え方について，評価の方法やバイアス，絶対評価・相対評価・個人内評価等について学ぶ。

**教職課程コアカリキュラムとの対応**　（1）の1，（1）の4

## 2-1　教育方法の歴史

### 1）歴史を学ぶ意味

　教育方法学の学習を進めていくと，フレーベル，デューイなど，歴史上の人物が繰り返し話題となり，それらに基づいて研究が進んでいることが多いことに気づく。これだけ時代が進んでいても，なお参照されている。不思議なようであるが，教育方法に関するさまざまな基本的な考え方は，かなり以前に確立していることが多く，それらを論じた人物の業績が今なお参照されている。

　教師として経験を積めば，さまざまなことがわかってくる。よいことを見つけたと思うことも多い。しかし，それは大昔の歴史上の偉人によって論じられていたりする。歴史から理論の発展を知り，それを自分自身の実践知と組み合わせることで，さらに優れた実践者になることができる。

　教育方法の一部分には，指導技術といわれるものがある（図2-1）。指導技術とは発問の仕方，指名の仕方，マル付けのし方などである。すべての教師にとって，基礎基本として必ず習得すべき事項である。一つ一つは，学べばすぐに役立つ即効性が高く，教師として基本的な教授スキルである。初任

の教師は必ず最初に学ぶべきである。

一方，こうした指導技術を学ぶことも，狭義の教育方法の学習の一つといえるが，これだけで新しい時代に対応することは困難である（吉崎，1997）。最終的には，根本的な教育方法を学んでいく必要がある。例え

図 2-1 ▶教育方法と指導技術

ば，「主体的・対話的で深い学び」に関する指導法は，教育技術としてハウツーのように記述することは難しい。ハウツーとして捉えると，ただ対話させるだけ，見た目に主体的に活動させるだけ，といった授業になりがちである。こうした教育方法は「考え方」や「概念」に近いからであり，広義の教育方法と捉える必要があるからである。根本から理解しようと考えたときに，歴史上の人物から学ぶことも多い。つまり，過去の偉人の成果は，即効性の高い指導技術のようなものではなく，考え方や概念といった根本であることが多い。だからこそ，時代を超えて，多くの国々で参照され続けているのであろう。

### 2）教育方法学の歴史的変遷

近代の教授学，すなわち教育方法の成立は，17 世紀のコメニウスによる『大教授学』に求めることができる（佐藤，1996）。「あらゆる人にあらゆる事柄を教授する普遍的技法」として，現在の学校の同一学年による入学，同一の内容といった仕組みを構想した。また，子供のための挿絵付きの『世界図絵』を著した。これは，世界最初の子供向けの教科書あるいは百科事典といわれ，言葉を事実のイメージの表象とするコメニウスの認識論，つまり，知識は文字から学ぶよりも，事物やそのイメージを通して学ぶほうが有用であるという主張を著している。

19 世紀に近代学校とその授業の成立が，ヨハン・ハインリヒ・ペスタロッチによって成し遂げられたとされる。ペスタロッチは，言葉の真の意味にお

ける「体験の教育学（直観教授）」，社会で虐げられた貧しき者の救済という「救世済民の教育学」といった思想をもち，真の生命と人格の陶冶は幼き日に企図するほかはないと考え，児童を対象とする「基礎教育の理念」の探究に生涯を捧げた（1993）。それらを幼児教育に発展させたのは，フリードリヒ・フレーベルであり（小笠原，2000），教育学として体系化したのは，ヨハン・フリードリヒ・ヘルバルト（稲富，1972）とされる。

この間の能力観には，17世紀のジョン・ロックによる，「人の心には何らかの生得的観念が刻まれている」のではなく，「人の心は『白い画板（タブラ・ラサ）』」である（田中ら，2012）がある。また，ラテン語や数学などにより推理や想像などの精神作用を高めるといった汎用的な能力の育成を目指す「形式陶冶」の考え方も生まれた。知識や技能の習得による精神内容を豊富にする「実質陶冶」よりも，「形式陶冶」を重視した当時の中等学校の教育の原理となった。

18世紀の思想家ジャン＝ジャック・ルソーは，『エミール』（1962）において，「万物をつくる者の手をはなれるときすべてはよいものであるが，人間の手にうつるとすべてが悪くなる」と示した。そこで，子供の自発性を重視し，自然な成長を主眼とした教育論を展開した。

19世紀に確立した学校教育は，20世紀になると画一性などから批判されるようになった。そのような中，ジョン・デューイは，シカゴ大学に実験学校（デューイ・スクール）をつくるなど，教育の中心を子供に移し，作業や経験を基礎とし，共同で探究的に学ぶ学校づくりを志向した。こうした取り組みは，『学校と社会』（1957）にまとめられている。

20世紀に入ると，科学的な研究成果により，教育方法学は大きく発展している。ラルフ・タイラーは，カリキュラムと授業の「計画」と「評価」を理論化した（佐藤，1996）。「計算ができる」といった観察可能な行動を言語化して数量的に評価する「行動目標」の考え方を示した。こうしたシステム的なカリキュラムや授業づくりは，「タイラーの原理」と呼ばれる。

ベンジャミン・ブルームは，「教育目標の分類体系（タキソノミー）」を構

築し,「認知領域」「情意領域」「精神運動領域」の3領域に分け,系統的・段階的な教育目標の体系づくりを行った(梶田,2002)。また,学習評価について,学習の過程で学習指導の見直しのために行う「形成的評価」,学習能力の個人差は,個々の学習にかかる時間差であるというキャロルの時間モデルに基づく「完全習得学習」の理論などを構築した。

旧ソビエトのヴィゴツキーは,「発達の最近接領域」を示した(柴田,2006)。これは,子供が一人でできる領域に近接して,誰かの手助けなどを得ればできる領域があるという概念である。さらに,ブルーナーは,「足場かけ」として,本領域を道具や言葉によって支援を行うことを示し,一斉指導形式の授業から,個別的な学習指導に転換する際の基礎的な理論となった。

ブルーナーは,『教育の過程』(1963)において,どの年齢のだれに対しても,どんなものでもそのままなんらかの形で教えることが可能であると主張し,「らせん型教育課程」など,カリキュラムの編成原理を示した。「教育の現代化運動」を方向づけるものとなった。

以上のような歴史的な主張は,今でも受け入れられているかどうかは丁寧に見極めていく必要がある。例えば,実質陶冶と形式陶冶のどちらが有用であるかはしばしば論争の対象となっている。20世紀に入り,教育評価の父とされるエドワード・ソーンダイクは,形式陶冶に科学的根拠がないことを示した。現在,汎用的認知スキルのような形式陶冶的な方法ではなく,所有する領域固有知識を存分に発揮するモデルも示されている(奈須,2014)。

## 2-2 授業設計の理論

### 1) 授業設計の基本的な考え方

授業は,教師と児童生徒の相互作用で成立する。しかし,両者のことだけを考慮すれば授業ができる訳ではない。何のために(学習目標),何を(学習内容),どのように学ぶか(学習指導,学習活動)を決めていくのが,授業設計の基本である。

学校現場では，授業設計というより「学習指導案の作成」であるといったほうがなじみ深いかもしれない。しかし，授業設計したものを表現する形式として学習指導案があると考えるのが一般的である。

　授業設計では，学習目標，学習内容，学習形態，教科書や教材，教具，教室の設備，ICT，児童生徒のレディネス（何を既に学んでいるか），学習時間等の，授業における各構成要素を検討し，教師による「学習指導」や児童生徒による「学習活動」が最も適切になるように決定する。

　授業設計の考え方には，古くはガーラック・イーリィの学習指導システム（1975）がある。近年では，インストラクショナルデザインと呼ばれる「教えることの科学と技術」（向後，2015など）が話題となることが多い。いずれもシステム的な考え方に基づいている。最も重視されるのは「学習目標」であり，それに基づいてすべての構成要素及び構成要素間の最適化を図る考え方となっている。つまり，授業における学習指導も学習活動も，すべて学習目標を達成するためである。仮に，もっと子供同士で話し合わせるべきであると教師としての信念をもっていたとしても，それすらも学習目標を達成するための構成要素の一つである。何事も学習目標を達成するための，一つの手段として捉えられる。授業はこうした複雑な要素が互いに影響をし合いながら成立している。システム的に授業設計を行うことで，特定の構成要素に偏った授業を避けることができるメリットがある。

　システム的な考え方による授業設計を行う際は，個々の要素の違いを明確に認識することが重要である。特に，根本的な用語にもかかわらず，学習目標，学習内容，学習活動の区別がつけられないことがある。学習として考えると難しく考えてしまうことが多いが，「学習」→「営業」と置き換えて考えるとわかりやすい。車の販売店に置き換えると，営業目標（月に5台販売），営業内容（小型車），営業活動（ダイレクトメールの送付等）となる。このように考えると，奇抜な営業活動をしても，最終的に営業目標を達成できないと意味がないことは改めてわかるであろう。授業設計においても，各要素の区別と，その目的と手段を混同しないようにしたい。

## 2）授業設計の手順

　授業設計の手順について，ガーラック・イーリィの学習指導システムを援用しつつ，現在の学校教育で使われる言葉で説明すると，下記の手順となる

### ①授業の全構成要素の把握

　授業におけるすべての構成要素を把握する。先にあげた構成要素はもちろん，それ以外に，例えば，都市部や農村部といった地域性，運動会の後であるとか児童生徒の意欲や体調，若い教師であれば，自分自身の指導力も構成要素としてあげられることがある。ベテランであるほど，多くの構成要素をあげて配慮した授業設計を行っている。

### ②各構成要素の条件・制限，内容等の把握

　例えば，学習内容であれば，教科書に示されていたりするが，さらに教材研究を深めて，前後の単元との関係，既習事項と新出事項の区別，児童生徒が理解しにくい箇所はどこかなど，詳細化を図る。また，特に重要であるのは，レディネスなどの児童生徒の実態であろう。児童生徒は，何をどの程度理解しているのか，これまでの学習経験や誤概念の状況などをまとめる。

### ③学習目標の分割と系列化

　学習目標も学習内容同様に，学習指導要領等により，あらかじめ決められていることが大抵である。しかし，実態に応じて修正を加えることが必要となる。そして，さらに細かく分割し，易しい順に並べる。学習の順序は，教師が教えることが中心の解説的アプローチであっても，児童生徒が主体的に学んでいく探究的なアプローチであっても，易しい順に学習するスモールステップの原理の考え方が基本となる。

### ④学習指導・学習活動の決定

　分割して易しい順に並べた学習目標に合わせて，学習指導・学習活動を決定していく。その際，各構成要素に関する②を考慮する。学習指導・学習活動は，複数が組み合わさり，一つの系列をなしていることがある。これを「学習過程」や「学びの過程」という。例えば，探究的な学習過程であれば

「課題の設定」→「情報の収集」→「整理・分析」→「まとめ・表現」である。こうした典型的な学習過程に沿って，決定していくこともある。また，特に，この段階では，個別学習，ペア学習，グループ学習，一斉指導といった学習形態，ICT活用等が考慮されることが多い。いずれにしても，学習目標を達成するためにふさわしいという観点から学習指導・学習活動を決定する。

#### ⑤授業の実施

　実際に授業を行う際は，事前の授業設計のとおりにならないことが普通である。児童生徒が想定外のことを始めたりする。その場合にも，学習目標は常に頭に入れておくことが最も重要である。例えば，子供の興味・関心に基づいて授業をあえて脱線させた場合においても，学習目標の観点から，再び軌道修正を図る。

#### ⑥評価

　授業設計が適切に機能し，学習目標が達成されたかの評価を授業後に行う。特に，授業の途上であれば形成的評価が，既に完成した授業設計であり，授業が終わった後であれば総括的評価が使われる。こうした評価結果から，再び授業設計を見直す。この意味で考えれば，評価は最後であるが，授業設計の最初の段階であるともいえる。

## 2-3　学習目標の考え方

### 1) 学習目標が重要である理由

　学習目標は，授業設計や学習評価において，最も根本に位置し，授業や評価の羅針盤の役割がある。それは，学習目標によって，指導法や評価法などが変わるからである。

　例えば，「千代田区内の地名を知る」という学習目標であれば，地図帳などで確認したり，「大手町」「有楽町」と，繰り返し唱えたり，書いたりする指導法がとられるだろう。その評価は，知っているかどうかを，列挙させたり，穴埋め問題で答えさせたりすることになる。

一方で,「私たちが住む千代田区に対する誇りと愛情をもつ」といった学習目標であれば,単に地名を記憶させたり,授業時間内でよさを語り合ったりするだけでは身に付くことは難しい。そもそも,誇りや愛情といった態度に関わることは,長い時間をかけて形成されるものであり,人からいわれて身に付くものでもない。自らが主体的に何度も繰り返し考えることで形成される。さらに,その評価は難しいことになる。例えば,小論文であるとか,面接などを通して,確認することになるが,そうした方法をとったとしても,何と回答したら誇りと愛情があると判断するのか難しい。学習目標の性質によって評価方法すら変わる。学習目標は授業の根本なのである。

## 2) 学習目標の分類

　梶田は,学習目標を,「達成目標」「向上目標」「体験目標」の3つに分類している（2002）。達成目標は,知識や技能などを指し,繰り返し用語を唱えるなど,特定の教育活動の直接的な成果で到達できる。向上目標は,思考力や態度などを指し,調べたり,まとめたり,伝えたりといった多様な教育活動の複合的総合的な成果で到達できる。体験目標は,発見やふれあいなどを指し,学習活動に内在する特定の経験によって到達できる。

　最も到達に時間がかかるのは,向上目標である。また,向上目標は,達成目標と異なり,到達点があるわけではなく,児童生徒の過去の状態より,今の状態のほうが,望ましい方向に向上しているかどうかが評価される。したがって,到達度テスト等での計測は困難であり,児童生徒の学習履歴の蓄積等から,個人内の伸長を判断することになる。このように学習目標といってもペーパーテストで測定できるものばかりでないことに注意が必要である。

　学習目標の分類はブルームの取り組みなど,他にもいくつもある。学校における学習目標は,学習指導要領（平成29年告示）（2017）では資質・能力と表記されているが,次の3つの柱に整理されている。

(1) 知識及び技能が習得されるようにすること
(2) 思考力，判断力，表現力等を育成すること
(3) 学びに向かう力，人間性等を涵養すること

梶田の分類を援用するならば，(1) は達成目標，(2) 及び (3) は向上目標といえるだろう。ただし，(3) は (2) と比較して，いっそう多様な教育活動が長期にわたって要求される。いずれの学習目標への到達にも，繰り返しの学習が重要となる。繰り返しといっても，(1) であれば，用語を唱えるといった単純な繰り返しであり，(3) であれば学校における教育活動全般というほど，さまざまな機会を通して学ぶ総合的で複合的な学習活動の繰り返しである。

分類によって，指導法や評価法が異なることは先に述べたが，そのためには，そもそも分類が理解できているかが重要となる。これもまた学習として考えると，理解が難しくなる。そこでダイエットにたとえてみよう。

(1) ダイエットに関する知識及び技能
(2) ダイエットに関する思考力，判断力，表現力等
(3) ダイエットに向かう力，人間性等

となるが，3つの柱の中で最も困難なのは (3) である。多くの人は (1) のダイエットに関する知識及び技能はもっている。それでも実行できないのは (3) のダイエットに向かう力に課題がある。さらに，(1) や (3) が十分であったとしても，ダイエットに関する一般的な知識及び技能を，自分自身の生活状況や特性などに効果的に適用できるように，思考したり判断したりすることが必要となる。つまり，この3つの柱がうまく統合されることでダイエットに成功できるわけであるが，統合する前に，一つ一つの柱についても十分な準備が必要となる。このように焦点化して考えることができるのが，学習目標を分類するメリットである。

### 3）学習目標の精緻化と系列化

学習指導要領では，単元レベルでの学習目標が示されることが多い。教科

書会社の資料には本時レベルの学習目標も示されている。教師はこれらをさらに実態に合わせて修正したり，精緻化し，易しい順に，スモールステップで指導していくことになる。

例えば，「九九がわかる」という学習目標があったとしよう。ここでの「わかる」は曖昧な表現である。これだけでは，計算の答えがわかるのか，計算の仕方がわかるのか。九九の意味がわかるのか，何がわかればよいのかわからない。

そこで，もう少し詳しく「九九の計算の答えがわかる」としたとする。それでも，何の段なのか，指を使ったりしてやっと答えが言えればいいのか，スラスラと言えればいいのか，スーパーで並んでいるトマトの個数を九九で求められるのか，など，まだまだ精緻化の余地がある。

こうした精緻化は，ベテラン教師であれば，言葉にならずとも，できていることが多い。だからこそ，子供がどこまでわかっていて，どこでつまずいているか，正確に同定することができる。

一方で，思考力・判断力・表現力等や，学びに向かう力，人間性等に関する目標は，精緻化しようにも難しいことがある。この表現を含めてさまざまな考え方がある。語尾に「できる」を付ければよいわけではない。

思考力・判断力・表現力等に関する学習目標は，「各教科等の特質に応じ育まれる見方や考え方を用いて探究することを通じて，考えたり判断したり表現したりしている」（中央教育審議会，2016）と示される。ここから考えれば，例えば「長方形や直角三角形の面積をもとにして，三角形の面積が求められている」と記述されるだろう。つまり，「考えたり判断したり表現したりしている」という表記は，単なる学習活動と考えられるが，その前段にある「見方や考え方を用いて」の表記に意味がある。単なる思いつきで「考えた」のではなく，見方・考え方や概念をうまく活用して考えたり，身に付けたりしているように表記される特徴がある。

学びに向かう力，人間性等に関する学習目標は，「主体的に知識・技能を身に付けたり，思考・判断・表現をしようとしたりしている」（中央教育審

議会，2016）と示される。この記述については，知識・技能，思考・判断・表現に関する目標に「〜しようとしている」と加えることが示されている（中央教育審議会，2018）。

　知識・技能以外は，言葉で表現することが難しいことが多い。それでも，自分自身のイメージとしてつかむために，常に精緻化したり系列化したりと試みていることが必要であろう。

## 2-4　学習評価の考え方

### 1）評価とは

　学習者の立場で評価というと，成績を思い浮かべ，悪かったらどうしようとか，もっと頑張ろうと思うこともあるだろう。一方，立場を変えて指導者になってみると，学習者のテストの平均点が低いと，教え方が悪かったのではないか，何か改善することはないかと思う。

　このように評価は，学習者のためだけのものではない。指導者にとっても，これまでの取り組みを振り返り，新しい取り組みに向かうための重要な手がかりとして用いられる。そして，例えば全国学力・学習状況調査の報道に見られる平均点のランキングのように，他者と比較して一喜一憂するのではなく，学習目標に対して，どの程度到達しているのか評価していくことが基本となる。

　評価の位置づけと役割について，市川（2011）は3つに整理している。
○診断的評価　学習が始まる前に，学習者がどのような知識・技能を身に付けているかの評価。レディネス評価ともいわれる。
○形成的評価　学習の途中で，学習者がどの程度目標を達成しているかを把握し，指導に生かすための評価。
○総括的評価　学習が終わった段階で，全体的な成果を確認する評価。

　いわゆるテストとして，学校等で行われていることは総括的評価に位置づけられる。そして，診断的評価や形成的評価は，学習者自身のためというよ

りは，指導者にとって指導上の有益な情報を得るためといえるだろう。このように考えると，評価とは指導者のためにあるという色彩も強い。したがって，優れた指導者は，さまざまなチャンネルを使って，学習者の状態を把握し，自らの指導の軌道修正を図る。例えば，毎回の授業後に学習者に振り返りを書かせることがあるが，学習者の振り返りといいつつも，指導者にとって有効な形成的評価の手段となっている。

## 2）絶対評価・相対評価・個人内評価

評価をするということは，結局は何かと比較することになる。その比較の手法で，絶対評価・相対評価・個人内評価と分類されている。

○絶対評価　学習目標と比較して，学習目標がどの程度達成できたかを評価する。目標準拠評価といわれることがある。クラス全員ができれば，全員がA評価となる。

○相対評価　学習者集団と比較して当該学習者の位置を示す。よく使われる手法は，偏差値である。偏差値を上げるためには，他者以上に学習成果を上げていく必要がある。一方，集団と同じ程度の努力では，偏差値は変わらない。このように個々の努力の成果が評価に反映しにくい一方で，入試のように定員が決まっており，上位から合格していくような状況において，わかりやすい目安として，しばしば活用される。

○個人内評価　過去の自分と比較して，好ましい方向に向上したかを評価する。個人によって，学習スピードが早い場合も遅い場合もある。そうしたケースにおいても，個人内で比較することで，確実に成長を認めることができる。生涯学習など，自分のペースで学んでいく場合に用いられる。

## 3）評価の方法

梶田（2002）は，評価の方法を7つにまとめている（表2-1）。

○標準テスト　テストの専門家によって作成された標準化テストを用いた評価である。

○教師作成テスト　個々の教師が自由に問題をつくり，得点の解釈をする評価である。
○質問紙法　専門家あるいは教師によって作成された種々の質問紙を用いる評価である。
○問答（面接）法　教師と児童生徒とが対面し，口問口答によってさまざまな側面について実状把握を行ったりテストしたりする評価である。
○観察記録法　児童生徒がさまざまな活動に取り組んでいる際に示す態度や発言などを観察し，教師があらかじめ準備したチェック項目や基準に照らし合わせる評価である。
○レポート法　何らかの課題を与えてレポートや作文を書かせ，教師があらかじめ準備した基準に照らし合わせる評価である。
○製作物法　図画や工作などの活動を通じて製作された作品，音楽や体育での実演を，教師があらかじめ準備した基準に照らし合わせる評価である。

　それぞれの評価法によって，評価しやすい学習目標が異なる。例えば，標準テストで最も評価しやすいのは知識・理解である。他，思考力・論理力及び態度に○が付いている。興味・関心であるとか，技能について評価しにくいとされる。これらにはさまざまな考え方があるが，いずれにしても標準テストなどによく用いられる選択問題や穴埋め問題では，浅いレベルでの知識

表2-1 ▶各評価側面に適した評価方法 （梶田，2002）

| 評価方法＼評価側面 | 興味・関心 | 知識・理解 | 思考力論理力 | 態度 | 技能 |
|---|---|---|---|---|---|
| 標準テスト |  | ◎ | ○ | ○ |  |
| 教師作成テスト |  | ◎ | ○ | ○ |  |
| 質問紙法 | ◎ |  |  | ○ |  |
| 問答法 | ◎ | ◎ | ◎ | ○ |  |
| 観察記録法 | ◎ | ○ | ○ | ○ | ◎ |
| レポート法 | ○ | ○ | ◎ | ◎ | ○ |
| 製作物法 | ◎ |  |  | ○ | ○ |

◎印はその評価側面にふさわしい評価方法を，○印は評価可能な評価方法を表す。

や理解しか評価できず，学習者が本当に理解しているかといった知識の理解の質までを測定することはできない。一方で，問答法やレポート法を用いると，より深いレベルまで評価が可能であるが，誰が評価しても評価が同じくなるという客観性が低くなるという課題がある。つまり万能な評価法はないといえる。各評価法の特性を理解して評価することが重要となる。

さらに，発達段階に応じてふさわしい評価方法がある（表2-2）。例えば，幼児には観察記録法，小学校低学年には問答法が加わり，小学校高学年には標準テストと教師作成テストが加わり，中学生以上になるとあらゆる評価方法が適切であるとされる。

また，近年では，パフォーマンス評価，ポートフォリオ評価といった言葉をよく聞く。パフォーマンス評価とは，知識やスキルを状況に応じて使いこなすことを求める評価方法の総称である（西岡，2016）。つまり，［表2-1］でいえば，標準テスト，教師作成テスト以外の方法によってパフォーマンス（知識やスキルを状況に応じて使いこなす）を評価する方法である。また，ポートフォリオ評価とは，学習者の作品や自己評価，教師の指導や評価の記録を蓄積していき，学習者自身に，自らの学習について自己評価を促す評価方法である。これらは［表2-1］にある評価方法を複数組み合わせたりして，いっそう，効果的に評価するための手法といえる。

**表 2-2 ▶ 発達段階にふさわしい評価方法** （梶田，2002）

| 評価方法＼発達段階 | 幼児 | 小学校下級生 | 小学校上級生 | 中学生以上 |
|---|---|---|---|---|
| 標準テスト | ○ | ○ | ◎ | ◎ |
| 教師作成テスト |  | ○ | ◎ | ◎ |
| 質問紙法 |  | ○ | ○ | ○ |
| 問答法 | ○ | ◎ | ◎ | ◎ |
| 観察記録法 | ◎ | ◎ | ◎ | ◎ |
| レポート法 |  |  | ○ | ○ |
| 製作物法 | ○ | ○ | ○ | ○ |

◎印はその発達段階の評価法としてにふさわしいものを，○印は一応用いることができることを表す。

## 4）評価のバイアス

　客観的に評価しようと常に心がけていても，陥りやすい評価のバイアスが知られている（市川，2011）。これらを常に注意する必要がある。

○寛容効果　好きな児童生徒には評価が甘くなってしまうこと。逆に嫌いな児童生徒に対しては評価が厳しくなってしまうことは「負の寛容効果」と呼ばれる。

○光背効果（ハロー効果）　ある特性が優れていると，他の特性も優れているように思うこと。勉強ができる児童生徒は生活習慣もよいと思ってしまうなどである。

○偏見とステレオタイプ　「男子は理科が得意で，女子は社会が得意である」のような固定的な認識をもつことによって，個々の児童生徒を正しく評価できないことがある。あてはまる事例や大ざっぱな傾向はあっても，紋切り型の判断になってしまったものが「ステレオタイプ」，まったく根拠のない否定的な見方が「偏見」である。

　他に，似たようなこととして，教師自身の思い込みや，他者からの情報によって，よくできる児童生徒だと信じると，無意識に挑戦的な課題を出してしまったり，十分に考える時間を与えたり，ミスに対して寛容になったりして，それらが児童生徒の学習意欲や学業成績に大きな影響を及ぼすという「ピグマリオン効果」と呼ばれるものもある。

【参考文献】
- 市川伸一（2011）『学習と教育の心理学 増補版』岩波書店，pp.136-142
- 稲富栄次郎（1972）『ヘルバルトの哲学と教育学』玉川大学出版部，pp.11-14
- 小笠原道雄（2000）『フレーベル』清水書院，pp.52-59
- 梶田叡一（2002）『教育評価』第2版補訂版，有斐閣，pp.159-167
- V.S. ガーラック，D.P. イーリィ著　町田隆哉訳（1975）『授業とメディア』平凡社，pp.18-49
- 向後千春（2015）『上手な教え方の教科書 入門インストラクショナルデザイン』技術評論社，はじめに

- 佐藤学（1996）『教育方法学』岩波書店，pp.10-12，26-27
- 柴田義松（2006）『ヴィゴツキー入門』子どもの未来社，pp.26-27
- 田中耕治・鶴田清司・橋本美保・藤村宣之（2012）『新しい時代の教育方法』有斐閣，p.15
- 中央教育審議会（2016）『幼稚園，小学校，中学校，高等学校及び特別支援学校の学習指導要領等の改善及び必要な方策等について（答申）』
- 中央教育審議会（2018）「資料2　児童生徒の学習評価に関するワーキンググループ（第1・第2回）における主な意見等」教育課程部会　児童生徒の学習評価に関するワーキンググループ（第3回）配付資料
- デューイ著　宮原誠一訳（1957）『学校と社会』岩波書店，pp.195-219
- 奈須正裕編（2014）『知識基盤社会を生き抜く子どもを育てる　コンピテンシー・ベイスの授業づくり』ぎょうせい，pp.62-63
- 西岡加名恵編（2016）『「資質・能力」を育てるパフォーマンス評価　アクティブ・ラーニングをどう充実させるか』明治図書出版，pp.19-21
- ペスタロッチー著　長田新訳（1993）『隠者の夕暮・シュタンツだより』岩波書店，pp.142-143
- J.S.ブルーナー著　鈴木祥蔵・佐藤三郎訳（1963）『教育の過程』岩波書店，pp.42-69
- 吉崎静夫（1997）『子ども主体の授業をつくる　授業づくりの視点と方法』ぎょうせい，pp.8-9
- ルソー著　今野一雄訳（1962）『エミール』岩波書店，上巻 p.27

## 若い先生へのメッセージ

　本章の各節の内容は，それぞれで本が出版されているほど，深遠なテーマです。今は理解が難しかったり，不要だと思ったりするかも知れません。しかし，特に現職教師になって，学級経営や授業ができるようになり，さらなる発展を目指す場合には必須のテーマです。将来，学び続ける教師として，各専門書を手にして深めていただくことを期待しています。

（高橋　純）

# 第 3 章　授業中の教師の意思決定

> ▶学習のポイント
>
> 授業では，事前の計画どおりに学習が進まないことが多々ある。教師が意図するような反応を児童生徒が示さなかったとき，どうやって授業を展開するのか。児童生徒の発表で授業のねらいに沿わない回答があったとき，どうやってそこからねらいに迫るのか。これらの場面で求められるのが教師の意思決定である。授業中，教師は2分に1回の意思決定を行っているといわれている。本章では意思決定の具体的な場面を例にあげながら，意思決定の定義，必要とされる知識，意思決定能力を自身で鍛える過程等について述べる。

**教職課程コアカリキュラムとの対応**　（1）の3，（1）の4

## 3-1　教師が意思決定を行う場面

　授業では，教師はさまざまな場面で計画を見直し，計画とは異なる行動を迫られることがある。例えば，授業の導入時に行う既習事項の復習の場面では，復習を行いながら児童生徒の学習内容の定着状況を確認する。児童生徒が復習内容を覚えていないようだったら内容を補足したり，復習内容が十分に定着しているようだったら予定より早く復習を切り上げたりする。授業の展開時に行う学習課題の解決の場面では，課題把握が十分でなく個人の自力解決が難しいようであれば学級全体で思考する時間を長くとったり，指名した児童生徒が上手く答えられないようであれば他の児童生徒を指名したりする。このように，授業では，教師は絶えず学習活動や指導内容について状況を把握し，その場面に応じた行動をとりながら授業を進めている。このような過程を「意思決定」という。

　ここで教師の意思決定について吉崎（1991）の定義を紹介する。

（狭義の）教師の意思決定とは，各代替策（対応策）の中から，それぞれの代替策が子どもに与える影響を予想しながら，教師自身が設定した評価基準にもとづいて，そのうちの最良のもの（または満足できるもの）を選択することです。また，広義には，各代替策（対応策）を創出する過程をも含むことになります。

　では，具体的に授業においてどのような場面で教師の意思決定が求められるのだろうか。授業中によく見られる3つの場面を例にあげ，教師が行っている意思決定とはどのようなものなのか述べる。

## 1）教師が指示を出す場面

　授業で見られる教師の発話の中で最も多いのが，教師が児童生徒に指示・確認を出す場面である（岸ほか，2006）。授業における教師の指示・確認とは，「教科書の〇ページを開きます。」「自分の考えをノートに書きましょう。」「定規で線を引きましたか。」といった内容である。このような発話が見られる場面は，岸ほか（2006）によると授業中の全発話頻度の30～60％を占めていることから，授業は教師が児童生徒へ指示を出すことを中心に進んでいるといえる。では，教師が指示を出す場面では，教師はどのような意思決定を行っているのだろうか。以下では，具体的な場面をあげ，説明する。

> 　例　学年・教科・単元：中学校3年生理科「有性生殖」
> 場面：
> 　花粉管がのびる様子を観察し，時間による変化を確認する学習の一場面である。教師が複数のスケッチを提示し，花粉管がどのようにのびているのか尋ねた。教師は画像を電子黒板に提示し，「このスケッチを見ましょう。」と指示を出した。指示を出した後，学級全体を見渡すと，スケッチ画像に注目していない生徒が1名いた。

> 教師の意思決定の過程：
> 　教師はこの状況の原因を，生徒の学習状態にあると判断した。この生徒は，指示に対する反応が遅い傾向がある。この場面において教師がとりうる代替策は，①特に注意せずそのまま授業を続ける，②その生徒を個別に注意する，③学級全体に注意を促す，の３つが考えられる。教師は③の代替策を選び，その生徒に注目しながら，再度全体に「電子黒板に映っているスケッチを見ましょう。」と指示を出した。
> 場面の変化：
> 　２度目の指示で，その生徒を含めた全生徒がスケッチ画像に注目したことを確認できたので，教師は次の指示を出した。

　この場面においては，教師は，指示に従っていない生徒を確認し（＝状況把握），その後瞬時にとりうる代替策の中から学級全体に指示を出す（＝行動）という意思決定の過程が見られる。

### ２）教師が発問する場面

　授業でねらいを達成するためには教師の発問は重要である。水沢（1980）は，「よい授業」をつくるための最も具体的，実践的に重要な地位を占めているものとして発問研究をあげている。授業の構造を検討する際に「発問」が取り上げられたこと，授業を分析することを通して「発問」が法則的に整理されるようになったこと，よい教材解釈と質の高い発問研究が結びついていることを述べている。「発問」はこれまで多くの研究対象とされてきたが，授業を組み立てる際には必ず発問を検討することから，現在においても「発問」の重要性は変わらないといえる。では，教師が発問する場面では，教師はどのような意思決定を行っているのだろうか。以下では，具体的な場面をあげ，説明する。

> **例** 学年・教科・単元：小学校3年生国語科「まとまりをとらえて読み，感想を書く」
>
> 場面：
>
> 　段落を理解し，その内容に基づいて文章全体の構成を理解する授業の展開場面である。文章に書かれている内容を読み取った後，教師が，3つの段落の文章を児童に示し，「この文章の特徴は何でしょう。」と発問する。教師は多くの児童が答えを理解し，挙手をすると予想していたが，答えがわからない児童が多く，挙手した児童は数名であった。
>
> 教師の意思決定の過程：
>
> 　教師はこの状況の原因を，発問の曖昧さ，つまり教授方法にあると判断した。ここまでの学習の流れでは，児童に段落の共通点を尋ねても理解できないと考えた。この場面において教師がとりうる代替策は，①教師が解答する，②発問に補足を加え，再度児童に尋ねる，の2つが考えられる。教師は②の代替策を選び，「3つの段落に共通して書かれていることは何だろうか」と発問を変えた。
>
> 場面の変化：
>
> 　児童は，3つの段落に共通して書かれている問いと答えに気づき，各段落の構成が共通していることに気づくことができた。

　この場面においては，教師は，児童が発問の内容を理解していない状態を確認し（＝状況把握），その後瞬時にとりうる代替策の中から発問内容を補足し，再度発問する（＝行動）という意思決定の過程が見られる。

### 3）児童生徒が発表をする場面

　授業中，児童生徒はさまざまな場面で発表を行っている。教師の発問に対して回答する場面，友達の発表に対して自分の考えを述べる場面，調べたことを発表する場面，などである。中学校学習指導要領（平成20年告示）(2008)において，「思考力，判断力，表現力その他の能力を育むとともに，

主体的に学習に取り組む態度」を養うために，発表などの言語活動を充実させる必要性について述べられている。このように，近年，児童生徒が発表する場面は，授業を円滑に進めるためだけのものではなく，児童生徒が積極的に授業に関わる場として重要視されている。では，児童生徒が発表をする場面では，教師はどのような意思決定を行っているのだろうか。以下では，具体的な場面をあげ，説明する。

> 例 学年・教科・単元：中学校1年生数学科「正負の数」
> 場面：
> 　正負の数の除法を逆数を使って乗法に直して計算する方法について学習する授業の展開場面である。授業の課題である「(−5)÷(+3)」の計算の仕方について，各自で考えた方法を学級全体に発表している。生徒Aが自分の考えを発表したが，それを聞いた多くの生徒はその考えが理解できずにいた。
> 教師の意思決定の過程：
> 　教師はこの状況の原因を，生徒の学習課題の理解不足にあると判断した。生徒Aの発表内容は，計算の仕方を理解するために必要な「マイナス」の概念についての説明が不足していたのである。この場面において教師がとりうる代替策は，①教師が生徒Aの発表内容の補足をする，②生徒Aの発表には特に触れずに，別の生徒を指名する，③生徒Aの内容を他の生徒に補足させる，の3つが考えられる。教師は③の代替策を選び，生徒Aの発表に理解を示した生徒Bを指名し，生徒Aの発表内容を自分の言葉で再度説明するよう指示した。
> 場面の変化：
> 　生徒Bの説明により計算の仕方が理解できた生徒は増えたが，全生徒が理解するには至らなかった。結局教師は，再度①の代替策を選び，生徒A，生徒Bの説明で不足していた部分を補いながら，学級全体に計算の仕方を説明した。

この場面においては，教師は，友達の発表内容を理解できていない生徒の様子を確認し（＝状況把握），その後瞬時にとりうる代替策の中から他の生徒に説明を補足させる（＝行動），さらに教師が説明を補足する（＝行動）という意思決定の過程が見られる。

## 3-2　意思決定に必要な教師の知識

### 1）授業における教師の知識と意思決定

前節では，教師の意思決定の過程を，授業中の具体的な場面を例にあげて説明した。これらの場面において，教師が意思決定を行う際に用いているものの一つが，授業についての教師の知識，つまり教授知識である。教師はさまざまな教授知識を用い，授業中のあらゆる場面において意思決定を行っている。では具体的に，授業における教師の意思決定は，どのような教授知識によって支えられているのだろうか。ここでは，吉崎（1991）に紹介されている吉崎（1988a，1989）が行った研究を紹介する。

> **例**　学年・教科・単元：小学校2年生算数「1万までの数」
> 場面：
> 　学校から保護者宛に配付した，その月の集金額と内訳を記載したプリント「9月分集金のお知らせ」と「1月分集金のお知らせ」を見て，教師と児童で話し合いを行った。プリントに書かれている数字を参考にして，たし算・ひき算の問題をつくり計算するというのが本時の目標である。授業を進めると，「各自で文章題を自由につくり，その計算をする」という授業場面において，すぐに答えの出やすい問題（例えば，100円から100円を引いたり，1,000円と1,000円を足すといったりした問題）ばかりをつくる児童が多かった。さらに何人かの児童はなかなか問題をつくることができなかった。

> 教師の意思決定の過程：
>
> 　教師は机間指導でこの状況を見取り，予定を変更して個別学習を中断し，「9月の理科セットと1月の理科セットではどちらがどれくらい高いでしょう。」という問題を全児童に提示した。さらに数名の児童を指名して「360 － 180 ＝ 180」という計算を行わせ，一斉指導を行った。

　教師はこの過程において，まず「教授方法についての知識」を用いて，計画を変更して一斉指導をするかどうかの判断を行った。15分程度の個別学習の間に可能な，つまずいている児童への指導は，3～4名程度であり，それ以上いる場合には個別指導では対応できない，よってその場合は学級全体に対して一斉指導をする必要がある，という知識である。

　また，「教材内容についての知識」を用いて，どのような問題を取り上げるかについての意思決定を行った。これは，たし算・ひき算の問題には，増えるといくつ，合わせていくつ，違いはいくつ，残りはいくつといった複数の考え方があり，9月の理科セットと1月の理科セットの代金を比べることは，違いを考えるのに適した問題である，という知識である。

　さらに，「教材内容についての知識」との関わりの中で，「教授方法についての知識」と「生徒についての知識」を用いている。これは，「たし算・ひき算に複数の考え方があるということは，指導内容として教科書には書かれていないので児童には難しい。しかし，これらを指導することによって，児童が問題をつくるときに種類の違った問題をつくることができるようになったり，文章題に強くなったりするといった利点がある」という知識である。

　このように教師は，個別学習を中断して一斉指導をすべきかどうかの決定をした場面では「教授方法についての知識」を支えに，一斉指導でどのような問題を例として出すかの決定をした場面では「教材内容についての知識」を中核としたうえで，「教授方法についての知識」や「生徒についての知識」が複合された「授業についての教師の知識（つまり教授知識）」を支え

に，それぞれの意思決定を行ったのである。

## 2）授業についての教師の知識

教師の意思決定の過程において，授業についての教師の知識（教授知識）が必要とされていることは前項で述べたが，では，教授知識にはどのような内容が含まれるのだろうか。ここでは，いくつかの先行研究を元に，教授知識の詳細について紹介する。

### ①教育的内容知識

現在，多くの研究で最も言及されているのが，Shulman（1987）が提唱した「教育的内容知識（Pedagogical Content Knowledge：PCK）」である。Shulmanは，教師が授業で用いる複合的な知識について7つのカテゴリーを提案している。

1. 教科内容についての知識（content knowledge）
2. 一般的な教育方法についての知識
　　　　　（general pedagogical knowledge）
3. カリキュラムについての知識（curriculum knowledge）
4. 教育的内容知識（pedagogical content knowledge）
5. 学習者とその特性についての知識
　（knowledge of leaners and their characteristics）
6. 教育的文脈についての知識（knowledge of educational contexts）
7. 教育の目標・価値とそれらの哲学的・歴史的根拠についての知識
　（knowledge of educational ends, purpose, and values,
　　　　　and their philosophical and historical grounds）

これら7つの知識のうちShulmanが特に重視したのが，4の「教育的内容知識」である。「教育的内容知識」とは，例えば，体重を量るとき，立っ

て量るのと座って量るのとでは体重が違うように感じている児童の理解の状況に対して，実際はどちらの体重も変わらないということに気づかせるために必要な指導に関する知識のことである。児童生徒がもつ誤概念（生活経験の中からつくりあげた科学的事象に対する誤った知識や概念）や困難のポイント，それに関連する教科内容をわかりやすく説明するポイント等について教師が把握している知識のことを指す（児玉，2015）。

　Shulmanは，「教育的内容知識」は，授業という具体的な場面の中で身に付ける知識であるとし，教師特有の知識として強調している。教科書に書かれていることや授業で学ぶことから得られる知識だけでなく，実際の学校現場での授業観察や授業研究を通して，授業の中の児童生徒の姿から学び得られることを振り返り，自分が経験したことを知識として身に付けていくことも大切である。

### ②授業についての教師の知識領域

　前述の「教育的内容知識」を元に提案されたものが，吉崎の「授業についての教師の知識領域」（1988b）である。吉崎は，Shulmanの考え方を尊重しながらも，このモデルには十分に示されていないものがあるのではないかと指摘した。それは学習者に関する知識である。そこで提案されたのが「授業についての教師の知識領域」である。このモデルには3つの領域が存在し，「生徒についての知識」領域が存在していることが特徴である（図3-1）。

　各領域の知識内容について一例を示す。学習指導案を作成する際，児童生徒の実態について検討する。対象となる児童生徒の一般的な発達段階はどのようなものか，学級の児童生徒の学習に関する興味関心はどうか，学習活動に影響する人間関係はどのようなものか，といった知識が「生徒についての知識（領域3）」にあたる。また，授業を実施する際，教材をわかりやすく理解させるためには言葉で説明するのがいいのか，それとも演示して具体的に示すのがいいのか，といった知識は「教材内容と教授方法についての知識（領域A）」にあたる。ある教材を学習する際，児童生徒が間違って理解し

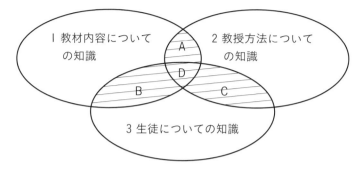

図 3-1 ▶授業についての教師の知識領域　(吉崎, 1988b) より作成

ていることを正すためにはどのように指導すればよいか, といった知識は「教材内容, 教授方法, 生徒についての知識 (領域 D)」にあたる。

　吉崎は,「教材内容についての知識 (領域 1)」や「教授方法についての知識 (領域 2)」といった独立した知識よりも, それぞれの知識が交わっている 4 つの複合的知識 (領域 A, B, C, D) にこそ教授知識の特徴があると主張した。授業において教師に特に必要とされる知識は,「一つの図形を均等に拡大縮小して得られる図形は元の図形と相似である」という一般的な知識よりも,「授業で相似の定義を理解させるために, 図形を描く作業の前にコンピュータを使ってシミュレーションを見せ, 拡大と縮小を視覚的に捉えさせる」といった, 授業の中での具体的な場面で必要とされる, 特殊的な教授方法や児童生徒についての知識であることを強調している。大学の授業で学ぶ内容を, いかに目の前の児童生徒の姿を想像しながら指導に結びつけるか。学習指導案の作成や模擬授業の実施において自身の指導のあり方を振り返りながら, 実際の授業に結びつくような教師の知識を身に付けていくことが大切である。

## 3-3 教師の意思決定の力を鍛える

### 1) 意思決定と教師の力量

　授業中に教師が意思決定を行う場面は，多岐にわたることはこれまでに述べたとおりだが，このように繰り返し行われる意思決定の力，いわゆる意思決定能力を高めるにはどのようにすればよいのだろうか。

　樋口（1995）は，予想外応答場面が教師の意思決定における典型的な場面であるとし，予想外応答場面を取り上げ，そこでの教師の意思決定の検討が教師の力量を高めることにつながると主張する。予想外応答場面への教師の対応行動には「同意」や「継続」，「修正」などがあり，予想外応答場面における教師の意思決定には，学習指導案における教師の意図が影響を及ぼすことを明らかにしている。

　吉崎ほか（1987）は，教師の意思決定能力を育成するための教師教育カリキュラム試案を提案している。意思決定の困難な授業場面に着目し，「子どもの反応（意見，回答）への対応」「子どもの個人差への対応」などのカテゴリー，「誤った答えが出た（場面）」「上位の子どもの扱い（が必要な場面）」「予定より早く内容が終わった（場面）」などのサブカテゴリーから構成された分類表を作成した。

　これらの先行研究のように，意思決定能力を高めるには，授業での具体的な場面を想定し，学習内容や児童生徒の実態，指導方法などに応じた意思決定をシミュレーションすることが重要である。教育実習や大学の授業の際に実際の授業を撮影したビデオを視聴しながら，教師が意思決定を行っている場面での指導内容の意思決定を求めることにより，とるべき意思決定について検討することも意思決定能力を高める方法の一つとして考えられる。

### 2) 学習評価への意思決定の活用

　学習評価とは，学校における教育活動に関し，児童生徒たちの学習状況を

評価するものである（中央教育審議会，2017）。その種類には，「目標に準拠した評価」，「観点別の学習状況の評価」，「個人内評価」があるが，教師の意思決定に関しては，主に「目標に準拠した評価」と「観点別の学習状況の評価」が関連する。

　「目標に準拠した評価」や「観点別の学習状況の評価」は，実際の授業においては授業のねらいに応じて評価を行う。意思決定を行うためには，教師は授業計画の段階で立てた目標と目の前の児童生徒の実態とを比較する必要がある。児童生徒の実態が目標に達していなければ，その原因と程度を把握する。その結果により，計画どおりの行動を選択するのか，代替策を呼び出し，満足できる代替策を選択するのか，意思決定を迫られ，教師は目標に近づくための行動をとることになる。

　学習評価を行うにあたっては，子供たち一人一人に学習指導要領の内容が確実に定着するよう，学習指導の改善につなげていくことが重要であることから，意思決定による教師の行動も，学習指導の改善につながることが求められる。学習評価の場面においては，意思決定の結果が教師の指導内容の変化に影響してくることを念頭に置いておく必要がある。

## 3-4　ICTを活用した授業における教師の意思決定

### 1）効果的かつ効率的に授業を行うために

　授業において活用する道具が増えると，それに関する知識も必要となってくる。そして道具に関する知識だけでなく，道具を活用する際に行う意思決定の場面も多岐にわたってくる。例えば，本章3-1で述べた「教師が指示を出す場面」では電子黒板に写真を提示しているが，授業設計の段階では，黒板に提示するか電子黒板に提示するか，教師は意思決定を行う必要がある。その判断の材料は，授業場面において写真を提示するには電子黒板と黒板のどちらが適切か，ということに関する知識である。黒板に写真を提示する場合，事前に準備した資料は授業の際に加工することは困難である。一方，電

子黒板の場合，写真を拡大したり注目させたいところに印をつけたりすることは簡単にできる。このような知識も，教師の意思決定に関わる。

現在，学校現場にはコンピュータや実物投影機などのICT環境が整備されており，タブレットPC等の情報端末の導入も増えている。このようなICT環境を活用し，効果的かつ効率的に授業を行うためには，これまで必要とされてきた教材内容についての知識，教授方法についての知識，そして児童生徒についての知識に加えて，コンピュータやタブレットPC等のICT操作に関する知識はもちろんのこと，どのような場面でICTを活用すると効果的な指導を行えるのか，児童生徒にICTを活用させるためにはどのような指導を行えばいいのか，といった知識も重要になってくる。今後，ICTを活用する際は，どのように活用すれば授業がより活発になるのか，学習内容をより深く理解できるのか等，授業という文脈において知識を検討していく必要がある。

### 2）「技術に関する教育的内容知識（TPACK）」

ここでは，近年ICTを活用した授業で注目されている「技術に関する教育的内容知識（TPACK）」について述べる。

「技術に関する教育的内容知識（TPACK）」とは，Shulmanが提唱した「教育的内容知識（PCK）」の考え方を拡張させたものである。1990年代から2000年代にかけて，教室にコンピュータが導入されるようになると，教室におけるコンピュータ利用を対象とした研究に目が向けられるようになった。はじめのうちは，授業の道具，教育方法の一環としてコンピュータなどの技術を単に用いようとされていたが，研究が進むにつれ，教育に関する知識と技術に関する知識の間につながりをもたせることの重要性が主張されるようになった。そして，教師の専門的知識と技術を関連づけて位置づけようとしたのがMishraとKoehlerによって提案された「技術に関する教育的内容知識（TPACK）」である（2006，2008）（図3-2）。

TPACKには，7つのカテゴリーが存在する。「教育的内容知識」に加え

て提案された③「技術に関する知識」は，従来から使われている本，チョークなどの教具と，黒板とインターネットやデジタルテレビなどのICT技術を含む標準的な技術に関する知識や操作スキルを含んでいる。小柳は，TPACKでは，この③「技術に関する知識」を，授業を効果的または効率的にするうえで教師に求められる重要な構成要素の一つとして④「教育的内容知識」に加えるものだと述べている（2016）。一方，TPACKには，吉崎の「授業についての教師の知識領域」に示されている「生徒についての知識」にあたるものが明確に示されておらず，学んでいる学習者があまり考慮されていないという点が指摘されている（小柳，2017）。

平成29年告示の学習指導要領では，「主体的・対話的で深い学び」を柱とする学習者主体の授業が推進されており，学習者に関する知識は，今後ま

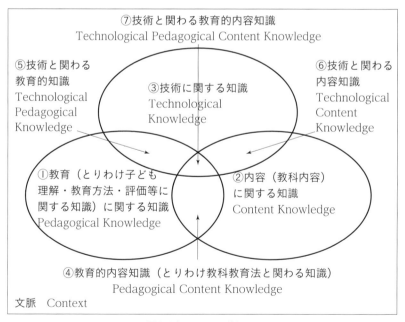

**図 3-2 ▶ TPACK の枠組み**
（Koehler and Mishra, 2008）の図を小柳が訳した図（小柳，2016）より作成

すます重要になってくる。学習環境としてはTPACKのような概念が求められる一方で，学習者に関する知識を含む「授業についての教師の知識領域」といった従来から提案されている概念も，ICTを活用した授業では念頭に置く必要がある。

【参考文献】
- 小柳和喜雄（2016）「教員養成及び現職研修における「技術と関わる教育的内容知識（TPACK）」の育成プログラムに関する予備的研究」『教育メディア研究』23（1），pp.15-31
- 小柳和喜雄（2017）「TPACKのPedagogical Knowledge概念の検討」『日本教育工学会研究報告集』17（3），pp.189-196
- 岸俊行・野嶋栄一郎（2006）「小学校国語科授業における教師発話・児童発話に基づく授業実践の構造分析」『教育心理学研究』54，pp.322-333
- 児玉佳一（2015）「授業における教師の知識と思考に関する研究動向－1990年代から現在までに焦点を当てて」『東京大学大学院教育鄂研究科紀要』55，pp.357-366
- 中央教育審議会（2017）「資料5-2 学習評価に関する資料」教育課程部会 総則・評価特別部会（第3回）配付資料
- 樋口直宏（1995）「授業中の予想外応答場面における教師の意思決定－教師の予想水準に対する児童の応答と対応行動との関係」『日本教育工学雑誌』18（3/4），pp.103-111
- 水沢昇（1980）「授業過程における発問と思考形成の論理」『教育方法学研究』5，pp.1-10
- 吉崎静夫（1988a）「授業における教師の知識と意思決定」『教育工学関連学協会連合第2回大会講演論文集』pp.491-492
- 吉崎静夫（1988b）「授業研究と教師教育（1）－教師の知識研究を媒介として－」『教育方法学研究』13，pp.11-17
- 吉崎静夫（1989）「授業における教師の知識と意思決定（2）」『日本教育工学会第5回大会講演論文集』pp.59-60
- 吉崎静夫（1991）『教師の意思決定と授業研究』ぎょうせい
- 吉崎静夫・村川雅弘（1987）「教師の意思決定能力育成を基礎とする教師教育カリキュラムの開発（Ⅰ）」『鳴門教育大学学校教育センター紀要』1，pp.3-7
- Koehler,M.J. and Mishra,P. (2008). Introducing TPCK. in AACTE Committee on Innovation and Technology (Eds.), Handbook of Technological Pedagogical Content Knowledge (TPCK) for Educators : Routledge

- Mishra,P. and Koehler,M.J. (2006). Technological Pedagogical Content Knowledge : A framework for teacher knowledge, Teachers College Record, 108（6）, pp.1017-1054
- Shulman,L.S. (1987) Knowledge and Teaching : Foundations of the New Reform, Harvard Educational Review, 57（1）, pp.1-23

若い先生へのメッセージ

　授業というのは生ものです。事前にどれだけ準備を行っていても，実際に授業が始まると予想外のことが起こり，計画の変更を余儀なくされます。ベテラン教師になれば経験により臨機応変な対応ができるようになりますが，経験の浅いうちはなかなかそれが難しいものです。その際に重要になってくるのが意思決定であり，そこで活用される教授知識です。あらかじめ意思決定の過程や必要な教授知識，意思決定を鍛える要素を学んでおくことで，経験を補うことができると思います。意思決定や教授知識は従来から重要とされているものであり，今後，情報端末が導入され，児童生徒による課題解決的な学習活動が重要視されるとしても大切な内容です。学生の皆さんには，今のうちからしっかりと教師の意思決定，教授知識について学んだうえで現場に出てほしいと思います。

（八木澤史子）

# 第2部 授業の技術

## 第4章 授業における発問と指示

▶学習のポイント

発問と指示は,授業における教師の重要な行為である。適切な発問と指示により,学習者である子供たちは意義ある学習活動を行うことができる。ここでは,授業における発問と指示の役割とその組み合わせを整理し,発問と指示の種類と効果について解説する。また,優れた発問と指示について具体例を示し,使い分けの方法や発問と指示を生かすために留意する点について理解を深めていく。

教職課程コアカリキュラムとの対応　　（2）の1

## 4−1　発問と指示の役割

### 1）発問の役割

　園屋高志は,発問を「教師と学習者の相互作用のきっかけとなる問いかけと,それに続く相互作用までを含んだ,授業中の教師の重要な行動」と定義づけている（沼野・平沢,1989）。授業において,教師からの一方的な説明が続くと,学習者である子供たちは受動的な態度になりがちである。学習意欲を高める方法の一つとして問いを教師が発することで,子供たちの思考は促され,学習意欲は喚起される。学習の動機づけとして発問の果たす役割は大きい。

　特に,授業では導入,展開,まとめというようにさまざまな場面があり,それぞれの場面に応じて効果のある発問を準備することにより,子供たちの

学習意欲は持続する。その点では，授業において計画的な発問は重要である。例えば，授業の導入で，子供たちに「あれ？」「どうして？」と課題意識をもたせる発問で，本時の学習課題と結びつけることができる。

ただ，ここで注意しなければいけないのは，単に発問をしているから効果があるというわけではないということである。導入場面でいえば，「前の時間は何について学びましたか。」「今日の課題は何ですか。」というように，毎回同じ発問を繰り返しているだけなら，学習意欲を高める効果は期待できない。また，「ごんぎつねはどこに住んでいますか。」「どんないたずらをしましたか。」というように，問いに対して一つの答えだけを求める一問一答式の発問だけで学習が進むのであれば，深まりのない授業となる。逆に，子供たちが反応しにくい発問は，学習効果を促さないだけではなく，子供によってはむしろ学習阻害の一因にもなる。

発問には，教師の意図があり，それに適した種類や場面がある。どのような発問を，授業のどの場面で行うのがよいか。また，一つ一つの発問がどのようにつながっているのか，教師は，あらかじめ計画しておくことが必要である。

## ２）指示の役割

古藤泰弘は，指示を「学習者の授業への積極的な参加と授業展開の円滑な促進をねらって，特定の学習行動の作為または不作為を要求する制御の強い授業行為」としている（沼野ほか，1986）。指示は，学習者である子供たちに行動を促す。子供たちは指示された行動によって，意義ある学習活動を行うことが可能となる。

例えば，発問の後の指示の有無によって，子供たちの学習活動は変わってくる。理科で地層の写真を提示して，「気づいたことは何ですか。」と発問した後に，「ノートに書きなさい。」と指示することで，子供たちは一定時間，自分の思考をまとめる活動が保障される。「３つ以上，ノートに書きなさい。」と具体的な数値を入れた指示の場合，子供たちも目標をもって取り組

む。すなわち，指示によって子供たちの学習活動の流れができるのである。適切な学習活動は，子供たちの思考活動をより深化させたり，学習意欲を喚起したりする。指示の役割がここにある。

ただ，「今は話す時間ではありません。」「こちらを見なさい。」といった授業内容に関係のない禁止的・命令的な指示が多くなると，授業の進行の妨げになるだけではなく，子供たちの反発を招き，学習意欲の減退につながる。また，指示の中身が多くて子供たちが対応できなかったり，指示の意義が伝わらず子供たちが無目的に行動したりすることもある。その点では，優れた指示の方法を教師が身に付けることは意義のあることである。

### 3）指導言としての発問・指示・説明

発問も指示も教師から出される言葉である。大西忠治は，「授業において教師の子供に向かって発する言葉」を「指導言」としている。指導言には，「発問」「指示」の他に「説明」があり，それぞれ次のように定義づけている（1988）。

> ●「発問」　子供の思考にはたらきかける「指導言」
> ●「指示」　子供の行動にはたらきかける「指導言」
> ●「説明」　思考にも，行動にもはたらきかける「指導言」

指導内容があり，それを子供たちに示そうとする場合，説明とするか，発問とするか，指示とするかは，教師の側の考えや指導力，指導の技術によって変わってくると指摘する。確かに，子供たちに思考させ，話し合わせる活動を授業の中心に据えたいと考える教師なら，発問に重きを置くであろう。また，子供たちに適切な活動をさせることが重要と考える教師なら，指示に重きを置くであろう。これは，校種によっても，また担任する学年によっても変わってくる。例えば，小学校であれば，低学年の担任は高学年の担任に比べて，指示を重視する傾向にある。これは適切な学習活動の管理を意図したものであり，子供たちの発達段階に応じた指導のあり方といえる。

なお，説明は発問や指示と並ぶ重要な教師の授業行為である。教師の発問と指示，それに対する子供たちの反応で授業が成立しているわけではない。要所で行われる教師の説明が，子供たちの思考活動や行動を促す。例えば，理科実験を行うときに，事前に実験の説明をすることによって，実験で必要な知識が身に付き，注意すべき点の指示が有効にはたらく。つまり，発問と指示に説明が必要な場合，その説明が的確であれば効果も高まる。

### 4）授業における発問と指示の組み合わせ

授業においては，発問と指示を適切に組み合わせることが必要である。

○導入では，子供たちの関心を高めるために絵を示そう。あえて説明をしないで，発問をもとに課題意識を高めていこう。
○展開では，課題に対する中心的な発問を投げかけ，ノートに自分の考えを書くように指示しよう。時間も5分は確保し，子供たちに伝えよう。その後で，準備していた別の教材を示し，説明をしたのち，別の発問をして，学習内容を深めよう。
○まとめはノートに書かせよう。まとめで使う用語を指示して，課題に対応した文章を書くことができるように支援していこう。

授業設計をする際，このような考えで準備をしておくことが，発問や指示の役割を効果的に生かすことにつながる。その際，留意しなければいけないのは，子供たちの実態を考慮することである。同じ学級でも，学習技能が身に付けば，発問や指示も変わってくる。例えば，4月に必要だった指示が，10月には不要になっていることも考えられる。その点では，発問や指示の内容や組み合わせは流動的な面を有している。

## 4-2　発問と指示の種類と効果

### 1) 発問の種類と効果

　古藤泰弘は，発問をその目的から以下のように類型化している（沼野ほか，1986）。

---
●拡散的発問
　　学習課題の明瞭な把握や授業の発展への布石となる発問
●対置的発問
　　具体的な思考活動を誘発する発問
●収斂的発問
　　授業のスムーズな進展のために理解度を確認する発問
●示唆的発問
　　授業の停滞から脱出するための発問

---

　授業における発問のほとんどは，この4つにあてはまる。

　導入において，一つの発問から多くの疑問が出てくる場合がある。「なぜだろう？」「○○だと思う。」というように，興味・関心が高まっている状態である。これが拡散的発問の例である。導入に限らず，授業が展開されて新たな課題を見いだす場合にも，この拡散的発問は有効である。例えば，「○○について，思ったことや気づいたことは何ですか。」という発問なら，子供たちから広く考えを引き出すことができる。

　対置的発問は，いくつかの対立的な考えが出てくるようにする発問である。複数の異なる意見が出た場合には，子供たちの思考活動が活性化する。その共通点や相違点を考えさせる発問をさらに追加することで，学習の深まりが期待できる。その点では，子供たちの考えを焦点化させる発問ともいえる。「○○と○○，あなたはどちらの考えに賛成ですか。その理由は何ですか。」と発問することで，自分の立場が明確になり，話し合い活動における当事者

意識が高まる。

理解度を確認するための発問では，多くの場合の回答が1つである。例えば，「3×1の答えは。」「『飛』は全部で何画か。」というような発問である。これが収斂的発問である。確認するための発問であるから，テンポよく発問することができるが，過度に行うのは避けたい。また，一斉に確認すると学習内容を習得している子供たちは反応するが，理解不十分な子供たちは見逃しやすい。その点では注意が必要である。

示唆的発問は，話し合い活動が停滞したときや子供たちからの考えが出てこなかった場合に行う発問である。「子供たちがつまずいたときにはこの発問を追加する」というように準備が必要である。子供たちが気づかないことをヒントとして与えることで，見方も広がる。

なお，それぞれの発問は，その目的から授業展開の中で適した場面が存在する。例えば，拡散的発問は学習課題を提示する場面，対置的発問は授業展開のねらいに迫る場面，収斂的発問は前時の復習や本時のまとめを確認する場面が効果的である。示唆的発問は他の3つの発問と異なり，さまざまな場面での活用が考えられる。

## 2）指示の種類と効果

多田元樹は，指示を「示唆的指示」と「禁止的指示」の2つに分けている（沼野・平沢，1989）。

> ●示唆的指示
> 　学習者に行為の発動を示唆する指示
> ●禁止的指示
> 　学習者の行動を阻止する指示

示唆的指示は発問と一緒に出されることが多い。発問の後に「ノートに書きましょう。」「隣の人と話しなさい。」「3分以内にグループで1つ選びなさい。」というように，発問に対してどのような行為を学習者がするのか示唆

するのである。この指示によって,子供たちはどのように学習に取り組んだらよいのか明確になる。

　また,発問と関係なく,示唆的指示のみが教師から示されるときがある。例として,「みんなの方を向いて発表しましょう。」「集中して聞きましょう。」というように,学習活動ではなく学習時における態度への指示があげられる。このような指示は学習規律形成のために重要であり,特に学年の学習規律を身に付ける初期段階に,この指示が使われることが多い。

　禁止的指示は,「話し合いをやめなさい。」「実験をやめましょう。」というように,学習活動の禁止を指示するものである。これには,いくつかのケースが考えられる。例えば,「ノートに3分でまとめなさい。」というように示唆的指示をあらかじめ出しておいたうえで,禁止的指示を出すのは,教師にとっても子供たちにとっても予定どおりの指示となる。そこにはお互いの合意がある。

　しかし,授業中に子供同士がトラブルになって,「2人とも言い合うのをやめなさい。」という指示を出す場合もある。これは教師にとっては予期せぬ子供たちの行動である。授業における秩序維持のための指示であり,一時的な効果はあるが,同じことが繰り返される可能性もある。禁止的指示だけで終わらせることなく,態度面についての示唆的指示を加えていく必要がある。

### 3) 学習技能を育てる発問と指示

　1),2)の発問と指示の種類の他に,学習技能を育てる発問と指示が授業でしばしば提示される。社会科で折れ線グラフを読み取る例である。

　　○「題は何ですか。読みましょう。」
　　○「出典を読みましょう。」
　　○「縦軸は何を表していますか。」
　　○「横軸は何を表していますか。」
　　○「グラフの変化で気づいたことは何ですか。」

ここでの発問や指示は，題，出典，縦軸，横軸を理解してから変化を読み取るという折れ線グラフの読み取り方の学習技能を身に付けるものである。基本的な学習技能を身に付けないうちに，「気づいたことは何か。」という拡散的発問をしても，子供たちの反応は芳しくないものである。拡散的発問の前に先のような発問や指示が必要である。
　このような学習技能を育てる発問や指示は，新たな学習をする際には特に必要である。例えば，ノートに国語の教材文を初めて視写をする際，「教科書の文をそのまま写しなさい。」という指示だけでは不足である。マス目のいちばん上から書き始める子供が続出する。

- ○（マス目のある黒板を示し）「いちばん上のこのマスを空けます。」
- ○「2つ目のマスを指で押さえなさい。」
- ○「そこに『きょう』の『き』を書きます。」

　このような小刻みな指示を出し，繰り返し学習活動をすることによって，子供たちは「書き出しは1マス空ける」という学習技能を身に付けていく。
　岩下修は，子供たちの心を動かす言葉として，「AさせたいならBと言え」という原則を考えた（1989）。例えば，リコーダーの口のつけ方と息の入れ方の両方を教える場合，「小さなシャボン玉を少しずつふくらますように吹いてごらんなさい。」と指示するだけで，すばらしい音が出るようになるという。させたいことを直接言うのではなく，工夫した言葉で指示している例である。
　なお，このような学習技能を身に付けるための発問や指示を毎回行う必要はない。むしろ，身に付いた学習技能から，発問や指示を減らしていくことが大切である。最終的には，発問や指示を出さなくても，子供たちが学習技能を自然に活用して，学習活動に取り組むようにしていくことが望ましい。

## 4-3　優れた発問と指示および使い分けの実際

### 1）優れた発問

　大西貞憲は優れた発問を「『子どもが自ら考えたくなる，活動したくなる』もので，その結果『授業のねらいや課題解決につながる』もの」と定義している（2010）。優れた発問は，子供たちの学習意欲を高め，思考を促す。そして，授業が活性化されるだけではなく，教師が意図していた授業のねらいや課題解決につながるものでなければならない。

　ここでは，有田和正の発問例を取り上げる。小学校2年生の社会科（生活科以前に実践されたもの）の単元「バスごっこ」の授業である（有田，1985）。

　バスについて「よく知っている」と自信をもっている子供たちを，実は少しもわかっていないことに気づかせ，追究意欲を引き出す授業である。その中で，子供たちの追究意欲を高める発問は重要である。有田はバスについて自信満々の子供たちに，次のように問う。

発問1：ではおたずねしますが，「バスにはタイヤが何個ついていますか？」

　子供たちは意表を突かれたのか「あれっ！」という表情で，「3個」「4個」「6個」「8個」等，ばらばらな反応を示す。その後も，つり革や座席の数を問い，自分たちがバスのことを実は知っていなかったことを自覚する。

　さらに，今度は運転手の仕事について次のように問う。

発問2：運転手さんは，どこを見て運転していますか？

　「前に決まっている。」「バックミラーも見ている。」「バスの中も見ている。怒られるもん。」というように子供たちは次々と発言する。有田は「運転手さんは，どんな仕事をしていますか？」という発問では，子供は動かないという。子供たちが，本当の姿を見ようとする姿勢を育てるために，このような発問をしたという。

## 2）優れた発問の原則

　発問1はバスのタイヤの数を問うものである。数を問う発問は発言しやすく授業が活気づく。ただ，単にクイズ的なものだったり，答えが簡単だったりする場合には，優れた発問にはならない。

　この場合には，子供たちがタイヤのことを知っていそうで，あまり知らなかったという点が重要である。いわば，曖昧な部分である。だから，答えは一つのはずなのに多様な考えが出てきて，その理由も子供たちは積極的に発言した。そして，「本当は何個だろう」と追究意欲を喚起された。有田の授業のねらいも，ここにあった。

　大西忠治は，教材の曖昧なところを発見し，そこを発問化することの意義を述べている（1988）。曖昧なところを問うことで，さまざまな考えが出やすくなるのは確かである。

　発問2は，「どこを見て」というように知覚語で発問をしている点が重要である。有田がいうように「どんな仕事をしていますか？」という発問なら，運転手の仕事を知っている子供は発言できるが，知らない子供は何も発言できない。しかし，「どこを見て運転していますか？」という発問であれば，運転手の仕事を知らない子供でも，見ている場所を予想して考えることができる。そして，その見ている場所から，運転手の仕事を関連づけることができる。まさに優れた発問である。

　有田はこの後も，「バスの運転手さんは，運転しているとき何を考えているでしょう？」「バスの運転と電車の運転はどちらが難しいでしょう？」というように子供の思考を促す発問をしている。後者は，バスと電車の運転を比べ，難しい方を選択させる発問である。単に運転を比べるだけではなく，難しいのはどちらかを選ぶという作業は，子供たちがより深く検討することにつながる。そして，有田は先の発問の答えを授業ではあえて言っていない。これも子供たちが課題について追究するための布石である。実際に，子供たちは授業後に，さっそく自主的な追究活動を開始する。ふだん乗車しないバ

スに調べ活動のために乗車し，バスのタイヤの数や座席，つり革の数を調べたり，運転手の後ろの座席に座って，その仕事ぶりを観察したりした。優れた発問群がきっかけとなり，教師のねらいどおり子供たちが追究活動を行ったのである。

**3）教科による発問の原則の使い分け**

　子供たちが学習意欲を高める発問や学習内容を深める発問の原則は，各教科で特色がある。

　例えば，算数で学習問題に対する複数の解き方を検討する場合には，次のような発問をすると，学習のねらいに到達しやすい（佐藤，2015）。

- ●共通性を問う…「二つの考えで似ているところはどこか。」
- ●簡潔性を問う…「これらのうち簡単にできるものは何か。」
- ●有効性を問う…「いつでもこの考えは成り立つのか。」
- ●よさを問う……「○○さんの解き方のよさは何か。」

　社会科においては，発問の原則は多岐にわたるが，次のような例があげられる（佐藤，2015）。

- ●人を問う………「誰が地域の安全なくらしを守っているのか。」
- ●時を問う………「武士の世の中が始まったのはいつからか。」
- ●共通項を問う…「工業が盛んな地域に共通する特色は何か。」
- ●選択させる……「家庭から出すごみは有料がいいか，無料がいいか。」
- ●焦点化を図る…「貴族のくらしは一言でいえばどのようなくらしといえるか。」

　これらの発問は授業のねらいに直接結びつくものであり，その教科の中で応用がきくものとなっている。

　また，効果のある発問が話し言葉によらない場合がある。授業の導入で理科実験を行い，その事実から「○○なのは，どうしてだろう。」という教師

の意図していた発問を子供たちの言葉をもとに引き出す場合がある。絵図や写真の提示により，子供たちの思考がゆさぶられる場合も同様である。これらは，教師が発問をしなくても，発問の機能をもった教材の提示といえる。

### 4）よい指示の原則

多田元樹は，「授業のねらいに即して学習者の行動を変容させることのできる指示」をよい指示としている（沼野・平沢，1989）。よい指示には次のようないくつかの原則がある。

●簡潔で明確である

A「それではみなさん，これからノートに書いてください。書くときには，習ったように箇条書きに気づいたことを書いてください。はい，始めてください。」
B「ノートに書きなさい。箇条書きです。」

AとBの指示を比べるとBが子供たちにとって明快である。簡潔にすべきことが示されている。長い指示には無駄な内容が含まれている。一文を短くし，語尾を「～しなさい」と言い切ることで，指示は明確になる。

●具体的である

・「いちばん後ろの太一くんに届く声で発表しましょう。」
・「5分間で5つ以上書きなさい。」

これらは，「大きな声で発表しましょう。」「ノートにたくさん書きなさい。」といった指示より具体的である。めやすがあることで，子供たちの行動の変容も期待できる。

●一時に一事

向山洋一は，子供たちに指示を与えるときの基本原則として「一時一事の原則」を示している（1985）。これは，同時にいくつもの指示を与えるのではなく，一つの指示を与えて，それができたのを確認してから次の指示を与えるようにすることである。理科実験や調理実習といった順序性があり，複数の作業を必要とする学習活動では，特に重要である。

●手順や方法が応用できる

　「最初に『○○に賛成です。』というように結論から話します。次に，その理由を一つずつ言っていきます。」というように，手順や方法が具体的な指示であれば，子供たちも容易に行動できる。それが限定的なものではなく，他の場面でも応用できるのであれば汎用性のある指示といえる。

### 5）指示の使い分け

　よい指示をより効果的に使うために次の点に配慮したい。

●活動の目的を伝える

　指示する学習活動の目的を伝えることによって，子供たちは「何のためにこの学習活動をするのか」ということを理解する。これは，活動の見通しをもったり活動意欲を喚起したりするためには大切である。例えば，ただ単に「AとBのどちらに賛成か，話し合いましょう。」と指示するだけではなく，「この話し合いで大切なのは，AとBのどちらに賛成かを決めることではありません。話し合いを通じて，自分の考えを深めることが大切なのです。」というように目的を事前に伝えるようにする。

●タイミングを計る

　指示が大切といえども，不要なときには指示を控えたい。指示の多発はときとして学習の妨げとなる。逆に，指示を必要とするタイミングで適切な指示を出さないことも学習の効率を下げる結果となる。子供たちの状況を把握しながら，指示のタイミングを意識していくことが大切である。

●評価する

　「指示どおり3つ以上書いています。すばらしいです。」というように，指示後に適切な評価をすることは，子供たちの満足度を高める。子供たちも活動を評価してもらうことにより，指示の大切さを理解する。

●視覚的な指示を入れる

　「2分間，前跳びをします。」と2本の指をジェスチャーで示したり，指示内容を紙に書いて見せたりする視覚的な指示は，内容がより伝わりやすい。

## 4-4　発問と指示を生かすために

### 1）発問を生かすために

　授業における発問を生かすためには，次のような点に留意することが必要である。

●発問後に考える時間をとる

　子供たちに思考を促す発問を行った場合には，十分に考えさせる時間をとることが必要である。一部の反応の早い子供たちの考えのみで授業を進めることがないようにする。また，反応が悪いからすぐに発問を変えるのは，子供たちに新たな負担を強いることになる。一定時間を保障し，それでも反応が芳しくない場合には，関連する示唆的発問を組み入れていくようにする。

●発問の難易度と順番を考える

　1単位時間で教師はいくつかの発問を準備する。その中で，授業の中心となる発問が重要なのはいうまでもない。また，授業が始まって最初の発問も大切である。開始時から難しい発問をして学級全体が重い雰囲気となる授業もあれば，子供たちから次々と発言が出て，活気のある開始となる授業もある。導入で易しい発問から入って授業への参加意識を高め，その後，第二，第三の発問を提示して授業の核心に入っていくのが望ましい。

●意図的に指名する

　発問を全員に対して投げかけた場合，子供たちは発問に対して何らかの思考活動を行っている。発問に対して挙手している子供のみ指名するのではなく，「この発問なら，この子に」という意図的な指名計画をもって臨むことが，思考活動を行っている学級全員を生かすことにつながる。反応を知るのが難しいという際には，全員に考えをノートに書く指示を与えることで，指名したい子供たちの思考の様子を知ることができる。

## 2）支援が必要な子供への配慮

 通常学級において，さまざまな支援が必要な子供が存在する場合，発問や指示もその子供たちに対応する形で行うことが望ましい。以下のような配慮が考えられる。

●発問・指示を視覚情報として残す

 一般的に授業では，教師からの情報の伝達は，聴覚情報と視覚情報が主となっている。そのうち，発問や指示の多くが子供にとっては聴覚情報である。それを視覚情報として同時に提示することで，支援が必要な子供にとっては，情報が入りやすくなる。例えば，重要な発問や指示を板書したり，画用紙や小さいサイズのホワイトボードに書いて同時に示したりすることで，視覚情報はそのまま残ることになる。これは支援が必要な子供たちだけではなく，他の子供たちにとっても有益な支援となる。

●指示情報を多くしない

 配慮が必要な子供たちにとって困ることの一つは情報過多になることである。これは教師が指示する情報も同じである。一度に複数の情報を指示されても，子供によっては覚えきれない場合がある。先に示した「一時に一事」の原則は，そのような子供たちにとって有効であり，徹底するようにする。

●確認をする

 授業では，指示をした後はすぐに活動に入る。支援が必要な子供がいる場合には，一度指示内容を全体で確認する。「何段落から何段落までを読み取るのですか？」「何分まで作業をするのですか？」という簡単な確認でよい。時間も短時間で済む。その際，配慮が必要な子供の反応を見取り，必要であれば個別支援を行うようにする。

●禁止的指示を変える

 学級で気になる子供には，禁止的指示の内容を伴った注意を教師がしがちである。それを真似て，同じような禁止的指示の注意を，周囲の子供がその子供に対して行う場合がある。そのようなことを避けるために，教師は禁止

的指示を別の内容に変えることが必要である。

【参考文献】
- 有田和正(1985)『学級づくりと社会科授業の改造 低学年』明治図書出版
- 井戸垣忠男(2002)「子どもの追究活動を育てる小学校社会科指導法：有田和正氏のネタ活用の授業を手がかりに」社会系教科教育学会『社会系教科教育学研究』第14号
- 岩下修(1989)『AさせたいならBと言え―心を動かす言葉の原則―』明治図書出版
- 大西貞憲(2010)「『優れた発問』とは何か」愛される学校づくり研究会ウェブサイト, 教育コラム第19回(2018年10月閲覧)
- 大西忠治(1988)『発問上達法』民衆社
- 佐藤正寿(2013)『教師の力はトータルバランスで考える』さくら社
- 佐藤正寿(2015)『スリー・ステップでものにする授業のすご技34』フォーラム・A
- 沼野一男・平沢茂編(1989)『教育の方法・技術』学文社
- 沼野一男・甲斐隆・古藤泰弘・長野正・平沢茂・山口栄一(1986)『教育の方法と技術』玉川大学出版部
- 平沢茂編(2018)『三訂版 教育の方法と技術』図書文化
- 向山洋一(1985)『授業の腕をあげる法則』明治図書出版

若い先生へのメッセージ

　発問と指示の原則を身に付けることにより授業は改善します。発問や指示の先行研究の成果から学んだことを，実際の教室で試してみましょう。その際大切なことは，自分が実践したことを記録化しておくことです。具体例と共に，「今日の選択的な発問は，話し合い活動で有効だった。論点が明確になる。」というように先行研究と照らし合わせて記録をします。その経験が積み重なると，発問と指示の原則が見えてきます。

（佐藤正寿）

# 第 5 章 　教科書活用の技術

▶学習のポイント

教科書を活用した授業についての基本的な考え方，教科書を活用することによる効果，教科書の内容や構成等について概観したうえで，教科書を活用した授業を行う際に，どのようなことに留意して教材研究や授業準備を行えばよいか，実際に教科書を活用してどのように授業を展開すればよいか，教科書の紙面を拡大提示する際に行う教授行動にはどのようなものがあるかなど，教科書を活用した授業づくりのための方法や技術について学ぶ。

教職課程コアカリキュラムとの対応　　　　（2）の2

## 5-1 　教科書を使って行う授業の効果

　かつてわが国では，教科書の編集・発行などの権限を国家が占有する制度（国定制）に基づいた国定教科書を使用していた時代があった。特に戦時下においては，国民の思想を統一する意味もあり，教師は教科書の内容のみを児童生徒に浸透させる役割を担っていた。当時，教科書は児童生徒にとって大変強い強制力をもつと同時に，思想をコントロールするほどの影響力をもつことになった。国定教科書の時代に教科書はいわば神聖化され，教師は教科書さえ教えていればよいという教科書中心主義が浸透していったという（谷田貝ほか，2015）。このように，教師が教えるべきことはすべて教科書に書いてあるのだから教師は教科書を教えていればよい，といった教育観で教科書を扱うような状況を称して，教科書「を」教える，ということがある。

　現在，学校教育法により，小学校・中学校・高等学校・中等教育学校等の教科書については教科書検定制度（検定制）が採用されている。教科書の検定とは，民間で著作・編集された図書について，文部科学大臣が教科書として適切か否かを審査し，これに合格したものを教科書として使用することを

認めることである。戦後になり教科書が国定制でなく検定制になると，教科書の取り扱いにも変化が生じてきた。それまでの教科書中心主義ではなく，教科書は児童生徒が学習活動を行う際の一つの教材として考える教師が増えたという（谷田貝ほか，2015）。児童生徒に教科書の内容をただ暗記させるのではなく，教科書を活用することで児童生徒が自発的に学習活動を行って効果を上げる，といった教科書の扱いが，教科書「で」教える，と称する状況である。

　「教科書『を』教える」と「教科書『で』教える」。現在の状況が，後者であることはいうまでもない。しかし，教師によって授業における教科書活用の仕方はさまざまで，改善を要する様子が散見されることも事実である。例えば，児童生徒に教科書は閉じさせたまま，教科書の内容を「要約」したようなプリントやワークシート等の副教材を中心に展開している授業がそれにあたる。指導内容をより効率的に取り扱おうとする目的で，教師がこうした自作の副教材を準備することは一般的であるが，児童生徒に教科書を直接活用させない授業に対しては，その副教材に本来指導すべき内容がすべて反映されているか，教科書を開いて児童生徒が自分の力で必要な情報を見つけたり読解したりする機会を奪うことになりはしないか，等の懸念が生じる。教科書を適正に活用しないことは，教育内容の質的低下をもたらしかねない。本書第1章でも記された，日本の教科書制度によって供給される「質の高い教科書」を有効活用すれば，授業がいっそう充実していくことを忘れてはならない。

　ところで，日本の小学校・中学校・高等学校・中等教育学校等では，教科書の使用が義務づけられているため，進学・進級した際に児童生徒は真新しい教科書を手にすることになる。児童生徒にとって，新しい学習環境の始まりに対する喜びを感じたり，学習意欲を高めたりする瞬間でもある。また近年の教科書は，写真・図表・イラストがふんだんに取り入れられ，視覚的にわかりやすく編集・構成されているものばかりである。日本の教科書制度は，実際の学習が始まる前から，児童生徒の興味関心を強くかき立てる効果を上

げているといえる。児童生徒がこうした学年はじめの気持ちを維持したまま学習を進めることができるように，教師には教科書を活用した授業を工夫して展開していくことが求められている。

　実際の授業における教科書活用による効果については，次の4点に整理できると考える。

### 1）教育内容の確実な習得

　昭和58年6月中央教育審議会答申「教科書の在り方について」には「教科書は，教育課程の構成に応じて系統的に組織配列された各教科の主たる教材であり，児童生徒に国民として必要な基礎的・基本的な教育内容の履修を保障するものとして，学校教育において重要な役割を果たしている。」と記され，また教科書を「児童生徒に国民として不可欠な教育内容を確実に身に付けさせる基本的な教材」と位置づけている。教科書は，すべての児童生徒に平等に学習機会を与えると共に，学力の水準を保つための教育内容を保証するという役割をもっている。そして，その役割を担うためには，何よりも授業で教科書を適正に活用することが重要となることはいうまでもない。

### 2）信頼性の高い情報に基づいた学習

　情報社会の目覚ましい進展により，インターネット等を中心とした情報手段の普及・利便性向上をもたらし，児童生徒も大量の情報に日々接することができる環境をもち合わせている。学習場面でこうした環境を活用すれば，学習をより広く，深くする効果がある反面，誤った情報・偏った情報を受け止めてしまう可能性を高めることにもなる。情報の真偽を見極めるためには一定の知識や経験が必要であるため，児童生徒にとって，どの情報が真実で，どの情報が誤っているか・偏っているかの選択は，難しい場合も多い。またそうした玉石混淆の情報から，教師が適切な情報を確実に見極めて授業で活用することも，ときとして難しい場合がある。

　学習指導要領の内容を踏まえて作成された教科書は，このように氾濫した

情報の中で，どれが真実で価値のあるものであるかを示し，児童生徒が誤った情報・偏った情報に接してうのみにすることを避けるための指針となる役割を担っている。授業で教科書を適正に活用すれば，信頼性の高い情報に基づいた，安定した学習が展開できる。

### 3）発達段階に応じた学習展開

　教科書は，教育課程の構成に応じて組織配列された教科の主たる教材なので，その内容は，基礎から応用へ，単純から複雑へ，と配列されている。また，学習指導要領を踏まえた学ぶべき基礎的事項が確実に掲載され，その内容が児童生徒の能力によって発展的に学習ができるように配列されている。そのため，授業で教科書を適正に活用すれば，発達段階に応じた無理のない学習を組み立てることができる。

### 4）児童生徒の自学力の育成

　学校で受ける授業が，児童生徒にとって「わかる・できる」ものであることは重要であり，教師はそのためにさまざまな工夫・努力を行う。授業で教科書を活用することは，そのための手立ての一つである。一方で，児童生徒の学習場面全体を考えたとき，学校の授業はその一部に過ぎず，家庭学習等では自学を行うことも多い。学生時代にとどまらず，生涯にわたって学び続けることが必要とされることからも，児童生徒に「自学力」を身に付けさせることは，学校教育に求められる重要な役目だと考える。

　学校の授業においては，教科書に掲載された本文，資料等を正確に読み取ること，本文や資料の内容を解釈して説明すること，本文と資料を関連づけながらその意味や価値を読み解くこと，既習事項を活用するために以前に学習したページをめくり返して確認すること，等の機会を繰り返し設ける必要がある。このことによって，児童生徒は教科書を活用した「学び方」も身に付けていくことができ，生涯にわたって生きてはたらく「自学力」の育成に結びつく。

## 5-2　教科書を使った教材研究や授業準備

　児童生徒にわかる・できる授業を行うために，教師は教材研究をして授業に臨まなければならない。教科書に合わせて，同じ教科書会社から「教師用指導書」が出版されている。教師用指導書の内容は，出版社，教科，学年等によってさまざまであるが，各教材の詳細な解説や展開例，毎時間の授業のポイントや板書例，発問例や予想される児童生徒の反応例や手立て，観点別評価規準例，特別支援を要する児童生徒への対応例等，授業をする際に必要なさまざまな情報が掲載されているものが一般的である。また，複写をして児童生徒に配付して活用できるようなワークシート等が掲載されているものもある。教師用指導書を活用して教材研究をすることは，授業を充実させるために有用な手段である。

　一方で，教師用指導書は教科書と同じ出版社から発行されているものの，教科書執筆者と教師用指導書の該当ページ執筆者は異なる場合がほとんどである。つまり，教師用指導書の内容は，教科書執筆者が意図したことを必ずしもすべて反映しているわけではなく，教師用指導書の執筆者が独自に考えた授業展開と，そのために必要な参照すべき情報が掲載されているということになる。また，教師用指導書は教科書検定を経た出版物ではないことにも留意しておく必要がある。

　教科書を使った教材研究では，教師用指導書も参照しながら，児童生徒が使う教科書そのものを読み解くことを大切にしたい。児童生徒が使うのと同じ教科書を見ることで，児童生徒が気づくことや難しいと感じることを想定できたり，どのように活用すればわかりやすい授業が展開できるかを予想し計画が立てやすくなったりするからである。

### 1）教科書の内容構成

　では，教科書の内容はどのようなもので構成されているのか。そのイメー

ジを小学校国語，社会，算数，理科で整理すると，出版社や学年によって多少の違いは認められるものの，概ね［表5-1］のようにまとめられる。

前付けには，その教科書を活用した学習をより効果的に進めるための情報が掲載されている。「教科書の使い方」の表記内容は，本文中に囲みで登場する「コーナー」や「イラスト」「マーク」（図5-1）等，教科書そのものについての説明となっている。「学習の仕方」の表記内容は，問題に対して考えをもつ道筋，考え方，話し合いの仕方，振り返りの仕方といった授業や学習の流れ，流れの中での考えるポイント等についての説明となっている。またノートの例が示され，それぞれどのようなポイントに沿って書けばよいか，あるいはどのような流れでノートを書いていくか等について説明されているものもある。

各単元における掲載内容は，学習内容・学習方法をわかりやすく伝えるために，さまざまな工夫が施されている。国語，社会，算数，理科に共通している表記内容の中で，例えば「子供やキャラクターのイラストと吹き出し」

表5-1 ▶ 小学校教科書（国語，社会，算数，理科）の内容構成イメージ

| | 内容 | 教科の特徴的な内容 | | | |
| --- | --- | --- | --- | --- | --- |
| | | 国語 | 社会 | 算数 | 理科 |
| 前付け | もくじ（各単元と関連する「これ以前の学習」，「この後の学習」の表記を含む） | | | | |
| | 教科書の使い方（本文中のコーナー，イラスト，マーク等），学習の仕方 | | | | |
| 各単元 | プロローグ（学習の導入），本文・図（絵・写真・グラフ等），表，子供のイラストと吹き出し，キャラクターのイラストと吹き出し，マーク，用語説明，エピローグ（学習のまとめ） | 学習の手引き，新出漢字 | 図（地図等），表（年表等） | 本文（問題，式，答え），図（ブロック図，テープ図，線分図，液量図，面積図，数直線図等） | 図（実験，観察の仕方・結果を表す絵や写真等） |
| 後付け | 資料（全体のまとめ，さくいん等） | 既習漢字，用語等 | | 補充問題 | |
| | 奥付（編集関係者，著作関係者等） | | | | |

がある（図5-2）。出版社や教科によっては，この子供やキャラクターに名前がついているものもあり，各単元で随所に登場し，つぶやく設定となっている。つぶやく内容にも分担があって，キャラクターは主として児童生徒に新しい気づきや視点を与える「先生役」であり，子供は主として児童生徒と同じ「学習者」である。こうした吹き出しを利用して，児童生徒に思考を促すことも可能である。例えば，[図5-2]のキャラクターのつぶやきを引用して，教師が「皆さんが，日頃の生活の中で声の調子を上げるときの言い方を紹介しましょう。」と指示すれば，該当する場面が具体的に理解できるようになる。子供のつぶやきを引用して「この子と違うところに驚いた人はいますか。紹介しましょう。」と指示すれば，より多くの児童生徒に対して発言を促すことができる。

また，各単元の内容を整理する中で，教科による特徴的なものも見られる。例えば，社会の教科書に掲載されている特徴的な図としては「地図」があったり，算数では「ブロック図，テープ図，線分図，液量図，面積図，数直線図」があったりする。これらは各教科の特質に応じた見方・考え方を発揮す

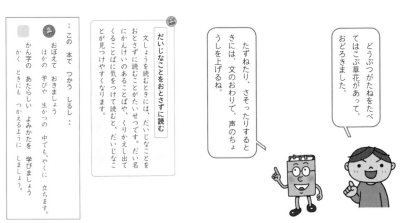

**図 5-1** ▶前付け内のマークの説明（左）と本文内のマーク（右）の例

**図 5-2** ▶本文内のキャラクターと子供の吹き出しの例

（図5-1，2ともに『平成27年度版 小学生のこくご 二年』三省堂）

る中で活用し，児童生徒の見方・考え方を育てるうえで重要な役割を果たすものであることはいうまでもない。

後付けには，その教科書で学習したことをまとめたり振り返らせたりする内容が掲載されている。

教科書を使った教材研究をする際には，こうした教科書の内容構成を把握したうえで，各単元のページにある内容を読み取る必要がある。教科書は，前付け－各単元－後付けをフル活用して，児童生徒に学力を育むような構成になっている。そのことを実感するためにも，教師には児童生徒が使う教科書そのものを読み解くような教材研究を行ってほしい。

なお，奥付には教科書の編集・著作関係者の氏名が掲載されている。その分野の著名な専門家が数年間かけて作成にあたっていることを考え合わせ，教科書がいかに質の高い教材であるかを再認識したい。

## 2）学習指導要領を踏まえた内容

［図 5-3］は，『平成 27 年度版 小学生のこくご 二年』（三省堂）内の説明文「たねのたび」にある「学習の手引き」の一部である。

小学校学習指導要領（平成 20 年告示）解説国語編（2008）第 1 学年及び第 2 学年の「C　読むこと」にある指導事項には，次の

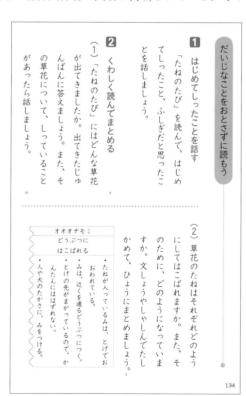

図 5-3 ▶ 国語教科書の「学習の手引き」の例

ような「イ」「エ」の記載がある。

　　イ　時間的な順序や事柄の順序などを考えながら内容の大体を読むこと。
　　エ　文章の中の大事な言葉や文を書き抜くこと。

　教科書の学習の手引きに設定されためあてが「だいじなことをおとさずに読もう」となっていること，また2(1)で「草花を出てきたじゅんばんに答えましょう。」という問いになっていることが，学習指導要領の目標を踏まえた活動であることを示している。また(2)で「草花のたねがどのようにしてはこばれるか。そのためにどのようになっているか。」の問いに対するまとめ方として表が例示してあるが，これは上記エ「文章の中の大事な言葉や文を書き抜くこと。」を踏まえた活動へと導くものである。

　このことからわかるように，教科書検定を経て出版されている教科書を活用して「教科書どおり」に授業をすれば，学習指導要領に記された目標を達成できるような学習活動が比較的容易に実施できるといえる。例えばここで，教師が教科書を使った教材研究を怠り，「出てきた順番を軽視して，草花を答えさせる」「表にまとめさせずに口頭で発表させ，教師が黒板に書く」ような学習展開をしてしまったら，学習指導要領の趣旨が十分に踏まえられていない授業となる。「教科書どおり」に授業をすることは，授業の質を保証することになる。そのためにも，教科書を使った教材研究を行うことが，授業準備として最も重視すべきこととなる。

　このことは，国語に限らずどの教科でも同様に考えることができる。

### 3) 教科書研究

　では，実際に教科書を使った教材研究・授業準備はどのように行えばよいのか。ここでは，教科書をフル活用する授業のための「教科書研究」について記す。皆さんも入手可能であれば，小学校の教科書を傍らに置き，実物を見ながら確認していただきたい。

　例えば，小学校5年社会の教科書を用意したとしよう。小学校社会の授業の学習内容は，多くの場合1単位時間が見開き2ページ相当となっている。

どの出版社の教科書も，次のような要素が見開き2ページにレイアウトされている。

- 単元及び授業名，学習課題
- 本文
- 写真，グラフ，図
- 用語説明，解説
- 子供やキャラクターの吹き出し，○○さんの考え

① まずは，これらの項目を正確に読み取り，児童生徒が「気づくことは何か」「難しいと思うことは何か」を考えてみる。そして，難しいと思う箇所は「なぜ難しいのだろうか？」とその理由を検討しておく必要がある。それによって，教師が発話を工夫すればよいのか，教科書以外の資料を用意して提示すればよいのか等の対応を考えることができ，授業展開を検討することにも結びつく。

② 次に，正確に読み取った事実について，解釈を加えてみる。小学校5年社会の「米づくりのさかんな地域」の学習において，教科書本文に「夏は，日照時間が長く，いねに日光が十分に当たるため，じょうぶに育ちます。」と書いてあることを読み取った場合，「○○市は，他の地域と比べて夏の日照時間が長い。だから，稲がじょうぶに育ち，お米の生産量も高いのだろう。」というように，事実＋解釈で教科書本文を捉えるようにする。

③ さらに，本文と資料を結びつける。本文の周りに掲載されているさまざまな資料の中に，月別日照時間を他地域と比較した折れ線グラフがあるとする。日照時間が長いという根拠は，このグラフを読み取る活動によって得られるため，「○○市の8月の日照時間が長いということは，どの資料を見るとわかりますか。何時間長いですか。」という発問を考えることができる。また，資料から読み取った事実と本文とを結びつけるために，「資料からわかった皆さんの考えは，本文のどこに書いてありますか。」という発問を考えることもできる。

④　見開き 2 ページの全体レイアウトも確認する。教科書執筆者の意図を読み解くと，紙面を占めている面積の割合が大きいほど，伝えたいこと＝重要度が高いのではないかと想像できる。例えば，1 ページの半分以上を占める地図が掲載されていた場合，その地図は本文のどこと関連があるか，地図から何を読み取らせたいか，読み取らせるためにはどんな発問をすればよいか等を考える。そして他の資料も含めて，それぞれの取り扱いに軽重をつける見通しも立てるようにする。

⑤　一つ一つの資料を読み取ってみる。そして，他の資料やこれまでの学習で活用した資料と関連づけて解釈し，なぜその資料がこのページに掲載されているか，執筆者の意図を考えてみる。例えば，「日本の水産業がかかえる問題」を取り扱ったページに，漁業別漁獲量の移り変わりを表すグラフがあり，そこからは遠洋漁業の減少が著しいことが読み取れる。別の場所には「200 海里水域と世界の漁場別漁獲量」を表す地図があり，遠洋漁業の著しい減少とこの地図とが関連づけられることに気づく。児童生徒がそのことに着目できるようにするためには，どのような発問をすればよいか，検討する必要がある。

⑥　本文を「標題」，「概念」，「説明」，「例示」，「実施されている取り組み」等に分類してみる。そのことによって，児童生徒にどこへ着目させるか，どこを使って説明させるか，どことどこを関連づけて考えさせるか等，授業展開の見通しをもつことができる。

　このように，教師用指導書ではなく，児童生徒が持っている教科書を児童生徒の視線で読み解き，解釈を加えることで，児童生徒の気づきや思考，そして活動の難易度について想定することができる。教師にとって，こうした情報を分析的に読み解く営みは，指導力や教材開発力の向上にも結びつく。

## 5–3 教科書紙面を提示する際の工夫

　特に小学校において，教師が効果的と考える教室でのICT活用は，プロジェクタと実物投影機を用いて教科書等を映すことである，という調査結果がある（高橋ほか，2008）。児童生徒一人一人が教科書を手元に置いて行う一斉授業で，その教科書と同じ拡大提示画面が教室前面に映し出されれば，児童生徒にとってはよりわかりやすく，また教師にとってはより教えやすい環境となる。指導者用デジタル教科書が整備された教室では，教科書紙面を実物投影機で拡大提示する機会は相対的に減少してきているが，拡大提示する目的は同じであることから，ここでは同様の教授行動として取り扱うこととする。

　ところで，教科書紙面を拡大提示すれば必ずわかりやすい授業ができるかといえば，そうとは限らない。いくら大きく映しても，児童生徒が教師の意図した箇所に着目しなければ，伝えたいことは伝わらない。また仮に着目したとしても，その後の教師の発話が的確でなければ，児童生徒にとってわかりやすい授業展開にはならない。

### 1）拡大提示する際の教授行動

　経験10年以上で日常的にICT活用をしている教師が，どのように指導者用デジタル教科書を活用するかの分析を行った研究（高橋ほか，2011）では，その教授行動が「情報提示」「焦点化」「発話」に類型化された。

　「情報提示」は，回数では，「デジタル教科書」，「板書による提示内容」，「実物投影機による提示内容」の順で多かった。時間では，「板書による提示内容」，「デジタル教科書」，「実物投影機による提示内容」の順で多かった。このことから，教師は指導者用デジタル教科書を活用した授業においても，教科書紙面を拡大提示するだけではなく，他の手段も併用して情報提示をしているということがわかる。

「焦点化」では，回数，時間ともに「着目点の拡大（さらなる拡大等）」，「指し示し」，「書き込み（臨機応変的な内容）」の順に多かった。このことから，教師は指導者用デジタル教科書で教科書紙面を拡大提示するだけではなく，焦点化して示すための何らかの教授行動をすることで，拡大提示をした効果をさらに高めようとしていることがわかる。

また，教授行動は「情報提示」＋「焦点化」＋「発話」，または「情報提示」＋「発話」の組み合わせで行われていたが，最も重要なものは教師の「発話」であると考えられる。発話があれば最低限，授業が成立するし，それに「情報提示」を加えることで，言葉だけではわからないことが伝えやすくなる。ただし，発話の内容は，教科書の何を・どの部分を拡大提示するかということに依存しているし，児童生徒にその後どんな活動をさせたいかにも関わってくる。教科書等を拡大提示する教授行動は，教師が発話に係る指導技術を磨くうえでも，有用な機会となる。

### 2）拡大提示する際の焦点化

教科書等の教材を拡大提示する際に行われている書き込みや指し示し等の焦点化の種類について検討された研究がある（高橋ほか，2012）。その結果，焦点化の種類には次の5つがあると整理されている。

①書き込み

拡大提示された画面へ，電子黒板の機能，ペン，チョーク等で書き込む教授行動である。書き込みの方法には，文字を書き加える，印や囲みをつける，補助線やアンダーラインを引く等がある。

②指し示し

拡大提示された画面を指し示す教授行動である。指さし，指示棒の活用等がある（図5-4）。

③着目点の拡大

拡大提示された画面の中から，着目させたい部分をさらに拡大するという教授行動である。教科書・教具の一部分を拡大して説明等をする，手元を大

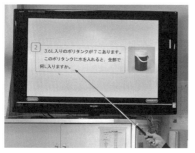
図 5-4 ▶焦点化（指し示し）
（「指導者用デジタル教科書 平成 23 年度 新編 新しい算数 4 年」東京書籍）

図 5-5 ▶焦点化（書き込み＋着目点の拡大）
（「平成 23 年度 新編 新しい算数 5 年」東京書籍）

きく映してやり方等を教えるなどがある。

④着目点のマスク

拡大提示された画面の一部を，意図的に見せないようにする教授行動である。児童生徒に答えさせたい部分を隠す等がある。

⑤アニメーション

拡大提示された画面を動かす教授行動である。算数の授業で，図形を回転させる等がある。

また上記①～⑤の焦点化は単独で用いられるだけでなく，組み合わせて行われることも多い。調査の中で 2 つの焦点化が組み合わされているもののうち最も多かったのは，「書き込み＋着目点の拡大」（図 5-5）であった。3 つの焦点化が組み合わされた「書き込み＋指し示し＋着目点の拡大」も見られた。

このように，教科書等を拡大提示する際には，焦点化の教授行動が効果的であることが示されている。焦点化で大事なのは，例えば電子黒板のペン機能の使い方を習得するような ICT 機器操作の技術ではなく，拡大提示する際にいつも焦点化を意識すること，焦点化の組み合わせや他のツールとの連携も意識すること等，総合的に授業づくりを考えることができる，教師の ICT 活用指導力である。

### 3）教科書研究で拡大提示も意識

本章 5-2 の 3）に記した教科書研究を行えば，教科書の拡大提示についても意識して授業に臨むことができる。学習指導案を立てるような場合には，拡大提示に係る教授行動についても記載することができる。

例えば，児童生徒にとって読み取ることが難しいと思われる資料があれば，その資料のどこにどのような書き込みを行うか，着目させたいところをさらに拡大する必要があるか，そのとき何と発話するか等，「焦点化（書き込み＋着目点の拡大）」＋「発話」の教授行動があらかじめ想定できる。学習指導案にも，指導上の留意点として，「○○に気づかせるために，拡大提示した資料の△△にアンダーラインを引き，□□と発問することによって……。」等と記載することができる。

ICT を活用して教科書を拡大提示する際に，必ず工夫をすることが重要である。何を映すか・どこを映すかを吟味すること，映しながらどうやって焦点化するとよいかを考えること，映した後に何と発話すれば，児童生徒が活動できるかを考えること。ICT 機器が教室に常設された環境で授業ができれば，そのような営みを毎日・毎時間繰り返すことになる。それによって，自ずと「授業力」は高まっていくと確信する。

【参考文献】
- 三省堂（2015）『平成 27 年度版 小学生のこくご 二年』
- 高橋純・堀田龍也（2008）「小学校教員が効果的と考える普通教室での ICT 活用の特徴」『日本教育工学会論文誌』32, pp.117-120
- 高橋純・野中陽一・堀田龍也・青木栄太・佐藤喜信・山田智之ほか（2011）「教員による指導者用デジタル教科書の活用の分析」『日本教育工学会研究報告集』11-2, pp.129-136
- 高橋純・安念美香・堀田龍也（2012）「教員が ICT で教材等の拡大提示を行う際の焦点化の種類」『日本教育工学会論文誌』36, pp.65-68
- 峯村恒平（2017）「小学校算数科教科書に見る「学び方」の内容とその比較」『教育デザイン研究』8, pp.16-22

●谷田貝公昭・林邦雄・成田國英編（2015）『教育方法論 改訂版』一藝社，p.86

 若い先生へのメッセージ

　私は若い頃，教科書を活用した授業ができていない教師でした。「教科書には答えが書いてあるから」という理由で，ときには子供たちに教科書を閉じさせたまま，授業をしていました。しかし，授業力の高い先輩教師の教科書活用を知ったとき，自分の考え方が間違っていることに気づきました。「教科書に書かれていないこと」に気づかせたり，「書かれたことを活用して」考えさせたりするのが授業だとわかったからです。

　教科書は，一流の専門家たちが吟味を重ねてつくり上げた質の高い教材であると共に，その道のプロフェッショナル達の意図が込められた「メディア」でもあります。文章の中の一言，一文字にも，意味があります。掲載された写真のアングルやフレームにも，そう撮影しなければならなかった理由があります。そんな「教科書というメディア」を皆さん自身が読み解き，執筆者の意図に対してしっかり想像を膨らませながら，授業で活用してほしいのです。

（髙橋伸明）

# 第 6 章 教材活用の技術

▶学習のポイント

教師は,授業の目標を達成するために教材を分析し,教材を選択する。教材は,授業の3要素に位置づく重要な要素であるが,いくつかの異なる側面をもつ。本章では,まず,教材がもつ側面を解説する。次に,授業設計の流れをもとに,教材の分析方法および教材の選択方法について紹介する。併せて,学習指導案に必要な項目を取り上げる。最後に,黒板,掛図といった伝統的に用いられている教材および情報社会で用いられるデジタル教材を使用する効果(メリット)を紹介し,授業の目標を達成するために教材を活用できるようになることを目指す。

**教職課程コアカリキュラムとの対応**　　(2)の2

## 6-1　教材の側面

　小学校学習指導要領(平成29年告示)(2017)第1章総則では,「第3　教育課程の実施と学習評価」において,児童生徒に求められる資質・能力を育むために,児童生徒や学校の実態,指導の内容に応じ,主体的・対話的で深い学びの実現に向けた授業改善を行うことが求められている。また,「第4　児童の発達の支援」においては,児童生徒が,基礎的・基本的な知識及び技能の習得も含め,学習内容を確実に身に付けることができるよう,指導方法や指導体制の工夫改善により,個に応じた指導の充実を図ることとされている。さらに,「第3」「第4」ともに,「教材・教具の(適切な)活用を図る」とある。

　すなわち,「児童生徒に求められる資質・能力」を育むために,教師には,授業改善,指導方法や指導体制の工夫改善が求められ,適切な教材の活用が求められているのである。

　さて,皆さんは,「教材・教具」という言葉を聞いたときに,何を想像す

るだろうか。教科書やプリント教材，黒板，ICT，実物や模型，本書第1章で紹介された図書教材など，授業で用いるあらゆるものが「教材・教具」に相当する。近藤勲は，学習内容そのもの及び学習内容が情報として盛り込まれた媒体を「教材」，その情報を加工・伝達する手段・道具を「教具」とみなすとしている（水越ほか，1995）。

また，「教材・教具」について『新教育学大事典』（細谷ほか，1990）では，「ある教育目標（目的）を実現するために，教師と学習者の間におかれ，教授・学習活動を促進するための文化的素材」と定義されている。

上記の定義において，「教材・教具」は，「教師」と「学習者」の間におかれると記述されているが，古藤（2013）もまた，授業は学校という制度的環境の中で，「教師」「学習者」「教材」の3要素が相互に「情報」を媒介にして作用しあいながら，教育的価値の実現を目指している活動体であると述べている。授業の構成要素として，「教師」と「学習者」が必要であるのは当然のことであるが，「教材」もまた授業を構成する重要な要素である。

この「教材」について，山極隆は，教材を広義に解釈する「教育内容としての側面」と狭義に解釈する「教授・学習活動に用いられる物質的資料の側面」があるとしている（水越ほか，1995）。「教育内容としての側面」は，教師にとっては具体的な指導内容であり，学習者にとっては具体的な学習内容である。例えば教科書で扱われている具体的な内容は教材といえる。「教授・学習活動に用いられる物質的資料の側面」は，教育内容を学習させるための手段としての材料である。この場合は，教科書そのものが教材である。

豊田（2008）は，教材には4つのレベルがあるとしている。レベルと表現すると高低の段階があるように捉えられるが，ここでは，段階には注目しないため，側面と表現する。何を教えるかという「教育内容」としての側面，どういう素材を使うかという「教材」としての側面，子供たちにどのようにはたらきかけるかという「授業方法」としての側面，子供たちにどんな力が付くかという「学力」の側面である。これをより具体的に示すと，例えば，松下佳代は，「圧力の分散」＝教育内容を教えるために，「剣山の上に乗って

も痛くないという事実」＝教材を示すと紹介している（天野，1999）。

このように，「教材」という単語を用いる場合，そこにはいくつかの側面があることを認識しておく必要がある。教師同士の会話の中で，あるいは，参考図書や教育論文を読む際に，文脈によって「教材」の意味は異なる。本書においても，各章で「教材」という単語が出てくるが，どの側面を指しているか意識してほしい。なお，本章においては，「教育内容としての側面」，「教授・学習活動に用いられる物質的資料の側面」という2つの側面で話を進める。

## 6-2 授業設計における教材の分析と選択

### 1）授業設計の過程

教師は，授業の目標を達成するために教材を分析し，教材を選択する。確認であるが，前者の教材は「教育内容としての側面」であり，後者の教材は「教授・学習活動に用いられる物質的資料の側面」である。本節ではまず，教師による授業設計の流れを確認する。

本書第3章において紹介したShulmanの研究をもとに，秋田喜代美は授業をデザインする過程として「教えることの推理と思考過程のモデル」を示し，「理解」「翻案」「授業」「評価」「省察」「新たな理解」という6つの段階を提示している（波多野ほか，2005）。

授業の実施前の段階として，「理解」「翻案」という2つの段階がある。まず，「理解」は，教師自身がその教材をよく理解し，何のためにどのような内容を学習するためにその教材を使用するのかを理解する段階である。次に「翻案」は，教師の教材理解に基づき，児童生徒がどのようにして学んでいくかを考える段階としている。さらに，「翻案」には，4つの具体的過程がある。「①教材の批判的解釈と分析による準備過程」では，その内容を児童生徒が学ぶうえで，どこが重要か，どこが難しいかなどを考えながら，内容を批判的に解釈し，構造化したり分節化したりする。「②教材の表象過程」

では，具体的にどのような問や例を出すか，実物を使用するかなど，どのような形で教材として表し，提示するかを考える。「③授業構成の選択過程」では，どのような学習活動をどのような学習形態で行うかを考える。「④生徒の特性に合わせた調整・仕立て過程」では，多様な特性や知識，経験をもった児童生徒，学級の雰囲気に合わせてどのようにするかを考え，調整する。

### 2）教材の分析方法

「教えることの推理と思考過程のモデル」の「理解」の段階および「翻案」の「①教材の批判的解釈と分析による準備過程」では，「教材研究」を行う。ここでの教材は，「教育内容としての側面」の教材である。その学習の目標を達成するために，既存の教科書および教科書以外の資料といった教材を読み解き，授業の目標と照らし合わせる。この教材研究の方法として，ここでは，「学習課題分析」という方法を紹介する。これは，インストラクショナルデザインという研究分野の手法の一つである。

具体的な方法としては，まず，目標達成に不可欠な学習内容を付箋紙に書き出す。次に，A3用紙などの台紙の上で前後関係を考えて配置し，さらに，線で結んで図示することで，学習課題の全体像を明らかにする（稲垣ほか，2011／市川・根本，2016）。学習課題を細分化し，順番を考えることで，必要な指導の手立てを明確にするのである。

例えば，小学校算数で「25－8」という異なる桁での繰り下がりのある筆算を計算するためには，前提として，「60－23」のような同じ桁での繰り下がりのある筆算，「28－12」のような同じ桁での繰り下がりのない筆算，「19－6」のような異なる桁での繰り下がりのない筆算，さらには，たし算の筆算や筆算を用いないひき算を習得しておく必要がある。このようにして，設定した目標を達成する際に，その目標を達成するために必要な知識やスキルを明らかにし，それらを指導するために，どのような方法と教材を活用すればよいかを考えるのである。

なお，学習課題分析には，いくつか種類がある（市川・根本，2016）。英

単語や漢字などを覚えるときには「クラスター分析」、ルールを活用するような知的技能の内容を学ばせたいときは「階層分析」、運動技能など一定のステップがある課題には「手順分析」、態度の変容を促すときには「複合型分析」という具合である。詳しくは参考文献を参照してほしい。

### 3）教材の選択方法

　「教えることの推理と思考過程のモデル」の「翻案」の段階における「②教材の表象過程」では、教材を選択する。ここでの教材は、「教授・学習活動に用いられる物質的資料の側面」の教材である。教材選択の方法として、ここでは、「メディア選択モデル」（図6-1）を紹介する（鈴木, 1985／Reiser & Gagné, 1983）。ここでいう「メディア」は「教授メディア」を指している。若山皖一郎は、「教授メディア」とは、教授・学習過程における、教授者と学習者の間のコミュニケーションを効果的に成立させるための補助的手段であるとしており（井上ほか, 1988）、教材・教具は、すなわち「教授メディア」に該当する。

　教師は、授業をより効果あるものにするために必要に応じて教授メディア（＝教材・教具）を活用する。このモデルでは、教授メディアの選択に関わ

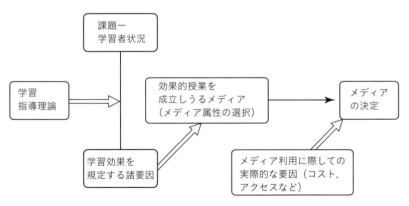

**図6-1 ▶ メディア選択モデル**
(鈴木, 1985／Reiser & Gagné, 1983) より

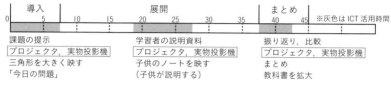

**図 6-2** ▶ 授業過程における ICT 活用の調査結果の例　（堀田ほか，2008）より

る要因が 2 つあるとしている。1 つは「学習効果を規定する要因」である。学習課題や学習者の条件によって，選択する教授メディアを絞るというものである。もう 1 つは，コスト等の「実際的要因」である。「学習効果を規定する要因」に基づいて絞られた候補の教授メディアであれば，どれを利用しても同等の効果が期待できるはずであり，そのときの条件に応じて，より実際的な要因で教授メディアを選択すればよいというものである。

　教材選択に関する研究として，堀田ほか（2008）では，日常的に授業でICT を活用している教師が，指定された授業で何のために，どの ICT をどのように活用するかについて，［図 6-2］のようなデータを集め，分析している。その結果，同じ学習内容の授業でも，各教師の活用の目的やタイミングは異なることを明らかにしている。Reiser & Gagné のメディア選択モデルで示されているように，教師は，学習課題や学習者の条件といった学習効果を規定する要因と，より実際的な要因によって選択する教授メディアを変えていると考えられる。

### 4）授業の設計図としての学習指導案

　上記のように，分析したり選択したりした教材を含め，授業の設計図として記すのが学習指導案である。地域や学校によってフォームは異なるが，おおむね，次のような項目を記載する。

　「単元の目標」は，その単元で育成したい資質・能力（本書第 1 章を参照）について，学習指導要領を参考に簡潔に記述する。

　「本時の目標」は，単元の目標をもとに，本時で身に付けさせたい力を記

述する。その際，「単元の目標」「本時の目標」ともに，児童生徒を主語にして，どのような学習活動を通して，どのようなことができるようになるのかを表現する。また，評価の観点を付記することもある。

　単元の目標の後に，単元について，実践の主張や児童生徒の実態などを記入するタイプの学習指導案もある。その場合，次のような内容を記入するとよい（生田，2006）。

　　①この単元を学ばせる目的と意義　どんな資質・能力を育てるために，どういう手段を通して，何ができるようにしようとしているのか述べる。
　　②単元に関する子供たちの学力の実態　単元内容に関する子供の既習経験，生活経験や学力調査の結果などを分析して，課題を明確にする。
　　③指導内容の重点化と教材の精選　目標と実態に応じて，本単元の中で特に重点を置く内容と扱う教材の選択や開発について記述する。

　「単元の評価規準」は，その単元における目標の実現状況を観点別に記す。評価規準は，各学校において設定するが，国立教育政策研究所の『評価規準の作成，評価方法等の工夫改善のための参考資料』を参照するとよい。同資料は，現行の学習指導要領（小学校は平成20年告示，平成23（2011）年度から全面実施）に対応したものであるが，教科ごとの「観点」，「評価規準に盛り込むべき事項」，「評価規準の設定例」について記載されている。

　単元や本時の内容は，「単元の指導計画（単元の流れ）」や「本時の展開（本時の指導過程）」という形で表される。「単元の指導計画」では，その単元の中で，一つのまとまりごとに「第1次」「第2次」といくつかのまとまりを設け，その中で，1単位時間ごとに「第1時」「第2時」と表現して学習目標や学習活動（児童生徒が何を行うのか）を記載することが多い。

　「本時の展開」は，1単位時間の中で，学習活動のまとまりごとに想定する時間（分）を記入し，学習活動と教師の支援，評価を記入する。「学習活動」の主語は，児童生徒であり，児童生徒がどのように学ぶか，またどのような発言をするかを予想して記入する。一方，「教師の支援」の主語は，教

師である。教師がどのようにはたらきかけるか，また，指導上の留意点を記入する。「評価」に関しては，本時のどの場面で，どの評価規準について，どのように評価するかという評価の方法を記入する。

　いずれも，地域や学校のフォームに合わせ，他の教師が読んだときに授業をイメージできるように書くことが重要である。

## 6-3　アナログ教材，デジタル教材の活用

### 1）教材・教具を捉える枠組み

　学校教育法第34条第1項では「小学校においては，文部科学大臣の検定を経た教科用図書又は文部科学省が著作の名義を有する教科用図書を使用しなければならない。」とあり，第2項では「前項の教科用図書以外の図書そ

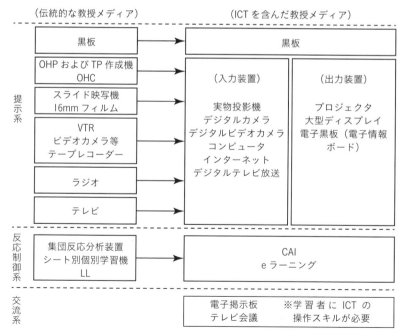

**図6-3 ▶ ICTを含んだ教授メディアの再分類**　（高橋ほか，2018a）の堀田の図より

の他の教材で，有益適切なものは，これを使用することができる。」とある。教科書については，本書第5章で説明しているため，ここでは，それ以外の教材のいくつかについて紹介する。そのための枠組みとして，本章6-2で述べたように，教材・教具＝教授メディアと捉え，堀田龍也の「ICTを含んだ教授メディアの再分類」（図6-3）を援用する（髙橋ほか，2018a）。

前述のとおり，教授メディア＝教材・教具と捉える。堀田は，情報技術の進展に伴い，「伝統的な教授メディア」から「ICTを含んだ教授メディア」への転換を整理している。

伝統的な教授メディアのうち，情報提示を目的とした従来からの提示系の教授メディアは，ICTを含んだ教授メディアに変化し，その機能が強化されたと捉えることができる。堀田は，提示系の教授メディアをその中でも情報を入力する装置と出力する装置に区別している。また，個別学習を対象とした反応制御系の教授メディアは，コンピュータやインターネットを用いたCAI（Computer Assisted Instruction）やeラーニングに置き換わっている。さらに，インターネットが普及する前には交流のための教授メディアは存在しなかったが，コンピュータやインターネットを用いた電子掲示板やテレビ会議システムが教授メディアに相当する。

このように，現在の教室には，黒板のように従来から用いられてきた教授メディアと，コンピュータやインターネットの普及に伴い，以前よりは安価で手軽に活用できるようになったICTを含んだ教授メディアが共存している。以下では，各教授メディアについて詳述する。

### 2）黒板（板書）

板書は，教師が児童に伝達すべき内容のポイントをどのように絞り，授業のどのような流れの中で示しているのか，また，それを理解する過程で児童がどのように予想を立てたり，どのような答えを出したりしているのかなど，教授・学習の記録であると小澤滋子は述べている（小澤ほか，1997）。

また，小澤は，板書で可能なこととして以下のようなことをあげている。

- 教員は児童の理解のペースに合わせた授業が展開できる。
- クラス全体の児童に指示，伝達の統一，徹底ができる。
- 授業にアクセントをつけたり，授業の流れに変化を与えたりすることができる。
- 教員の板書は示範となる（文字や文章の書き方，作図の仕方，音符の書き方等）。

　太田邦郎は，『現代教育学事典』において，黒板に書かれていること，すなわち板書は，思考を触発する材料であり，消したり，書き加えたりして児童の思考を組織化し，促進することができるとしている（青木，1988）。このようなことから，板書は，一斉授業において重要な役割を果たしているといえる。

### 3）図表，掛図

　図表，掛図は，［図 6-3］には掲載されていないものの，伝統的な教授メディアとして現在も使われている教材といえる。地図や写真，図，表など，機器を用いず，壁や黒板に掛けたり貼ったりして提示する。教室内の掲示も含む。

　戸倉（1985）は，掛図の利点として，以下のようなことをあげている。
- 複雑な構造，しくみ，関係が拡大して図示されており理解しやすい。
- 学習者がいつでも反復，学習できる。
- ポイントの補強，強調によい。

　浦野弘は，図表，掛図の特徴として，見る人の視覚認知のスタイルとスピードに合わせて，じっくり観察を行うことができ，具体的な事象を抽象的な概念にまで普遍化するのに適していると述べている（教育技術研究会，1993）。そのためには，学習者の思考や認識に十分な時間をとるように心がけること，併せて，指示棒などを使って該当部分を指し示すことで，学習者の視線を集中させる効果があるとしている。

### 4）実物投影機（実物投影装置）

高橋ほか（2008）は，日常的にICTを活用している小学校教師を対象に，自身が実践した授業について普通教室で効果的と考えるICT活用場面を収集し，分析している。その結果，最も効果的なICT活用は，実物投影機を通して教科書や書籍，実物や教具を大きく映す活用方法であるとしている。

堀田ほか（2013）では，実物投影機が教室に常設され，1日1回以上活用している小学校教師を対象に，実感している実物投影機の活用効果について調査している。その結果，「説明の理解のしやすさ」「準備の手間の軽減」「説明時間の短縮」の効果が感じられており，特に「説明の理解のしやすさ」については児童が自分の考えを発表する場面でも実物投影機が用いられ，効果が実感されていることがわかる。

実物投影機は，教科書の内容を説明したり，子供のノートを映して考えを発表したり，子供たちと同じ道具（ものさしやコンパス）の使い方を説明したりというような，簡便さが支持されている。

### 5）コンピュータ

［図6-3］で示したように，伝統的な教授メディアは，インターネットにつながったコンピュータで代替可能となる。

文部科学省は，一斉指導の場面において教師がコンピュータを活用する場合，例えば，挿絵や写真等を拡大・縮小したり，画面への書き込み等を活用したりしてわかりやすく説明することにより，子供たちの興味・関心を高めることができるとしている。一方，児童生徒がコンピュータを活用する場合，個別学習の場面では，デジタル教材などの活用により，自らの疑問について深く調べることや，自分に合った進度で学習することが容易になり，協働学習の場面では，教室内の授業や他地域・海外の学校との交流学習において子供同士による意見交換，発表などお互いを高め合う学びを通じて，思考力，判断力，表現力等を育成することが可能となるとしている（2014）。

また,「学校におけるICT環境整備の在り方に関する有識者会議　最終まとめ」(文部科学省, 2017) では, コンピュータを学習者に1台ずつ配付した場合, 次のような学習が試みられているとしている。(1) 個別のドリル学習, (2) 試行錯誤する, (3) 写真撮影する, (4) 念入りに見る, (5) 録音・録画と再視聴, (6) 調べる, (7) 分析する, (8) 考える, (9) 見せる, (10) 共有・協働する, という10種類である。

　これらの学習は, コンピュータ単体ではなく, デジタル教材との組み合わせによって実現されるものである。以下では, コンピュータで動作する教材について紹介する。

### 6）デジタル教科書

　デジタル教科書は, 教科書をデジタル化してコンピュータで閲覧できるようにしたもの, といえば簡単であるが,「教育の情報化ビジョン」(文部科学省, 2011) では,「デジタル機器や情報端末向けの教材のうち, 既存の教科書の内容と, それを閲覧するためのソフトウェアに加え, 編集, 移動, 追加, 削除などの基本機能を備えるもの」とされ,「指導者用デジタル教科書」と「学習者用デジタル教科書」に大別される。

　紙の教科書については, 本書第1章で学んだように, 各学校で使用しなければならないという使用義務があるが, 一方のデジタル教科書は, 学校教育法第34条等の一部が改正され（令和3年4月改正）, 紙の教科書を基本とするものの, 必要に応じて学習者用デジタル教科書をより有効に使用できるようになった。

　高橋ほか (2018b) では, 指導者用デジタル教科書の操作ログを分析し,「ページ操作」「拡大・提示」「書き込み」が最も活用される機能であることを示している。国語では, ページ操作の次に拡大・提示が多く, その他, 朗読機能や動画機能, 漢字の書き順機能が利用されていた。算数では, 拡大・提示機能が多く, 次にページ操作機能, そして書き込み機能が利用されていた。教師は, 教科によって, デジタル教科書の機能を使い分けていることが

示されている。

### 7）動画教材

　宇治橋ほか（2017）は，小学校教師を対象に教材の利用状況を調査している。その結果，NHK学校放送番組を利用した場合は50％，ウェブサイト「NHK for School」のNHKデジタル教材は48％，その2つのいずれか，もしくは両方の利用は62％であったとしている。「NHK for School」は，学校放送番組の視聴ができるだけでなく，学習内容を簡潔にまとめた動画クリップや番組から切り取った静止画，教師向けの学習指導案などが掲載されたサイトである。詳細は本書第8章で紹介する。

　同調査では，NHKデジタル教材以外のインターネット上のコンテンツや動画・静止画の利用は46％，自作教材は46％，市販のビデオ教材・DVD教材は43％であることが示されている。三井（2016）は，授業で自作の動画を使う利点として，教える場面で図や映像を用いながら動的な説明が可能となり，あらかじめ動画の収録時間を設定することで，重要な点を簡潔に説明することができ，冗長さを軽減できるとしている。

### 8）CAI，遠隔学習（テレビ会議）

　CAIについて，近藤勲は，学習機能の面から，①ドリル型，②チュートリアル型，③情報検索型（問い合わせ型），④ゲーム・シミュレーション型，⑤問題解決型，に分類されると述べている。CAIを用いることで，個別の学習の際に，学習ペースの違い，学習課題・方法の選択の自由，学習課題・内容設定の自由という3つの視点が保証されている（水越ほか，1995）。

　遠隔学習は，2000年前後に遠隔協働学習と呼ばれ，盛んに取り組まれていた。しかし，双方の時間の調整が必要で継続した交流や一般化は難しい側面があったとされている（高橋ほか，2018a）。文部科学省は，小規模校や少人数学級が抱える課題を解決するために，遠隔会議システムなどのICTを活用して離れた学校の教室同士をつなぎ，両校の児童生徒が合同で学ぶ

「遠隔合同授業」を実施するポイントをまとめている（2018）。従来の遠隔協働学習と異なり，近隣の学校同士が合同して多人数で授業を行い，継続的に実施することで，多様な意見や考えに触れること，社会性を養うこと，発表する機会を創出することが期待されている。

## 9）ICT を含んだ教授メディアの活用のために

授業で黒板を使用することに対して抵抗があるという意見に出会うことは少ないが，上記 4 から 8 で述べたような ICT を含んだ教授メディアの活用については，教師側に抵抗感がある場合もある。

教師が ICT を含んだ教授メディアを活用するためには，実物投影機や大型提示装置を教室に常設することやデジタル教材を校内サーバで共有すること，これによって使い勝手が向上し，説明時間の短縮や準備の手間の軽減といった効果を実感しやすくなること（中尾ほか，2015），ICT を活用した指導では学習規律を整えることや児童に学習者用コンピュータの技能を身に付けさせること，すべての教師が ICT を活用した授業に取り組むこと（八木澤ほか，2017）が示唆されている。また，両研究とも，普段から同僚と相談しやすい関係が構築されていることを示している。

ICT を含んだ教授メディア，すなわち教材・教具を活用すること自体が授業の目的ではない。冒頭で述べたように，「児童生徒に求められる資質・能力」を育むため，授業の目標を達成するために，教材を活用できるようになってほしい。

【参考文献】
- 青木一（1988）『現代教育学事典』労働旬報社
- 天野正輝（1999）『教育課程重要用語 300 の基礎知識』明治図書出版
- 生田孝至（2006）『子どもに向きあう授業づくり』図書文化社
- 市川尚・根本淳子（2016）『インストラクショナルデザインの道具箱 101』北大路書房
- 稲垣忠・鈴木克明（2015）『授業設計マニュアル Ver.2』北大路書房

- 井上光洋ほか編（1988）『授業技術講座－基礎技術編－教師の実践的能力と授業技術』ぎょうせい
- 宇治橋祐之・小平さち子（2017）「進む教師のメディア利用と1人1台端末時代の方向性」『放送研究と調査』67（6），pp.26-51
- 小澤周三・小澤滋子・新井郁男・石井正司（1997）『新版現代教育学入門』勁草書房
- 教育技術研究会（1993）『教育の方法と技術』ぎょうせい
- 国立教育政策研究所（2011）『評価規準の作成，評価方法等の工夫改善のための参考資料』
- 古藤泰弘（2013）『教育方法学の実践研究』教育出版
- 鈴木克明（1985）「教授メディアの選択にかかわる要因」『視聴覚教育研究』16，pp.1-10
- 高橋純・堀田龍也（2008）「小学校教員が効果的と考える普通教室でのICT活用の特徴」『日本教育工学会論文誌』32（Suppl.），pp.117-120
- 高橋純・寺嶋浩介（2018a）『初等中等教育におけるICT活用』ミネルヴァ書房
- 高橋純・三宅智之・石島有剛・池田勝巳・吉田茂喜・青木栄太（2018b）「指導者用デジタル教科書の操作ログの分析」『日本教育工学会研究報告集』18（1），pp.263-270
- 戸倉康之（1985）「黒板・白板・模造紙・掛図」『医学教育』16（1），pp.57-60
- 豊田憲一郎（2008）「小学校社会科教育に関する一考察II.」『紀要visio』No.37，pp.65-74
- 中尾教子・三輪眞木子・青木久美子・堀田龍也（2015）「教科指導における実物投影機とコンピュータの活用に影響を与える要因に関する事例研究」『教育情報研究』30（3），pp.49-60
- 波多野誼余夫・稲垣佳世子（2005）『発達と教育の心理学的基盤』放送大学教育振興会
- 細谷俊夫ほか編（1990）『新教育学大事典』第一法規出版
- 堀田龍也・高橋純・丸山紋佳・山西潤一（2008）「一斉授業の授業過程におけるICT活用の目的・頻度・タイミングに関する調査」『日本教育工学会論文誌』32（3），pp.285-291
- 堀田龍也・高橋純・山田愛弥・八木澤圭（2013）「小学校教員が実感している実物投影機の活用効果に関する分析」『日本教育工学会論文誌』37（Suppl.），pp.153-156
- 水越敏行・熱海則夫（1995）『教科書・教材教具』ぎょうせい
- 三井一希（2016）「授業内での動画視聴を取り入れた小学校算数科の授業デザイン」『日本教育工学会論文誌』40（Suppl.），pp.41-44
- 文部科学省（2011）「教育の情報化ビジョン ～21世紀にふさわしい学びと学校の

創造を目指して~」
- 文部科学省（2014）「ICT を活用した指導方法 ～学びのイノベーション事業実証研究報告書より～」
- 文部科学省（2017）「学校における ICT 環境整備の在り方に関する有識者会議 最終まとめ」
- 文部科学省（2018）『遠隔学習導入ガイドブック 第 3 版』
- 八木澤史子・堀田龍也（2017）「1 人 1 台端末の環境における若手教師とベテラン教師の ICT 活用に対する意識比較」『教育メディア研究』23（2），pp.83-94
- Reiser,R.A. and Gagné,R.M. (1983) Selecting Media for Instruction, Englewood Cliffs, NJ：Educational Technology Publications

若い先生へのメッセージ

　私が大学生のころにもっていた授業のイメージは，教師が教科書を使って板書しながら説明し，教わる側は，それをノートに書き写し，漢字や計算はドリルで練習する，その程度でした。時代は進み，求められる資質・能力が変化し，子供の置かれている状況も変わってしまった今，従来からの指導方法では，児童生徒によりよく学んでもらうことは難しいように思います。情報社会を支える教師となる皆さんは，教えたいことを明確にし，アナログもデジタルも含めた教材を使って，どんな学習活動を組み合わせれば，学習目標が達成されるのか。巷の動画に負けない授業を 1 日に 1 教科でもよいので，考える練習をしてみてください。

（中尾教子）

# 第3部 授業改善のためのICT活用

## 第7章 教師によるICT活用

▶学習のポイント

教師がICTを活用した効果的な授業について,授業改善の視点から学んでいく。その際,ICTを活用した効果的な教室環境づくりや教材収集・作成に関して学ぶとともに,教育方法の理論を踏まえながらICTを効果的に活用した授業の計画やわかる授業を実践する方策について,教材の提示の工夫や教師の指示・発問の重要性を押さえながら学ぶ。

教職課程コアカリキュラムとの対応　(2)の1,(3)の1

### 7-1　授業改善とICT活用

　授業でICTを活用するというと,何をイメージするだろう。タブレットPCや電子黒板などの機器,あるいはデジタル教科書や教育ソフトなどの教材を思い浮かべるだろうか。2020年4月より全面実施される小・中学校学習指導要領(平成29年告示)の下では,こうした機器や教材を使った授業がいっそう展開されることになる。しかし,もしこうした機器や教材だけをイメージしたのであれば,ICTを活用しても授業は改善されない可能性がある。

　ICTを活用しているとき,機器や教材の側には誰がいるだろうか。機器や教材は,何のために,誰がどのように使っているだろうか。ICTを活用した授業を考える際のポイントはここにある。本章は,教師によるICT活

用について授業改善の視点から述べていく。その前提として，ICT を活用した授業も，日々営まれている授業であることに変わりないということを確認しておく。授業では，深い学びにいざなう発問や適切な指示，わかりやすい説明に教師の工夫がある。これに加えて，子供の実態把握，教材研究，板書計画などのさまざまな事前の準備が欠かせない。ICT を活用した授業も，こうした工夫や準備が何よりも大切であり，機器に詳しいとかデジタル教材を自作できるなどのスキルはそれ程重要ではない。授業で求められるのは，機器の操作スキルではなく，教師としていい授業ができるスキルであることを確認しておく。

そこで，本章では，まず学習環境づくりに着目し，「教室の ICT 環境」をつくるポイントと「学習規律づくり」に ICT を活用する方策について述べる。次に，「授業計画」と「教材準備」の段階での ICT 活用の方策や留意点を踏まえ，「知識・技能」を身に付けさせ，「わかる授業」を行うための ICT 活用の工夫と留意点について述べていく。その際，「通常学級における発達障害を含む障害のある児童生徒（以下，障害のある児童生徒）に対する特別支援教育」にも効果的な ICT 活用を考えたい。

## 7-2　教室の環境づくり

### 1）どこで活用するか

小・中学校学習指導要領（平成 29 年告示）解説総則編（2017）では，日常的な ICT 活用が求められている。では，日常的に教師は「どこで」普段の授業を行っているだろうか。おそらく，「普通教室」あるいは理科室や家庭科室などの「特別教室」だろう。だとすれば，日常的に授業で ICT を活用する場所は，「普通教室」や「特別教室」ということになる。また，日常的に ICT を活用している教師は，授業過程全体ではなく短時間の活用を複数回行っているという調査結果がある（堀田ほか，2008）。こうした短時間の活用のために，コンピュータ室などに移動することは考えにくい。これ

からのICTは,「普通教室」や「特別教室」の中で日常的に活用される。

### 2）どんな機器を活用するか

教師が使用するICT機器を［表7-1］に示す。この場合，大型提示装置としての機能は，大型テレビやプロジェクタでも十分有しており，必ずしも電子黒板である必要はない。

また，教師が普通教室で教科の指導を行う場合，ICTを活用する意図は，写真や実物を示したり，小さなものを大きく映したり，子供たちの手元にないものを示したりする場合が多い（高橋ほか，2008）。つまり，実物や子供のノートなどを簡単に拡大できる実物投影機は，指導者用デジタル教科書やデジタル教材が充実した環境においても重要であるといえる。

表7-1 ▶ これからの学習活動を支えるICT環境

| ICT機器等 | 機能の考え方等 |
|---|---|
| 大型提示装置 | ・学習者用コンピュータ又は指導者用コンピュータと有線又は無線で接続させることを前提として，大きく映す提示機能を有するものを標準的な考え方とする。 |
| 実物投影装置 | ・大型提示装置と接続して提示するためのカメラ機能を有するものを標準的な考え方とする。 |
| 指導者用コンピュータ | ・授業運営に支障がないように短時間で起動する機能を有すること。<br>・指導者用デジタル教科書等を活用する場合には，安定して動作することに配慮することが必要。 |

＊「学校におけるICT環境整備の在り方に関する有識者会議（最終まとめ）」（文部科学省，2017）を元に，筆者が抜粋

### 3）教室の環境をつくる

普通教室にICT機器が常設されていると，ICT機器の活用頻度が高くなる（文部科学省，2009）。また，全国学力・学習状況調査では，ICTの活用頻度が高い学校のほうが教科の平均正答率が高い傾向が出ている（文部科学省，2018）。つまり，ICT機器が教室に常設されることで教師の活用頻

度が高まり，児童生徒の学力向上に効果があるともいえる。

　常設とは，授業のたびにICT機器を移動したり設置したりせず，電源を入れるだけですぐに利用できる状態にあることを指す。教室の黒板を想像してほしい。もし，黒板が教室に常設されていなかったら，授業のたびに黒板を移動したり設置したりするだろうか。短時間の活用であれば，使わないですまそうと考えるかもしれない。ICT機器も同様である。常設されているからこそ，効果的な場面で，たとえ短時間でも，必要なときに確実に利用するのである。繰り返すが，教室のICT環境をつくる鍵は常設にある。

### 4）学習規律づくり

　学習規律とは，一般的には授業や学校生活における最低限のルールを決めて，学校，学年，学級のいずれかの単位で統一して実践するものを指す。ここでポイントとなるのは統一である。統一したいルールをすべての子供に確実に伝えなければならない。例えば，「発表するときには，手を真っすぐに伸ばしなさい。」と伝えたとしたらどうだろう。真っすぐとはどういうことなのか？　そもそも手とはどこまでを指しているのか？　正確に伝わるとは思えない。そこで，「指先を全部つけて，中指が天井に届くぐらいに真っすぐ伸ばしなさい。」など工夫して伝える必要が出てくる。すべての子供に確実に伝えるのは，容易ではない。

　確実に伝えるコツは，具体的に見せることである。先ほどの例であれば，きちんと手を伸ばしている画像を拡大提示すればよい。もちろん，印刷した写真を提示してもいい。しかし，実物投影機等を使えば，事前の準備をしなくても，その場でモデルとなる子供の様子を撮影して示すことができる。また，子供たちが手を挙げている様子を映して，モデルの写真と比較するという活用も可能となる。学習規律や校内の約束事は，映して見せれば伝わるものが少なくない。しかし，そうしたルールを本当にきちんと伝えることができていなければ，定着は不可能である。もし，できていないとしたら，それはきちんと伝えていないことが原因なのかもしれない。そうしたところから，

規律は崩れていく。もちろん，何をどのように提示するかは工夫が必要だろう。しかし，言葉だけで伝えるよりはるかに確実に伝わることは間違いない。

学習規律は，落ち着いて学ぶための環境づくりといえる。障害のある児童生徒にとっても，環境を整えたりルールを明確にしたりすることは授業への安心感を生み，学習の理解を助ける手立てとなる（小貫ほか，2014）。

## 7-3　教材研究・教材準備（授業設計）

### 1）授業を計画する

　授業とは，子供と教師が教材を媒介にして，相互にやりとりを行う場である（多鹿，1999）。ICTを活用した授業を計画する際も，子供と教師，あるいは子供と子供のやりとりを想定しながら，教材としてのICT活用を検討する。つまり，子供と教師が織りなす通常の授業の中で，効果的な教材の一つとしてICT活用を検討するのである。

　計画する際は，まず子供の実態を踏まえ，その授業のねらいを達成するための指導内容や指導方法，教材などを検討する。その際，中心となる教材は教科書がいい。まず教師が教科書をしっかり読み込み，子供たちに何を理解させ，何を考えさせるか熟考する。こうして計画された授業に，この場面はICTを活用したほうが効果的ではないかという視点から検討を加え，効果が期待できる場合はICTを活用した指導に置き換える。こうして練り上げられ計画された授業は，従来の授業と基本的には大きく変わらない。しかし，ICTの活用が子供たちの理解を助け，思考を深めることにつながったのであれば，確実に授業が改善されたといえる。

　また，教師は教材に精通している必要がある。教科書に一度も目を通さずに授業を計画したり，教壇に立ったりすることはありえないだろう。同様に，授業で使用するICT機器やデジタル教科書，デジタル教材等にも精通していることが望まれる。ここに，ハードルを感じる教師もいるかもしれない。そこで，ICT機器やデジタル教材等の活用に慣れるまでは，操作が容易で，

普段から指導している教科書や実物教材を拡大提示できる実物投影機から始めるとよい。

### 2）教材や資料などを集める

教科書には，写真，図，グラフ，年表など多数の資料が掲載されている。教材や資料を集める際は，まず教科書の有効活用を考えたい。教科書の資料であれば，実物投影機や指導者用デジタル教科書を使って拡大提示するだけでよい（図7-1）。次に，指導者用デジタル教科書や関連したデジタル教材の活用を検討する。指導者用デジタル教科書やデジタル教材には，教科書に関連したさまざまな資料や教材が多数準備されており，こうした資料や教材の提示を通して，教科書の内容をさらに理解させたり，深く考えさせたりすることが可能となる。

そのうえで，インターネットを使って教材や資料を収集する必要があれば，どんな指導のために何が必要なのかを具体的にイメージする。インターネットの情報は膨大であるため，曖昧なイメージのまま検索しても，無駄に多くの時間を費やしてしまうことになるからである。そして，教材や資料を探し出すことができたら，その信ぴょう性を必ず吟味する。インターネットの情報はすべてが正しいとは限らない。しかし，教師が教室で使用する情報は正しくないといけない。また，教材や資料は「児童生徒の発達段階に適切か。」「教室で提示することに倫理上の問題は

**図 7-1 ▶ 教科書の図の拡大提示**　（岡山市立建部小学校 片山淳一教諭　教材：「平成 27 年度版 わくわく 算数 5 年」啓林館）

ないか。」など,十分検討する必要がある。そこで,各県の教育委員会・教育センターや教科書会社,学校放送番組などのウェブページを一度開いてほしい。授業で使える教育用コンテンツが学年や教科ごとに整理され,教室で活用できるようになっているはずだ。インターネットで教材や資料を探す場合は,まずこうしたサイトを活用するところから始めるといい。

### 3)教材を作成する

　デジタル教材を作成するには,多くの場合専門的な知識やスキルが必要であり,膨大な時間もかかる。これでは,授業準備の負担が増大してしまう。また,完成したデジタル教材は複数の教師で共有できるメリットがあるが,自分以外の教師が作成したものはそのままでは使いにくい。つまり,専門的な知識やスキルがなくても簡単に作成でき,他の教師が作ったものでも容易に修正できる教材が理想といえる。

　その条件を備えた教材の一例として「フラッシュ型教材」を紹介する。フラッシュ型教材とは,フラッシュ・カードのように課題を瞬時に次々と提示するデジタル教材のことである(文部科学省,2010)。フラッシュ型教材を作成するための技術面での知識やスキルは,プレゼンテーションソフトを開いて文字入力ができればほぼ問題ない。慣れてくれば,10分の休み時間で作成でき,完成した教材は学校の共有フォルダ等で簡単に共有できる。修正は,文字を打ち換えたりスライドの順番を入れ替えたりするだけである。詳しい活用方法は本章7-4で述べるが,1枚のスライドで提示する問題は,見た瞬間に答えられる難易度や情報量に留意して作成する。じっくり考えないと答えられない問題は避けたほうがいい。ICTで作成する教材の良し悪しは,活用のねらいと照らして適切であるかということで判断するとよい。フラッシュ型教材においては,授業で子供たちに「何を」「どのような順番で」提示するかという教師の指導技術が重要であり,デジタル教材を作成する専門的な知識やスキルは重要ではない。

## 7-4　知識・技能を身に付けさせる

### 1）ICTを活用して知識・技能を身に付けさせる効果

　全国学力・学習状況調査（文部科学省，2018）で，「主に知識」を問うA問題の平均正答率は，教師のICT活用頻度が高い学校ほど高い傾向にあった。また別の調査では，児童生徒に実施した客観テストの結果から，ICTを活用した授業が「知識・理解」「技能・表現」の観点に高い効果があることが報告されている（文部科学省，2007）。これらの調査結果は，ICT活用が児童生徒の知識・技能の定着に効果的であることを示唆している。そこで，本節ではICTを活用して知識を定着させ，技能を身に付けさせる方策について考えていく。

### 2）ICTを活用して知識を定着させる

　すべての児童生徒に，確実に知識を定着させたい。エビングハウス（H. Ebbinghaus）は忘却について研究し，一度覚えたことでもそのままにしていると大半を忘れてしまうが，短期間のうちに反復すれば忘れにくくなることを明らかにした（1978）。つまり，知識を定着させるポイントは，短期間の「反復」にある。しかし，反復さえすれば定着するという簡単なことでもない。児童生徒の集中力が途中で切れたり，飽きたりしない工夫も必要である。このような課題に対し，ICTを活用することで，変化に富んだ繰り返し学習が可能となる。例えば，ICTを用いたフラッシュ型教材を活用することで，児童生徒が集中して取り組むことができ，効率的に知識を定着させることができる（文部科学省，2010）。その作成方法については，すでに述べたとおりである。

　そこで，フラッシュ型教材の活用を例に，知識を定着させる効果や留意点について述べていく。フラッシュ型教材は「変化のある繰り返し」に有効で，学級の児童生徒の理解度に合わせて少しずつ難易度を上げたり，出題方法や

答え方を変化させたりすることで緊張感を生み，集中した学習を可能にする。また，スライドをテンポよく替えることで，授業にリズムを生む効果がある（高橋ほか，2011）。授業で活用する際は，知識が十分に定着していない段階では，問題を提示して少し間をおいてから教師の合図で一斉に答えさせるようにするとよい。こうすることで，知識の定着が曖昧な児童生徒に，記憶を想起する余裕がうまれる。知識が定着してきたら，提示する順番をランダムに変えたり，テンポを段々と速くしたりする。こうした変化が，知識の定着をさらに確かなものとする。

### 3）ICTを活用して技能を身に付けさせる

　技能が身に付くとは，一般的に「できる」ようになることを指す。つまり，「できる」ための知識が獲得されるともいえる。小・中学校学習指導要領（平成29年告示）解説総則編（2017）には，「一定の手順や段階を追っていく過程を通して」個別の技能を身に付けると記述されている。つまり，技能を身に付けさせるには，手順や段階を細分化したうえで，そのコツやポイントを具体的に指導することが肝要だといえる。例えば，跳び箱が跳べない子供や逆上がりができない子供に対して，実際に目の前でやって見せてから「さあ，同じようにやってごらん。」と言ってもできないのである。また，書写の時間に手本を見せてから，「手本と同じように書いてごらん。」と言ってもうまく書けないのも，同様の理由からである。繰り返しになるが，技能を身に付けさせたければ，手順や段階を細分化したうえで，具体的に指導しなければならない。

　ICTを活用すると，技能を細分化して提示することが可能となる。また，ポイントになる部分をスローで再生したり，繰り返し見せることもできる（図7-2）。ここで重要なのは，細分化とポイントの示し方である。例えば，跳び箱の指導であれば，跳び箱を跳ぶ技能はいくつの手順や段階で構成されているか分析する所から始める。そのうえで，ふみきり方や手のつき方，体重の移動の仕方などのコツやポイントを見いだしていく。こうして細分化さ

図7-2 ▶動画教材のスロー再生や一時停止で手順を細分化して示す　（光文書院「デジタル体育」）

れた手順と手順ごとのコツやポイントを，ICT を活用してスモールステップで児童生徒に指導していく。ICT を活用して，コツやポイントとなる部分や動作をしっかりと見せて，まず理解させることが，「できる」ための知識を獲得することになり，技能を身に付けることにつながる。技能を細分化し，スモールステップでコツやポイントを指導する ICT 活用は，技能教科に限ったものではない。分度器の使い方や辞書の使い方，地図帳の使い方など数え上げればきりがない。

また，こうした指導は障害のある児童生徒にも有効な手立てであり，小学校学習指導要領（平成 29 年告示）解説体育編（2017）では，障害のある児童に対して「動きを細分化して指導したり，適切に補助をしながら行ったりするなどの配慮をする。」（下線は筆者）とされている。

## 7-5　わかる授業の工夫と特別な支援

### 1）見通しをもたせる

授業の導入で子供たちは，これから「何を」「どのように」学び，解決していくかの見通しをもつ必要がある。もし自分たちがどこに向かって学んでいくかを知らなければ，子供たちは教師の敷いたレールの上をただなぞっていくしかない。

この見通しをもたせる段階では，自分が知っていると思っていることや仲

間が考えていることとのズレを大事にしたい。ただ，この段階のズレは曖昧で小さい。そこで，ICT を活用して視覚的にはっきりと示して見せることが，ズレを認識させるうえで重要となる。

　例えば，小学校理科で昆虫について学ぶとしよう。ICT を活用して，身近な昆虫の写真をまず 1 枚拡大提示する。そして，児童に「これは昆虫ですか？」と問う。次に，「では，これも昆虫ですか？」と問いながら，さらにもう 1 枚別の身近な昆虫の写真を拡大提示する。そのうえで，「この 2 枚の写真の昆虫は，色も姿も違います。」「本当に，同じ昆虫だと自信をもって言えますか。」と相違点を指摘する。視覚的に明らかな相違点が示されているのだから，児童がもつ昆虫という概念が揺さぶられ，「知っている」と「知っているつもり」とのズレに気づく。このズレが知りたいという欲求を生み，昆虫の共通点を学ぶという本時のめあてにたどりつく。この場合，ICT は子供たちの曖昧さや仲間の考えとのズレを拡大し，鮮明にしたにすぎない。そのズレを生むのは教師の発問である。見通しをもたせるために拡大するものは，教科書の写真でも，教師が持参した教材でも何でもいい。まずは，すべての児童生徒が，同じものを確実に見ていることが大事である。次に，その同じものを通して，教室の子供たちにどんなズレや曖昧さが生じるかを想像してほしい。そのズレや曖昧さを鋭く突くような教師の発問こそが，授業で見通しをもたせる鍵となる。

## 2）見せたいものを確実に見せる

　授業では，見せればわかることは少なくない。実際，教科書には図や写真が多数使われており，児童生徒の理解を助けている。しかし，教師が見せているものを，児童生徒が見ているとは限らない。例えば，教師が教科書の図を説明しているとき，児童生徒は教師が説明しているものとは違う図を見ているかもしれない。あるいは，同じ図の違う箇所を見ているかもしれない。ここでポイントになるのは，教師が見せたいものを，児童生徒に確実に見せていることである。一斉指導で ICT を活用して拡大提示すると，教師は児

童生徒の視線を確認しながら、また、見せたい箇所を指し示したり、ペン等で書き込んだりしながら説明することができる（図7-3）。

また、見せ方にもコツがある。多くの情報に気づかせたければ、できるだけ全体を映して見せたほうがよい。しかし、焦点化して気づかせたいのであれば、見せたい部分だけを拡大したり、不要な部分を隠したりするなどして見せたほうがよい。指導者である教師は、どこを見れば気づくことができるかわかっているために、学習者である児童生徒が見るという段階でつまずいていることに気づかないことがある。さらに、教師の与える情報が多すぎることが、児童生徒の混乱を招いていることもある。これらに配慮することは、障害のある児童生徒にも必要な指導上の工夫となる。例えば、小学校学習指導要領（平成29年告示）解説社会編（2017）では、障害のある児童に対して「読み取りやすくするために、地図等の情報を拡大したり、見る範囲を限定したりして、掲載されている情報を精選し、視点を明確にするなどの配慮をする。」（下線は筆者）とされている。

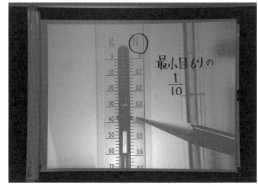

図7-3 ▶ばねばかりの値の読み方の指導

### 3）具体的に指示する，発問で思考させる

わかる授業においては、ICTを活用して教材を提示した後の「指示」「発問」が重要である。これは、ICT活用に限ったことではない。ICT活用は効果がないという前に、その効果を引き出すような指示や発問ができているかを振り返る必要がある。

指示は、具体的なほうがいい。例えば、ICTで図を提示し、ただ「図を

見なさい。」とだけ言ったらどうだろう。児童生徒は，図のどこを見たらいいかわからず，焦点化するというICT活用の効果は期待できない。もし，図全体を見せたければ，全体を見るように指示すべきである。つまり，児童生徒が，何を指示されたかわかるように伝える必要がある。ここで留意しないといけないのは，一度に多くの指示を与えないということである。具体的に指示することと，一度に多くの指示を与えることは同じではない。ICTで教材を提示した後に，何をどうするかを漏れなく的確に表現するのである。

**図7-4 ▶ 複数の資料を比較する**（大村市立大村小学校　川内政雄教諭
教材：「平成27年度版 新編 新しい社会6年」東京書籍
資料：左：国際日本文化研究センター　右：都立中央図書館特別文庫室）

　発問は，どのように思考させるかのイメージをもって行う。例えば，比較させたいのであれば，比較できるように複数の教材を拡大提示したうえで「同じところはどこですか。」や「違うところはどこですか。」など共通点や相違点を問う（図7-4）。また，多面的に見たり思考したりさせたいのであれば，1枚の教材を拡大提示し「何が見えますか。」や「気づきを言いなさい。」などと問いながら，まず資料をじっくりと見せる必要がある。そのうえで，多様な見方や気づき，意見の違いなどを捉えて，その違いや根拠を問う発問を行いたい。もし，分類させたいのであれば，提示する順番を工夫し，共通点や相違点を見いだせるように視点を与えながら拡大提示した後に，ICTで示した図を黒板にも貼り「同じグループはどれですか。その理由も答えなさい。」と問いたい。ICTで提示したものと関連させながら，具体的な思考につなげる問いが必要となる。ポイントは，ICT活用で何を示し，

どんな発問を行うかである。

### 4）黒板と併用する

ICT で投影したものは残らない。ICT で投影できるスペースには限りがあり，必要な情報だけを切り替えながら拡大投影する。

図7-5 ▶ ICT と黒板の併用　（大村市立大村小学校　江山綾子教諭
教材：「平成17年度版 新編 あたらしいさんすう 1」東京書籍）

これは，授業の1時間の流れを記録し見通すことができる黒板とは大きく異なる。したがって，授業では黒板に残すものと ICT で投影するものを分けて考える必要がある（図7-5）。

例えば，まな板と食卓のテーブルを想像してほしい。まな板で調理をしても，狭いまな板に調理したものを並べることはできないので，広いテーブルへ移動する。食卓のテーブルでは，すべての料理を並べ終わった状態を想像しながら配置するはずだ。筆者は ICT と黒板にも同様のイメージをもっている。まな板で調理するように，ICT を活用して理解させたり，思考させたりする。そして，食卓のテーブルに移動するように，理解したり思考したりした結果を黒板を活用して整理する。その際，板書計画が重要であることは言うまでもない。今後，すべての教室に電子黒板が導入されたとしても，従来の黒板の活用が無くなることはないだろう。むしろ，黒板の役割がいっそう重要になると考える。

### 5）ICT 活用場面を厳選する

ICT はどのタイミングで活用するかも重要である。活用頻度が高ければよいというものではない。指導力のある教師の授業はテンポがよく，児童生徒を飽きさせない。その仕組みの一つに，授業構成力がある。授業は 10 〜

15分程度の複数の場面（ユニット）から成り，全体として授業のめあてに向かってスモールステップで構成されている。こうした授業では，ICTは各場面（ユニット）1回程度の活用を目途に考えるとよい。指導のねらいを明確にもち，そのねらいを達成するために効果的なICT活用を厳選してほしい。また，授業を構造化し，ねらいを明確にすることは，障害のある児童生徒にとっても必要な授業改善の視点となる（小貫ほか，2014）。

### 6）特別な支援における活用

　本章で述べてきたICT活用の多くは，障害のある児童生徒にとって有効な手立てや支援になると考える。ICTは，これまでの一斉指導では伝わりにくかったり，理解することが難しかった児童生徒の学びを確かにし，「すべての児童生徒」がわかる授業となるために活用されるものである。このすべての児童生徒の中に，障害のある児童生徒も当然含まれている。筆者は，ICT活用は障害のある児童生徒の学びに大変有効な指導であると考えている。

　また，教師がICTを活用することで，一斉指導の中で理解できる児童生徒を一人でも増やすことは，個別の指導や支援を行ううえでも重要である。一斉指導でつまずく児童生徒が多い学級では，個別に対応しなければならない児童生徒が多すぎて，細やかな指導や支援は難しい。そのつまずきの原因が障害の特性と直接関係のない，教師の指導の未熟さであればなおさらである。一人でも多くの児童生徒を一斉指導の中でしっかりと学ばせたい。そうすることが，結果的に個々の実態に即した支援につながるのである。

**【参考文献】**
- H. エビングハウス著　宇津木保訳（1978）『記憶について』誠信書房
　原著：Ebbinghaus. H（1855）Über Das Gedächtnis
- 小貫悟・桂聖（2014）『授業のユニバーサルデザイン入門』東洋館出版社
- 光文書院（2018）「デジタル体育」
- 高橋純・堀田龍也（2008）「小学校教員が効果的と考える普通教室でのICT活用の

特徴」『日本教育工学会論文誌』32, pp.117-120
- 高橋純・堀田龍也（2011）『フラッシュ型教材のススメ』旺文社
- 多鹿秀継（1999）『授業過程の理解』北大路書房
- 堀田龍也・高橋純・丸山紋佳・山西潤一（2008）「一斉授業の授業過程におけるICT活用の目的・頻度・タイミングに関する調査」『日本教育工学会論文誌』32 (3), pp.285-291
- 文部科学省（2007）「教育の情報化の推進に資する研究（ICTを活用した指導の効果の調査）報告書」
- 文部科学省（2009）「教科指導におけるICT活用と学力・学習状況の関係に関する調査研究」
- 文部科学省（2010）『教育の情報化に関する手引』
- 文部科学省（2017）「学校におけるICT環境整備の在り方に関する有識者会議（最終まとめ）」
- 文部科学省（2018）「平成30年度全国学力・学習状況調査報告書（質問紙調査）」

写真提供：悠工房

若い先生へのメッセージ

> ICTを活用した授業といっても，授業のすべてがICTに置き換わるわけではありません。例えば，ICT活用が進むと，教科書や実物教材などを拡大して説明する回数が，今までよりも増えるだけかもしれません。しかし，このわずかな違いが，これまで授業の内容が理解できなかった子供たちにとって重要な変化だとはいえないでしょうか。一人でも多くの子供たちに，ICTを効果的に活用した授業を通してわかる喜びを与えてほしいと願っています。

（本多　博）

# 第 8 章 　学校放送番組の活用

▶学習のポイント

学校放送番組とは何か，どのような教科・学習内容が取り扱われているのかを概観し，教材研究に役立てる方法をイメージする。学校放送番組の活用は，子供たちの興味・関心を高め，学習課題を明確につかませ，学習内容をまとめるときなどに有効である。それらを活用するためには，学校放送番組の特徴と活用状況を知り，授業での効果的な活用のタイミングを理解する必要がある。また，学校放送番組と動画クリップの違い，「NHK for School」を活用した授業展開についても学び，実際に学校放送番組を活用した単元計画を確認することで，それらを活用する指導方法について考える。

**教職課程コアカリキュラムとの対応**　　（2）の2，（3）の1

## 8-1　学校放送番組とは

　1935年に全国向けのラジオ学校放送が，1953年にはテレビで学校放送が開始した。現在，学校放送番組といえば，NHK Eテレで放送されている学校向けの教育番組を指す。Eテレの呼称は，NHK（日本放送協会）が，2011年6月から使用し，教育番組を中心に編成，提供している。それまでは，教育テレビのチャンネル名で呼ばれることが多かった。さらに，地上デジタル放送への移行や授業でのデジタル教材，インターネットの活用頻度が増加することを受けて，学校向けの放送番組やそれに連動したデジタル教材をまとめたウェブサイト，「NHK for School」が2011年度から登場した。

　「学校放送とは，学校で児童生徒または幼児が，教師の指導のもとに視聴し学習を進めることを予想して，学校の教育課程の基準に準拠して制作され，放送されるものである」と定義されている（文部省，1966）。教育課程の基準，要するに教育課程に沿った内容であることが特徴の一つでもある。

**図 8-1** ▶学習指導要領や教科書から学校放送番組を探す
(NHK for School より引用。2019/1/8 参照)

「NHK for School」のウェブサイトからも［図8-1］のように，教科・学年，教科書から学校放送番組を探すことができる。

また学校放送番組は，その企画・制作にあたって，多くの学校現場の教師，文部科学省の教科調査官等の意見をもとにしている。このことから，学校放送番組は，教育課程に沿った内容を扱い，教師のアドバイスを取り入れた映像教材といえる。

それでは，学校放送番組にはどのような役割があるのだろうか。「日本放送協会番組基準」には以下のように示されている。

> 1　学校教育の基本方針に基づいて実施し，放送でなくては与えられない学習効果をあげるようにつとめる。
> 2　各学年の生徒の学習態度や心身の発達段階に応ずるように配慮する。
> 3　教師の学習指導法などの改善・向上に寄与するようにつとめる。
> 　　　（日本放送協会番組基準（昭和34年7月21日制定，平成10年5月26日改正）
> 　　　『国内番組基準』第2章各種放送番組の基準，第3項学校放送番組）

1の「放送でなくては与えられない学習効果」とは，教科書や資料集などの活字を中心とした情報だけでは児童生徒がその内容をイメージしにくい題材がある。そのようなとき，ストーリー性のある映像教材を活用することで，

学習効果をあげようと考えている。また、2の「学習態度や心身の発達段階に応ずる」や3の「学習指導法などの改善・向上に寄与」では、学校放送番組を活用することで、よりわかりやすい授業の実現に近づき、児童生徒の学習状況に合わせた指導法の工夫として、教科書だけの授業ではない、映像教材の活用をあげている。「NHK for School」では、学校放送番組を活用した指導案やワークシートなども提供されており、学習指導法向上のきっかけにもなる。

　テレビによる放送は、広域に映像や音声を同時に伝達できるところに特徴がある。さらにデジタル技術の進展により、学校でのインターネット接続が容易になり、臨場感のある高画像・高音質な動画コンテンツを受信することが可能となった。これにより、学校放送番組は、より身近な学習素材として、児童生徒及び教師に活用できる機会を拡大した。また、理科・社会・国語・算数の主要教科だけではなく、特別支援が必要な子供向けに制作された番組なども複数（2018年度：ストレッチマン・ゴールド等の「ストレッチマン」シリーズ、「u&i」、「スマイル！」、「コミ☆トレ」等）提供されている。

　[図8-2]は、2018年度の学校放送番組表の一部である。理科・社会・国語・算数・道徳・音楽・体育・図工・技術・家庭・総合・英語・特活、そして特別支援に関する番組が、小学校を中心に、幼保、中高向けに2,000本（2018年度現在）提供されている。皆さんが小学生の時に視聴した番組があるだろうか。最新の番組表は、「NHK for School」で確認することができる。

　また、学校放送番組の視聴はテレビだけではなく、番組放送後であれば、「NHK for School」でいつでも視聴することができる。これは、著作権法に照らしても違法ではなく、手続きの必要もない（表8-1）。

　また学校放送番組は、授業で活用するための教材研究の素材が盛りだくさんにある。例えば、学校放送番組の内容を数分にまとめた動画クリップが7,000本程提供されている。授業で10分または15分の番組をすべて視聴するのは、時間的に難しいことがある。そのときに、ポイントだけをまとめ

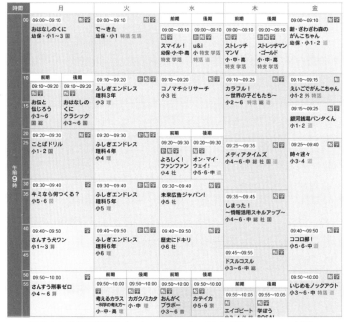

**図 8-2** ▶ 学校放送番組表　（NHK for School より引用。2019/1/8 参照）

**表 8-1** ▶ 著作権法（抜粋）（2018 年 12 月現在）

| 著作権法 (http://www.cric.or.jp/db/domestic/a1_index.html より引用) |
| --- |
| （学校その他の教育機関における複製等）<br>第三十五条<br>　学校その他の教育機関（営利を目的として設置されているものを除く。）において教育を担任する者及び授業を受ける者は，その授業の過程における使用に供することを目的とする場合には，必要と認められる限度において，公表された著作物を複製することができる。ただし，当該著作物の種類及び用途並びにその複製の部数及び態様に照らし著作権者の利益を不当に害することとなる場合は，この限りでない。<br>（営利を目的としない上演等）<br>第三十八条<br>3　放送され，又は有線放送される著作物（放送される著作物が自動公衆送信される場合の当該著作物を含む。）は，営利を目的とせず，かつ，聴衆又は観衆から料金を受けない場合には，受信装置を用いて公に伝達することができる。通常の家庭用受信装置を用いてする場合も，同様とする。|

た動画クリップを数分，授業のまとめに活用することも，学習指導法の改善につながり，効果的である。

　NHKは，学校放送番組以外にも，制作・放送した番組の一部をアーカイブにして提供している。
　①NHKティーチャーズ・ライブラリー
　　NHKが制作・放送した番組の一部をDVD化し，学校に無料で貸し出して授業や教育活動に活用できるサービスで，平和・キャリア・情報・防災・環境等7つのカテゴリーで，計230タイトルがある。
　②NHKアーカイブス
　　戦争や震災，地域や人物などのテーマ別にNHKで制作・放送された映像15,000本をウェブサイトで視聴できる。

## 8-2　学校放送番組の特徴

### 1）学校放送番組の分類

　学校放送番組の構成は，大きく以下の3つに分けることができる（『NHK for School 2018 番組＆WEBガイド』より）。
　①モデル提示型：模範となるモデルが提示されて，児童生徒に「やってみよう」と思わせる。
　②揺さぶり型：自分の考えや思いが揺れていくのが自覚できる。
　③知識定着型：授業のまとめ等に活用しやすく，学習内容を定着させる。

　①の例として，小学4～6年生・中学生向け番組『しまった！ 情報活用スキルアップ』（図8-3）の番組紹介には，「調べ学習に欠かせない，さまざまな情報活用スキルを，子供たちの活動のドキュメントから「失敗ポイント」を抽出して例示。スキルアップのための技を伝授します。」とある。情報活用のスキルについては，教科書でも説明があるが，具体的な映像で場面

配信リスト

図 8-3 ▶ モデル提示型：『しまった！』の配信リスト

図 8-4 ▶ 揺さぶり型：『ふしぎエンドレス』の動画クリップ
(図 8-3, 4 ともに NHK for School より引用。2019/1/8 参照)

をイメージしながら，そのポイントを確認できる。

②の例として，小学 3 〜 6 年生理科「ふしぎエンドレス理科 3 〜 6 年」（図 8-4）の番組紹介には，「児童が自ら問題を発見し，根拠ある予想を立て，結果を見通して実験を計画，その結果を考察してまとめる。」とある。番組は不思議を紹介するところで終了し，その解決は自分たちで考える番組で，友達の意見や既存の知識を発揮して考えを深めていく。

③の例として，小学 6 年生社会科『歴史にドキリ』の番組紹介には，「歴史上の人物は，どんな時代を生き，またどんな働きをしたのか，その人物の目線に立って追体験します。」とある。歴史上の偉人がどのような考え方で

その時代に活躍したかを教科書の内容と照らし合わせ学習できる。

このように，学校放送番組にはいくつかのタイプがあり，単元内容や学習課題に応じて，教師が学校放送番組を選択することで，学習指導法の改善にもつながる。

### 2）学校放送番組を使用するタイミング

学校放送番組はいくつかのタイプに分けることができるが，タイプ毎に，授業の「導入・展開・まとめ」のどの流れで視聴するかが決まっているわけではない。例えば，児童生徒が道徳の教科書で活字教材をもとに学習した後，同じ学習内容を扱った小・中学生向け道徳番組『ココロ部！』を視聴すると，自身の考えに揺れが生じ，変化していくことを感じたりする。教科書から学校放送番組の順に学習する一例である。また，歴史上の人物を扱った小学6年生社会科番組『歴史にドキリ』は，授業の「まとめ」で視聴することが多く，教科書の学習内容を映像で振り返り，知識を定着させることができる。しかし，ときには「導入」で視聴し，その人物が活躍した時代背景をイメージしてから，教科書や資料集の活字で振り返ることで，授業の展開にスムーズに入ることもできる。「導入」・「まとめ」のどちらでも，学校放送番組が活用できる一例である。

表8-2 ▶メディア教材を利用することが多い場面（複数回答）
（NHK放送文化研究所，2017）を一部改変

|  | %（n=2,307） |
|---|---|
| 授業の導入として利用する | 50 |
| 授業の展開で利用する | 46 |
| 学習のまとめとして利用する | 43 |
| 教科書や資料集，板書を補う形で利用する | 42 |
| 児童が自分たちで調べる活動に利用する | 21 |
| 発展教材として利用する | 20 |
| 新しい話題や情報を示すのに利用する | 19 |
| メディア教材を元に授業を進める | 14 |
| 授業でメディア教材を利用していない | 8 |

[表8-2]は，小学校の教師がメディア教材を利用することが多い授業場面を示している。「導入・展開・まとめ」のそれぞれの場面で適したメディア教材が使用されているのがわかる。もちろん，メディア教材には，動画クリップとともに学校放送番組も含まれている。

　PISA調査，TIMSS調査の結果分析（文部科学省，2015）では，児童生徒は，学習意欲や学習習慣等に課題がある，とされている。「導入」でつまずく児童生徒を減らすためにも，「導入」時の学校放送番組をはじめとしたメディア教材の活用は，学習意欲を高める一助となろう。メディア教材は，「導入」では児童生徒の関心・意欲を高め，「展開」では思考・判断を促し，そして「まとめ」では知識・理解を深める働きがある。番組内容と児童生徒の状況を照らして，番組を活用するタイミングを検討するとよい。

### 3）学校放送番組と動画クリップをどう使い分けるか

　「NHK for School」で提供する動画は，学校放送番組と動画クリップに分けることができる。番組は10分や15分で，動画クリップは数分で構成されている。

　例えば，小学5年生理科『ふしぎがいっぱい5年生』の「台風はどこへ？」は10分の番組で，[図8-5]のように複数のシーンで構成されている。そこでは，雲や天気が西から東へ変化することの気づきから始まり，実際に旅行に出かけるときに台風が

**図8-5 ▶**『ふしぎがいっぱい』5年「台風はどこへ？」のあらすじ　（NHK for Schoolより引用。2019/1/8参照）

近づいている想定で番組が展開される。ドラマのような展開に加え，効果音の付加やキャラクターも登場し，子供たちを引き付ける演出効果が多数ある。教師は，どのシーンに児童が集中しているかを観察し，以後の授業展開に生かすことができるであろう。

［図8-6］は，1分56秒の動画クリップ「台風の進む方向と風の動き」である。「台風の風の変化から，風の回転方向を知る。天気予報や気象図をみる学習につなげる。」と学習のねらいにあるとおり，授業の「まとめ」で知識の定着として視聴するのにも適している。

**図8-6 ▶動画クリップ「台風の進む方向と風の動き」**　（NHK for Schoolより引用。2019/1/8参照）

　番組構成には3つのタイプがあると前述したように，番組からの問いかけで，子供たちは視聴後の活動をイメージでき，思考したり，対話したり，まとめたりする準備ができる。結果，視聴後の活動では，子供たちは「主体的」に考え，周りと「対話」したりして「深く」考えることもできる。番組にはそのようなチカラがあり，動画クリップにはその活動を支える補助的役割があるといえる。

## 8-3　学校放送番組の活用状況とその効果

### 1）学校放送番組の活用状況

　教師は，どの程度学校放送番組を活用しているのだろうか。［表8-3］は，

学年毎の学校放送番組活用上位3番組である。低学年は道徳と国語，中学年は理科と社会，高学年では理科と社会，体育での利用が多い。理科は，教室ではできない実験を疑似的に体験できたり，物事の不思議を映像で再現してクラスで共有できたりする。社会は，寒い地域の特性を扱うときには，実際には寒い地域に行けないので，映像で確認したり，歴史では，映像で過去の状況をイメージ共有できたりする。要するに，児童生徒の抱く異なったイメージをある程度均一にできる学校放送番組は，授業でも利用しやすいのだろう。道徳も同じ理由で利用されている。体育は実技映像のスローモーショ

**表8-3 ▶ 担当学年別にみた利用教師の多い学校放送番組（2016年度）**
(NHK放送文化研究所，2017)

| | 番組名（該当学年） | NHK for School の利用（％） | テレビ学校放送番組の利用（％） |
|---|---|---|---|
| 1年生担任教師 | 新・ざわざわ森のがんこちゃん（1年道徳） | 20 | 16 |
| | おはなしのくに（1～3年国語） | 12 | 11 |
| | さんすう犬ワン（1～3年算数） | 7 | 5 |
| 2年生担任教師 | 新・ざわざわ森のがんこちゃん（1年道徳） | 12 | 10 |
| | 銀河銭湯パンタくん（1～2年道徳） | 11 | 9 |
| | おはなしのくに（1～3年国語） | 10 | 9 |
| 3年生担任教師 | ふしぎがいっぱい（3年）（3年理科） | 47 | 33 |
| | ふしぎだいすき（3年理科） | 21 | 16 |
| | 知っトク地図帳（3～4年社会） | 10 | 6 |
| 4年生担任教師 | ふしぎがいっぱい（4年）（4年理科） | 56 | 38 |
| | ふしぎ大調査（4年理科） | 25 | 16 |
| | 知っトク地図帳（3～4年社会） | 22 | 16 |
| | 見えるぞ！ニッポン（3～4年社会） | 16 | 12 |
| | 時々迷々（3～4年道徳） | 12 | 9 |
| 5年生担任教師 | ふしぎがいっぱい（5年）（5年理科） | 54 | 38 |
| | 未来広告ジャパン！（5年社会） | 34 | 26 |
| | ふしぎワールド（5年理科） | 23 | 17 |
| | はりきり体育ノ介（3～6年体育） | 15 | 10 |
| 6年生担任教師 | 歴史にドキリ（6年社会） | 61 | 46 |
| | ふしぎがいっぱい（6年）（6年理科） | 53 | 36 |
| | ふしぎ情報局（6年理科） | 24 | 17 |
| | はりきり体育ノ介（3～6年体育） | 15 | 11 |
| | 道徳ドキュメント（5～6年道徳） | 11 | 8 |

ンや色々な角度での再生などが活用の理由だろう。

　また，[表8-3]では，学校放送番組あるいは番組と連動したNHKデジタル教材を授業で活用している「NHK for Schoolの利用」が多い。多くの教師が放送時間に合わせた視聴や録画での利用と合わせて，ウェブサイトでの番組再生や数分の動画クリップを利用していた。

　一方で，算数科の学校放送番組は理科や社会に比べて利用されていない。算数科の番組は，小学4～6年生「さんすう刑事ゼロ」をはじめ3シリーズしかなく，理科の20，社会の11，国語の9に比べ，少ないのも理由かもしれない。学校放送番組をよく利用している教師は，「番組は，教室ではできないこと，教室ではなかなかうまくいかないこと，に活用するのが有効。子供たちが，実感を通して学べることには，番組を使おうとは思わない。」と，机上でワークシートや補助教材により実感を得ることができる学習内容では，学校放送番組活用の必要性をあまり感じていない。しかし，「面積を求めるときに，補助線を引いて形を変えて考えたり，拡大図と縮図，奥行きのある立体図の説明など，映像だとより理解を促すことができるものもある。」と，限られた学習内容ではその活用もあると述べている。

## 2）学校放送番組活用の12の教育的効果

　学校放送番組を活用することで得られる効果には何があるのか。水野ほか（2018）は，教師が学校放送番組で教育的効果を感じている「学校放送に期待する12の教育的効果」を以下のようにまとめている。

　　①新鮮な経験を与えて，豊かに想像力や学習への興味を育てる。
　　②未経験あるいは追体験の困難な事物や事象に対して，具体的な理解の
　　　手がかりを与える。
　　③事象の関係，構造，過程等を要約した形で示し，事象の全体的な理解
　　　を容易にする。
　　④情緒に訴え，望ましい心情や態度を育てる。

⑤日常の生活指導において共通の関心や問題意識をよび起こして問題の解決を容易にする。
⑥教師に指導上の示唆や規範を与える。
⑦よりよいコミュニケーションのあり方を示し,学習者の対話による学びを促進する。
⑧日常的な事象に対して,新たな見方や感覚を与えて,課題を発見する。
⑨問題意識を向上させ,深い思考へ導く。
⑩児童の思考を広げ,学習への意欲を向上させる。
⑪教師の授業における指導過程のアイデアを与える。
⑫課題解決のための手がかりを与える。

①から⑫の効果が,もちろんすべての教科・授業に当てはまるのではない。例えば,「②未経験あるいは追体験の困難な事物や事象に対して,具体的な理解の手がかりを与える。」は,理科番組でよく教師が感じる教育効果であろうし,「④情緒に訴え,望ましい心情や態度を育てる。」は,道徳番組を中心とした効果である。「⑪……アイデアを与える。」や「⑫……手がかりを与える。」では,教科にかかわらず授業の「導入」に,学校放送番組を視聴することで,児童生徒に学習課題の解決へ向けたアイデアや手がかりが浮かび,授業にスムーズに入ることができる。

学校放送番組活用の教育的効果は,「視聴する子供たちの目が輝いていた」など,教師の主観で述べられることが多い。その主観を他の教師が同感するには,ここに示した教育的効果の表現で示すことが適切であろう。

## 8-4 学校放送番組を活用した授業方法

日常的に学校放送番組を活用している教師は,どのような単元計画のもと活用するのか。3つの活用例を紹介する。なお,各番組は,「NHK for School」から視聴することができる。

①5年生社会科『未来広告ジャパン！』の番組と動画クリップの活用例

『未来広告ジャパン！』は，番組紹介に「日本の国土，地形や気候の特徴，人々の暮らしや産業などについて，空撮映像やCG，現場で働く人々へのインタビュー，さらに番組に登場するCMディレクターの現場リポートも交えて，分かりやすくコンパクトにまとめてあります。」とある。200を超える関連クリップも用意され，番組で紹介しきれなかった情報も提供している。

■守口市立梶小学校・松浦智史先生が考えた単元構成（7時間）

□単元名　あたたかい地域のくらしと寒い地域のくらし

□単元目標　沖縄県や北海道の自然環境でどのような農業や観光・生活の仕方をしているのか調べることを通して，どのような課題があるのか，それを解決するためにどのように工夫をしているのかを考えることができる。

□単元計画　番組と関連する動画クリップを活用して，ジグソー学習的なスタイルで進めていく。5つのテーマに応じて，みんなに教えてあげようという目標をもたせる。「みんなに教える」という意識の点から，児童はより主体的で協働的に学びに向かえると考えている。

１時間目　『未来広告ジャパン！』の「あたたかい土地と寒い土地」を視聴後，暖かい地域や寒い地域について子供から考えさせる。それぞれの地域の特徴を考えさせる。その中から，「気候」「農業」「観光」「家のつくり」「くらしを守る工夫」の5つの観点でテーマを決める。

2～4時間目
・班の中で，自分が調べたい内容を選ばせ，チームを編成する。
・番組と関連するクリップを活用して調べさせる。

5～7時間目　班で調べたことをまとめて，発表する。

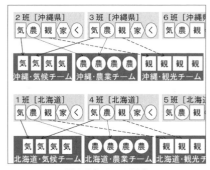

図8-7 ▶チーム編成
（松浦智史先生提供の資料を元に作成）

② 5年生算数科『Why!? プログラミング』の番組を途中で一時停止した活用例

『Why!? プログラミング』は，番組紹介に「子供たちにプログラミングを楽しんでもらいながら，プログラミング的思考やプログラミングをする能力を身に付けてもらうことをねらっています。番組を見終わった後に，この番組ホームページからスクラッチサイトに行き，番組と同じようにプログラミングを体験できる。」とある。

■湯梨浜町立東郷小学校・谷田健司先生が考えた単元構成（5時間）

□単元名　　円と正多角形

□単元目標　プログラミングによる作図を取り入れ，いろいろな正多角形をつくることで，正多角形の意味や性質・円との関連など，より深く正多角形の見方・考え方を学ぶことができる。

□単元計画

1時間目　折り紙を使って正多角形を作成し，身の回りにあるものと関連づけることで，形の特徴や形の面白さに気づき，学習への意欲を高める。

2時間目　いろいろな正多角形の辺の長さや内角の大きさを測り，共通点を考えることを通して，「正多角形」の意味や性質を理解する。

3時間目　辺の長さや内角の大きさを計測して，正多角形を描く方法を理解する。

4時間目　『Why!? プログラミング』の「奇跡のチョウを直せ」を視聴。途中で一時停止し，コンピュータを使って解説，児童が試行を繰り返し，正多角形の意味をもとにした正多角形（正方形，正三角形，正六角形等）を描く方法を考える。

5時間目　『Why!? プログラミング』の「奇跡のチョウを直せ」を視聴。途中で一時停止し，コンピュータを使って解説，児童が試行を繰り返し，いろいろな正多角形を描く活動を通して，正多角形の規則性や円との関係性について考える。

③複数の番組視聴による低学年での学校生活の安定をねらう活用例

　『新・ざわざわ森のがんこちゃん』の番組紹介には「舞台は，人類滅亡後の地球。素直で明るいがんこちゃんと仲間たちとの騒動や葛藤を通して，道徳的テーマを感じ取ってもらう低学年向け道徳番組」，『スマイル！』の番組紹介には「学習の基礎的なところや人とのつきあいでつまずきやすい子どもたちを主な対象に，その解決法を伝えます！」とある。

■札幌市立新琴似北小学校・安井政樹先生が考えた単元構成（6時間）
　□単元目標　スモールステップの考え方を生かし，「こうなりたい！」という憧れを道徳科で育むとともに，「こうすればいいんだ！」という具体的な行動を学級活動の時間で考えさせ，より快適な学校生活ができるようにする。

1～2時間目　きもちのよいあいさつ
・『新・ざわざわ森のがんこちゃん』の「あいさつはだれのため？」を視聴し，挨拶の大切さについて考える。
・『スマイル！』の「あいさつの魔法」を視聴し，きもちのよい挨拶の仕方について知る。

3～4時間目　きもちのよいかたづけ
・『新・ざわざわ森のがんこちゃん』の「えんぴつのいえで」を視聴し，ものの大切さや身の回りを整えることについて考える。
・『スマイル！』の「なくさない魔法」を視聴し，整理整頓の仕方について学ぶ。

5～6時間目　ともだちとなかよく
・『新・ざわざわ森のがんこちゃん』の「ツムちゃんのいいたかったこと」を視聴し，友達と仲良くし，助け合うことについて考える。
・『スマイル！』の「うれしい言葉の魔法」を視聴し，友達と仲良くなる言葉について学ぶ。

上記3つの活用例は，あくまでも例である。番組と動画クリップを組み合わせたり，総合的な学習の時間の番組を算数科で視聴したり，単元の中で複数の番組を視聴させたりと，その活用法はさまざまである。教師が，クラスの子供の実態に適した学校放送番組の活用を考えることが大切となる。

【参考文献】
- NHK「日本放送協会番組基準」
- NHK（2018）『NHK for School 2018 番組&WEBガイド』
- NHKアーカイブス　http://www.nhk.or.jp/archives/
- NHKティーチャーズ・ライブラリー　https://www.nhk.or.jp/archives/teachers-l
- NHK for Shool　http://www.nhk.or.jp/school/
- NHK放送文化研究所（2017）「進む教師のメディア利用と1人1台端末時代の方向性～2016年度「NHK小学校教師のメディア利用と意識に関する調査」から～」『放送研究と調査』2017年6月号，pp.26-51
- 水野宗市・堀田博史（2018）「学校放送を活用した教育的効果の変遷～教育課程編成時の放送番組への期待～」『日本教育メディア学会研究会論集』44, pp.51-54
- 文部科学省（2015）「PISA調査，TIMSS調査の結果分析（中間まとめ）」
- 文部省（1966）『学校放送の利用』光風出版

若い先生へのメッセージ

　学校放送番組は，教育課程に沿った内容を扱い，多くの教師が番組の構成・制作に関わっている。「NHK for School」には，学習指導案やワークシートなどの教材研究の資料も豊富にある。ぜひ一度，学校放送番組を授業で活用してはいかがだろう。そこには，番組に集中して視聴する子供たちの姿がある。これが「番組のチカラ」でもある。集中する子供の姿の理由を考えたとき，皆さんの授業に足りなかった何かが見つかる。それに気づくことが，学習指導法の改善となる。

（堀田博史）

# 第 9 章 思考力を育てる授業

> ▶学習のポイント
>
> 思考力・判断力・表現力の育成のための授業の組み立ての原則, 子供が学習目標に到達できるための単元計画, 1時間ごとの学習目標の細分化, 学習目標と学習活動の関係, 学習活動につながる導入, 学習活動のための準備, 学習活動における効果的なICT活用, 学習活動後の振り返りなどの観点から, 教師の授業設計について述べる。なお, 本章では, 思考力の育成は, 判断力・表現力の育成をも視野に入れていることを前提とし, 引用文以外では「思考力・判断力・表現力」をまとめて「思考力」と表記する。

教職課程コアカリキュラムとの対応　（1）の2,（2）の2

## 9-1　思考力育成と授業の組み立て

### 1) 教育課程の編成と授業設計

　学校において教育は, 計画的に行われている。校長の責任のもとに総合的な計画を立てることを, 学校現場では「教育課程の編成」という。小学校学習指導要領（平成29年告示）解説総則編（2017）では, 学校において編成する「教育課程」の意義を述べ, その際の基本的な要素として, 教育目標の設定, 指導内容の組織及び授業時数の配当などをあげている。

　「教育課程の編成」は学校ごとに行われる。その結果をまとめたものとして, 例えば, 学校教育目標, 学校運営組織, 学校行事年間計画, 各教科等の指導計画などがある。教師が授業を計画的に行うのも, 「教育課程の編成」のもとで計画された各教科等の授業を担当しているからである。教師が授業の計画を立てることを総称して「授業設計」という用語が用いられ, 「授業設計」の結果を表記したものとして「学習指導案（指導案）」がある。

　「学習指導案」には, 単元の目標（学習目標）, 児童生徒観, 教材観, 指

導観，単元の評価規準，単元計画（単元の学習過程），そして，本時の目標（学習目標），本時の学習過程と評価などが書かれている。一つの単元を「授業設計」するときに教師がまず確認するのは，単元の学習目標である。次に，目の前の子供が単元の学習目標へと到達するために，児童生徒観，教材観，指導観という3つの観点から単元計画を作成し，評価規準を設定する。

このように，日々行われている授業一つを取り上げたとしても，それは計画的な営みの一端であり，勤務校の子供の実態を踏まえて作成された「教育課程の編成」をもとに，教師は「授業設計」を行い，「学習指導案」という形式に沿ってまとめているのである。

### 2）授業設計と単元の学習目標

「授業設計」の根幹である「単元の学習目標」を「学習指導案」に記述するときは，学習指導要領に示された目標を踏まえて本単元での到達目標を明確にする。「単元の学習目標」を設定するときに，どのような視点が必要だろうか。本章のタイトルにある「思考力」という用語を中心に整理をしておく。

平成19年（2007年）に学校教育法が一部改正され，「確かな学力」「健やかな体」「豊かな心」のうちの「確かな学力」の要素が規定された（文部科学省，2007）。「基礎的な知識・技能」「思考力・判断力・表現力等の能力」「主体的に学習に取り組む態度」という3要素で紹介されていることが多い。この改正は，従来からあった「ゆとり」か「詰め込み」かという対立的な議論を学力の3要素として捉え直し，このバランスが大事であることを明確に示したものである。

小・中学校学習指導要領（平成29年告示）（2017），高等学校学習指導要領（平成30年告示）（2018）に向けて，「確かな学力」だけではなく「健やかな体」「豊かな心」をも総合的に捉え，育成すべき資質・能力の3つの柱として，次のように整理された（文部科学省，2015）。

> (1) 何を理解しているか，何ができるか
> 　　　　　　　　　　(生きて働く「知識・技能」の習得)
> (2) 理解していること・できることをどう使うか
> 　　(未知の状況にも対応できる「思考力・判断力・表現力等」の育成)
> (3) どのように社会・世界と関わり，よりよい人生を送るか
> 　　(学びを人生や社会に生かそうとする「学びに向かう力・人間性等」
> 　　　　　　　　　　　　　　　　　　　　　　　　　の涵養)

　学習指導要領に示されている各教科等の目標や，各教科等における学年の目標は，小中高等学校の発達段階を見たときにも，各教科等を横断的に見たときにも，共通点と相違点が見えるように記述の仕方が統一されている。例えば，各教科書の目標は，上記の (1)～(3) に対応する構成で書かれており，(2) は本章の「思考力」と関係が深い項目である。

　「学習指導案」の「単元の学習目標」を見据えるとき，学習指導要領の目標は3つの柱と対応して読むこと，また，この3つの柱は，それぞれが単独ではなく相互に関係し合いながら育成されるものであること，スポーツや芸術などの分野でも当てはまることを留意しておきたい。

### 3) 思考力育成と学習活動

　単元における学習目標に到達するには，いくつもの方法がある。どういう方法を選ぶのかについては，教師の経験年数，校内研究のテーマ，担当している各教科等によって異なる。「学習指導案」を作成する際には，その方法が見えるように「単元計画」を書く。

　「単元計画」は，子供が学習目標に到達するために，1時間ごとの学習目標に細分化した形式で書く場合が多い。細分化された1時間は，「導入・展開・まとめ」という構成（流れ）で本時の目標に到達する。その連続により単元の学習目標に到達することから，大きく単元全体を見たときも「導入・展開・まとめ」という構成（流れ）で学習目標に到達することになる。単元

であれ本時であれ,「導入・展開・まとめ」を表すとき,学校現場では「学習過程」という用語を用いる。学習過程の工夫,学習過程の改善というときには,「導入・展開・まとめ」を工夫したり改善したりすることを意味する。

思考力育成を視野に入れた「学習過程」において,学習目標と合わせて使われているのが「学習活動」という用語である。学習指導要領においても,例えば,「言語活動例」「数学的活動」「○○する活動を通して,○○を身に付けることができる」という表記が見られる。

本章では,学習目標と学習活動の関係,学習活動につながる導入,学習活動のための準備,学習活動における効果的なICT活用,学習活動後の振り返り等の観点など,学習活動という用語を軸に思考力を育てる授業を考える。

## 9-2　学習目標と学習活動

### 1）活動と指導

学校では,「活動」と「指導」という用語を使い分けている。「活動」がつく用語には,「特別活動」「委員会活動」「クラブ活動」「部活動」「班（グループ）活動」などがある。一方「指導」がつく用語には,「生徒指導」「生活指導」「登下校指導」「清掃指導」などがある。「活動」がつくときは,子供の主体性を重視している場合が多い反面,「指導」がつくときは,目的に向かって教師が子供を教え導く意味で使われている場合が多い。

このように「活動」の文字が含まれる用語には,子供の主体性を重視するという意味が含まれていることを,まずは確認したい。単元計画を立てるときや学習過程を工夫・改善したりするときには,学習目標に対し,教師が子供を教え導く「指導」から,子供が主体的に学ぶ「活動」という概念が必要になる。

しかし,「学習活動」を重視するあまり,楽しそうな活動や操作活動だけに終始する授業では,「活動」から目標へのつながりが見えにくいことがある。つまり,その「活動」から子供は何を学んだのか,どんな気づきがあっ

たのかなど，思考力を育むための「学習活動」になっているのかという吟味が，単元計画時に必要になる。

さらに，「学習活動」を始め，「言語活動」「読書活動」など，「活動」が付く用語が学習指導要領で使われているものの，「指導」を否定しているわけではない。この点については，市川伸一（2008）『「教えて考えさせる授業」を創る』，黒上晴夫ほか（2012）『シンキングツール～考えることを教えたい』など，著書のタイトルにもあるように，考えることと教えることは切り離せないというメッセージが伝わる。

このような点に留意しながら，学習指導要領で取り上げられている「活動」から，「言語活動」「数学的活動」を取り上げ，その概念をイメージする。

### 2）学習目標と言語活動

小学校学習指導要領（2017）の国語の目標には「言語活動」という用語が使われており，学年ごとの内容では「言語活動」の例も示されている。ここでは，言語活動例を「C 読むこと」から引用したが，A 話すこと・聞くこと，B 書くことにおいても，言語活動例が示されている。

「C 読むこと」は「思考力・判断力・表現力等」に位置づけられており，身に付けたい事項(1)に対応して，以下のように(2)ア，イ，ウの3つの言語活動例が示されている。

>  小学校第5学年及び第6学年　2内容
>  〔思考力・判断力・表現力等〕C 読むこと
>  (1) 読むことに関する次の事項を身に付けることができるよう指導する。
>  　（中略）
>  (2) (1)に示す事項については，例えば，次のような言語活動を通して
>  　　指導するものとする。
>  　ア　説明や解説などの文章を比較して読み，分かったことや考えた
>  　　ことを，話し合ったり文章にまとめたりする活動。

> イ　詩や物語，伝記などを読み，内容を説明したり，自分の生き方などについて考えたことを伝え合ったりする活動。
> ウ　学校図書館などを利用し，複数の本や新聞などを活用して，調べたり考えたりしたことを報告する活動。
>
> （平成29年告示小学校学習指導要領）

　小学校第5学年及び第6学年の「C 読むこと」の言語活動例を見ていくと，読んだ後，話し合う，伝え合う，報告する，文章にまとめる活動が紹介されている。中学校の国語「C 読むこと」の言語活動例から同様に言葉を拾ってみると，読んだ後，報告する，文章にまとめる，記録する，伝え合う，資料にまとめる，説明する，解説する，提案する，討論する，批評する，考えるという活動が紹介されている。「C 読むこと」の言語活動例には，思考したり表現したりする活動が取り上げられていることがわかる。

　このような活動を積み重ねることの重要性を再認識するとともに，学習目標を念頭に置いたうえでの「言語活動」であることに留意したい。そして，あくまでも例であることから，発達段階や子供の実態に合わせた工夫や選択の余地があることも心に留めておきたい。

### 3）学習目標と数学的活動

　小学校学習指導要領の算数の目標には「数学的活動」という用語があり，学年ごとの内容では取り組む「数学的活動」が示されている。

> 小学校第5学年　2内容
> ［数学的活動］
> (1)　内容の「A 数と計算」，「B 図形」，「C 変化と関係」及び「D データの活用」に示す学習については，次のような数学的活動に取り組むものとする。
> 　ア　日常の事象から算数の問題を見いだして解決し，結果を確かめ

> たり，日常生活等に生かしたりする活動
> イ　算数の学習場面から算数の問題を見いだして解決し，結果を確かめたり，発展的に考察したりする活動
> ウ　問題解決の過程や結果を，図や式などを用いて数学的に表現し伝え合う活動
>
> （平成29年告示小学校学習指導要領）

　5年生を例にとると，「A 数と計算」「B 図形」「C 変化と関係」及び「D データの活用」の4領域に合わせて，すべての領域を通して取り組むという意味で「数学的活動」という項目が示されている。その中のアイウの記述が，問題を解決する活動のみで終わっていないことに注目したい。その後，結果を確かめたり，日常生活に生かしたり，発展的に考察したり，数学的に表現したりすることも，取り組む「数学的活動」であるとして記されている。これらの活動を繰り返すことは，例えば，結果を確かめる方法や必要性，日常生活に生かす視点などを培うことにつながる。加えて，授業設計時には，これらの活動を計画的に取り入れるとともに，ほかの学習活動同様，学習目標とのつながりを常に意識しておきたい。

## 4）学習目標と学習活動をつなげる

　例として取り上げた「言語活動」や「数学的活動」から，思考力は活動を通して育成されるものであることがわかるだろう。その一方でこのような記述を見れば見るほど，活動そのものに目が向きやすい。各教科等においても，活動を通して，どこに到達したいのかを意識することが重要である。このことは，単元計画を立てたり，学習過程を改善したりするときだけでなく，授業中に子供が活動している最中であっても，常に教師が心得ておきたいことである。

　また，教師が学習目標に対して適切であろうと判断して「学習活動」を選んだときには，それなりの根拠がある。学習指導要領に示されているのは，

あくまでも例であり，用語も抽象的・一般的に整理されている。子供の実態，地域の特徴，既習事項，教科等の系統，他の教科等とのつながり，校内研究のテーマとのつながりなど，「学習活動」の選択肢はいくつも存在する。校内研究での議論や授業参観などを通して，学習目標に対する「学習活動」の選択肢を増やしたり具体をイメージしたりすることは，学習目標に到達する道をいくつももつことにつながる。

さらに，「学習活動」の場は，教室だけとは限らない。特別教室，校庭，地域はもちろん，学校図書館，インターネット上など，限りなく広がっている。「学習活動」の形態も，個人，ペア，グループ，一斉など，多様である。いずれも，場や形態だけに目を向けるのではなく，何のためなのか（目的）を見据えて，選んでいきたい。

## 9-3　学習活動を組み入れた授業設計の観点

### 1) 学習活動につながる導入

単元計画に「学習活動」を組み入れるとき，つまり「授業設計」の観点として，まず取り上げたいのが，「学習活動」につながる導入の工夫である。1時間の授業において「学習活動」を持続させるためには，導入段階で子供の心を動かしたい。もちろん，1時間の授業だけでなく，その積み重ねである単元という長丁場でも同様である。特に，思考力育成に主眼を置いた「学習目標」の場合は，何ができたらゴールに到達するのかを，子供自身が理解したうえで見通しをもって活動に取り組む必要がある。「導入・展開・まとめ」という学習過程のうちの導入段階において，「学習活動」につながる工夫のうち「めあて」「指示」「用語」について紹介する。

1時間の授業の導入を考えたとき，まず描きたいのは，今日の授業のゴールについて子供とイメージを共有することである。学校によっては，めあてと書いて赤線などで囲むことをどの教室も統一しているところもある。めあてそのものの表記の仕方をはじめ，板書するタイミングや方法は，学校によ

って，または教師によってさまざまである。少なくとも，めあては子供がイメージしやすい文であるとともに，授業のゴールや活動をイメージできることが望ましい。そのために，前時の子供の思考や発言をもとに本時のめあてを再確認したり，操作活動や実験を通して知りたいことや疑問に目を向けたり，日常生活の出来事を取り上げながら新たに学ぶことを示したり，提示された資料から新たな視点に気づいたりするなど，「学習活動」へのつながりを意識して工夫したい。

次に，子供が「学習活動」にすぐに入れるような指示は，教師が選んだ活動や発達段階などによって異なるものの，活動に集中できるよう，簡潔に見やすく提示しておくことも大切である。例えば，グループでの「学習活動」を行う場合には目的や役割分担，道具を使う場合には使い方や留意点，ワークシートやシンキングツールを使う場合には目的や表記の仕方などがある。

さらに，「学習活動」時に子供に使ってほしい用語，説明するときに組み入れたい用語，単元を通して理解したい概念を示す用語などを，導入時に提示したり，板書したりする場合もある。子供は学校の授業を通して，日常会話では耳にすることの少ない抽象用語を習得する。これらの用語には，例えば，気候や暮らし，光合成，割合というように一つの教科の中でよく使われるものと，仕組み，性質，関係，特徴というように教科横断的に使われるものがある。

このように，導入段階で行いたいことは意外と多い。授業時間は，45分，50分と限られていることから導入に時間がかかりすぎるのも問題である。そのため，学期や1年間を見通したうえで，学び方も含めた「授業設計」が必要になる。

### 2）学習活動のための準備

ねらいに到達するために，教師は「学習活動」を選択する。「学習活動」を一定時間の中で行うためには，準備が必要になる。思考力を育成するときの準備には，学習形態（個の学習，ペア学習，グループ学習，一斉学習な

ど)の設定,学習活動を進めるときに使う教材・教具,思考を見える化したり伝え合ったりするときに使うシンキングツールやワークシートなどの印刷物,記録したり話し合ったりするときに使うホワイトボードや付箋などの文具,パソコンやタブレットなどの情報機器,子供が「学習活動」を進めるときの手助けとなる掲示物や資料などがある。さらには,学校図書館や地域などに出て学習する場合は,事前の連絡や下調べが必要な場合もある。

限られた時間で学習活動を有意義な時間にするためには準備が必要であるものの,ここで取り上げた準備には学び方や使い方を知識・技能として習得し活用していくものも多い。

まず,「学習活動」を進めるときに使う教材・教具の一例として理科で使う顕微鏡を取り上げてみたい。葉のどこで光合成が行われているのかを観察するときに顕微鏡という教具を使用する。初めて,もしくは久しぶりに使用するとき,教師は顕微鏡の使い方や使用上の注意点を確認してから活動に入る。

また,思考を見える化したり伝え合ったりするときに使うシンキングツールも同様に,使い方を学んだり確認したりする必要がある。例えば,ベン図(比較するときに使用),Xチャート(分類したり多面的にみたりするときに使用),コンセプトマップ(関係付けるときに使用),ピラミッドチャート(構造化するときに使用)などがある(図9-1)。これらを使い慣れていれ

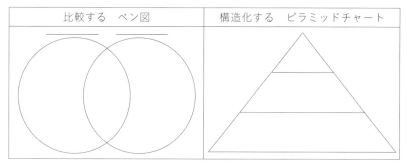

**図9-1 ▶シンキングツールの例** (黒上ほか,2012)より

ば，思考の助けになるが，初めて使うときには，理科での顕微鏡と同様に使い方を学ぶ必要がある。

　グループ活動においても，同じことが言える。4人グループでの話し合いの役割分担や進め方，文具等の使い方など，確認しておいたり，慣れていく必要があったりすることも多い。

　このように，使い方・学び方に関することは，繰り返すことで方法を理解し，活用できるようになる。調べてごらん，考えてごらん，話し合ってごらん，説明してごらんと漠然と子供に投げかけるのではなく，積み重ねが必要なことは使い方・学び方を学ぶ時間を計画的に組み入れる必要がある。

### 3）学習活動における効果的な ICT 活用

　思考力育成を視野に入れた「授業設計」をしていくと，「学習活動」における導入の工夫や「学習活動」のための準備には，時間をいくらでもかけたくなってくる。でも，授業時間は限られている。教師が準備に費やす時間も無限にあるわけではない。そうしたときに，活用したいのが ICT である。学校によって差はあるものの，実物投影機，プロジェクタ，電子黒板などが整備され，目的に応じて使われている。

　導入時には，授業の最後まで残しておきたいことと，そのときに注目してほしいことがある。後者には，例えば，観察・実験などの注意点，活動の手順，役割分担，写真や映像でイメージをふくらめたいことなどがある。そのとき，ICT を活用することにより，教科書や資料などを大きく見せたり，目の前でやって見せたりしながら注意点を確認できる利点がある。

　展開時では，子供が書いたことをそのまま見せながら説明したいときに，実物投影機，プロジェクタ，電子黒板が使われているのを目にする。伝え合うときに，自分の手元にあるものをそのまま使えることは，学習の流れを止めないだけでなく，子供が説明する時間を確保できることにもつながる。

### 4）学習活動後の振り返り

　振り返りの時間は，今日の授業で学んだことを整理したり次の時間へと学びをつなげたりするうえで，大切な時間である。今日のねらいに到達したのかを振り返る場合が多いが，漠然と「振り返ってごらん」と投げかけて適切な振り返りができるようになるまでには，積み重ねが必要である。わかったことを振り返る，ねらいに対してどうだったのかを振り返るというように，何を振り返るのかを示すと子供は取り組みやすい。

　振り返るときのシンキングツールの例としては，PMIシートがある（図9-2）。P（Plus）にはできたこと，M（Minus）には頑張りたいことを書く。I（Interesting）は，PとMとは視点を変えて書く欄である。興味をもったことだったり，調べてみたいことだったり，自由な発想をメモするスペースである。

| P<br>プラス：Plus<br>いいところ | M<br>マイナス：Minus<br>だめなところ | I<br>インテレスティング：Interesting<br>おもしろいところ |
|---|---|---|
|  |  |  |

**図 9-2 ▶ PMIシート** （黒上ほか，2012）より

## 9-4　学習活動を組み入れた授業の実際

　大阪市立昭和中学校１年生の国語の授業（植田恭子教諭／現　都留文科大学非常勤講師）をもとに，学習活動を組み入れた授業の実際を学習過程の各段階に沿って，導入段階では「学習活動につながる導入」，展開段階では「学習活動のための準備」，まとめの段階では「学習活動後の振り返り」の視点で紹介する。

## 1）学習活動につながる導入

　本時のねらいは，「私たちが考える未来の教室」を１分間の動画で提案しアドバイスをし合う活動を通して，より伝わる動画を作成するために修正点を導き出すことである。

　ねらいに到達するためには，２つの「学習活動」が設定されている。１つは，他のグループの１分間の動画をタブレットで見て，２種類のアドバイスカード（ここはまねしたいカード・ここを工夫したらカード）に記入する活動である。もう１つは，他のグループからもらったアドバイスカードを，グループ内で分類し修正点を見極める活動である。

　導入では，めあてと活動を生徒がイメージできたら，教師は「用語」を提示し，アドバイスカードの書き方を指示した。この授業では，電子黒板とホワイトボードが目的に応じて使い分けられている（図9-3）。ホワイトボードには授業中ずっと生徒に見せておきたいことが書かれ，電子黒板にはその都度指示したいことが示されていた。ICTを使用することで必要なことを手際よく見せることができる。その一方で，画用紙に書いた手書き文字は，重要用語であるという意図が伝わってくる。

　このように，思考力を育てる授業では，導入段階において「学習活動」に子供の気持ちを連れていき，さらに，集中して取り組むための仕掛けがある。

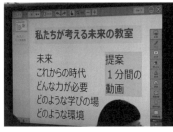 

図9-3 ▶目的に応じて電子黒板とホワイトボードを使い分ける
（大阪市立昭和中学校提供）

 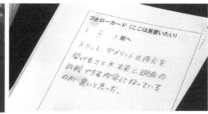

図 9-4 ▶ 活動 1 の様子　（大阪市立昭和中学校提供）

### 2）学習活動のための準備

　活動 1（図 9-4）では，1 分間動画を見るためのタブレットと，2 種類のアドバイスカードが準備されていた。導入時にそれぞれのアドバイスカードに書くことの指示が出ているので，生徒はその視点で動画を見ている。アドバイスカードは，目的別に 2 種類用意するだけでなく，一目でわかるように色分けしたり，手のひらサイズにしたりするなど，次の活動を視野に入れたうえでの工夫がある。

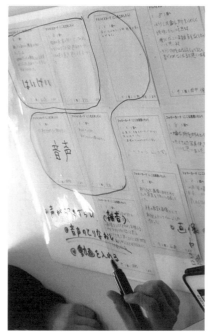

　活動 2（図 9-5）では，グループでの話し合い活動を助けるために，他のグループからもらったアドバイスカードを透明なシートの下に挟み，上から水性ペンで書き込むことができる文具が用意されていた。[図 9-5] のグループでは，音声に関するアドバイスをもとに修正点を話し合っている様子がわかる。また，グループ活動を行う場合，グループの人数，グルー

図 9-5 ▶ 活動 2 の様子
（大阪市立昭和中学校提供）

プ内の役割分担も事前に決めておく必要がある。

　このように，思考力を育てる授業では，学習活動を進めるための準備が活動ごとに必要になる。準備には，単元を通して繰り返し使うもの，本時のみ使用するもの，他の単元でも使ったことがあるものなど，使用頻度により使い方の説明の程度も変わってくる。

### 3）学習活動後の振り返り

　グループで修正点がはっきりしたら，今日の授業を活動で終わるのではなく，「アドバイスを受け，改善すること・さらに工夫すること」を個人でまとめる時間が設定されていた。この授業で用意されていたのはワークシートであり，生徒はそこにグループで見いだした修正点を書いていた。振り返りの時間では，学んだことを自分の言葉を紡いで文章で表現したり，めあてに対してどのように取り組んだのかを自己評価したりするなど，書いてまとめる方法がよく行われている。

　このように，活動に注いでいた視点を，ねらいへと結びつけたり，1時間の授業全体にもう一度広げたり，今日学んだ新たな概念を言語化することに向けたり，次の時間に行うことの整理へと進めたりすることは，思考力を育てる授業において欠かせない。なぜなら，活動に集中すると，教師も子供もそこに没頭し，活動を通して，どういう力をつけるのかを見失いがちになるからである。振り返りの時間は，視点を変えたり，広げたりする大切な時間でもある。授業の終わりの短い時間であったとしても，この時間があることにより，活動が学びになっていくことを心に留めておきたい。

【参考文献】
- 市川伸一（2008）『「教えて考えさせる授業」を創る』図書文化社
- 黒上晴夫・小島亜華里・泰山裕（2012）『シンキングツール〜考えることを教えたい』NPO法人学習創造フォーラム
  http://www.ks-lab.net/haruo/thinking_tool/（参照 2018/10/30）
- 塩谷京子（2016）『すぐ実践できる情報スキル50：学校図書館を活用して育む基礎

力』ミネルヴァ書房
- 塩谷京子（2019）『探究の過程におけるすぐ実践できる情報活用スキル55：単元シートを活用した授業づくり』ミネルヴァ書房
- 文部科学省（2007）「学校教育法等の一部を改正する法律について（通知）」http://www.mext.go.jp/b_menu/hakusho/nc/07081705.htm（参照 2018/10/30）
- 文部科学省（2015）『教育課程企画特別部会 論点整理』
- R. リチャート，M. チャーチ，K. モリソン著　黒上晴夫・小島亜華里訳（2015）『子どもの思考が見える21のルーチン』北大路書房

### 若い先生へのメッセージ

　教師・学生という立場で授業設計の方法を学ぶと，子供の頃に見えなかったことが見え始める。若い先生，そして教師を目指す学生の多くは，総合的な学習の時間を子供として受けた授業を思い描けるのではないだろうか。これらの記憶は，思考力・判断力・表現力を育成する授業を設計するときの一つの財産ととらえてほしいと考えている。わくわくしたことや夢中になったことだけでなく，失敗したことや直したいと思うことも，授業設計に生きるはずである。

　教師の仕事は，専門的な知識・技能が必要である。教わった体験があるからといって誰でも授業ができる訳ではない。知識・技能を積み重ねてわかることと，自身の経験も含め授業実践を重ねて気づくこと，この両方を教師は繰り返して成長していくことを伝えたい。

（塩谷京子）

# 第4部 児童生徒の情報活用能力の育成

## 第10章 児童生徒によるICT活用

▶学習のポイント

教科指導におけるICT活用のうち,児童生徒によるICT活用が求められる意義や期待される効果などについて教師によるICT活用と対比する形で概観し,その具体的な学習場面と,日常的な活用によりICTの基本的な操作を習得させる意義や方法について学ぶ。

教職課程コアカリキュラムとの対応　　（2）の1,（3）の2）

## 10-1　児童生徒によるICT活用の意義

現在，ICTが社会の基盤として重要性を増し，私たちの身の回りではコンピュータやスマートフォンなどのICT機器が日常的なものとなっている。さらにこれからの社会はSociety 5.0となり，IoT（Internet of Things）[1]ですべての人とモノがつながり，さまざまな知識や情報が共有され，今までにない新たな価値を生み出すことで，これまでの課題や困難を克服できるといわれている（内閣府）。これからの社会を生きる児童生徒にとって，ICTを活用できるようになることは不可欠である。

小・中学校学習指導要領（平成29年告示）（2017）において，情報活用能力が言語能力や問題発見・解決能力と並んで，学習の基盤となる資質・能力と位置づけられている。では情報活用能力とはどのような力なのだろうか。情報活用能力の育成に関して，全国21校の「情報教育推進校」で研究が行

表 10-1 ▶ IE-School における実践研究を踏まえた情報活用能力の要素の例示

| | | | 分類 |
|---|---|---|---|
| A.<br>知識及び技能 | 1 | 情報と情報技術を適切に活用するための知識と技能 | ①情報技術に関する技能<br>②情報と情報技術の特性の理解<br>③記号の組合せ方の理解 |
| | 2 | 問題解決・探究における情報活用の方法の理解 | ①情報収集、整理、分析、表現、発信の理解<br>②情報活用の評価・改善のための理論や方法の理解 |
| | 3 | 情報モラル・セキュリティなどについての理解 | ①情報技術の役割・影響の理解<br>②情報モラル・セキュリティの理解 |
| B.<br>思考力、判断力、表現力等 | 1 | 問題解決・探究における情報を活用する力<br>(プログラミング的思考・情報モラル・セキュリティを含む) | ※事象を情報とその結び付きの視点から捉え、情報及び情報技術を適切かつ効果的に活用し、問題を発見・解決し、自分の考えを形成していく力<br>①必要な情報を収集、整理、分析、表現する力<br>②新たな意味や価値を創造する力<br>③受け手の状況を踏まえて発信する力<br>④自らの情報活用を評価・改善する力　　　　等 |
| C.<br>学びに向かう力・人間性等 | 1 | 問題解決・探究における情報活用の態度 | ①多角的に情報を検討しようとする態度<br>②試行錯誤し、改善しようとする態度 |
| | 2 | 情報モラル・セキュリティなどについての態度 | ①責任をもって適切に情報を扱おうとする態度<br>②情報社会に参画しようとする態度 |

　われた IE-School 事業の報告書では，情報活用能力の要素を［表 10-1］のように例示している（文部科学省，2018a）。

　また，小学校学習指導要領（2017）では，各教科等の特質に応じて，「児童がコンピュータで文字を入力するなどの学習の基盤として必要となる情報手段の基本的な操作を習得するための学習活動」や「児童がプログラミングを体験しながら，コンピュータに意図した処理を行わせるために必要な論理的思考力を身に付けるための学習活動」を計画的に実施するとされている。

　情報活用能力やプログラミング教育については，別の章で詳細に扱うが，この章では特に，情報活用能力の要素の最初に「情報技術に関する技能」としてあげられ，学習の基盤として児童生徒に必要とされる ICT の基本的な操作について，その習得や活用について述べることとする。

## 10-2　児童生徒によるICT活用の効果

学習指導要領（2017）では，児童生徒によってICTを適切に活用した学習活動が想定されている。その充実のため，今後は，普通教室においても1人1台の持ち運びできるノートPCやタブレットPC等（以下，1人1台端末）を活用できる環境が整備されていくことになる。

児童生徒が1人1台端末を活用するようになったとき，どのような効果が現れるのだろうか。

文部科学省「学びのイノベーション事業」が総務省「フューチャースクール推進事業」と連携し，全児童生徒1人1台のタブレットPCと，すべての普通教室に電子黒板や無線LANが整備された実証校（小学校10校，中学校8校，特別支援学校2校）を対象として，平成23～25年に実証研究が行われた（文部科学省，2014a）。その結果（図10-1，図10-2）によると，1人1台端末において，学習全般に関する意識として，約8割の児童生徒が授業を肯定的に評価し，各種テストにおいて学力向上へ寄与していると考えられる。

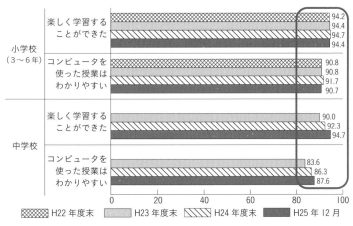

図10-1 ▶ 学びのイノベーション事業実証校の意識調査の結果

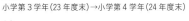
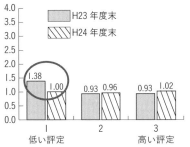
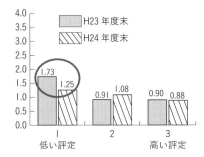

**図 10-2** ▶学びのイノベーション事業実証校のCRT（標準学力検査）の結果

図 10-1，2 ともに 2018 年のパンフレット（文部科学省，2018c）より

　また，ICT を活用した主体的・対話的で深い学びに関して，全国 5 校の「ICT 活用推進校」で研究が行われた ICT-School 事業の報告書では，児童が学習に用いたデジタルツール上のコメントやデジタルワークシートが評価に取り入れられている（文部科学省，2018b）。今後，児童生徒が 1 人 1 台端末を活用するようになり，データの収集や蓄積が容易になることで，より多面的・多角的な評価ができるようになることが期待できる。

## 10-3　教室の環境づくり

　本書第 7 章 7-2 では，教師による ICT 活用を想定した教室の環境づくりについて述べた。そこでも引用した「学校における ICT 環境整備の在り方に関する有識者会議（最終まとめ）」によると，児童生徒が学習に使うコンピュータは，実際の整備状況を踏まえると，当面，各クラスで 1 日 1 授業分程度を目安とした活用が保障されるよう，3 クラスに 1 クラス分程度の端末の配置を想定することが適当としている（文部科学省，2017）。しかし，本来的には「1 人 1 台専用」が整備されることが望ましい，としているので，ここでは「最終まとめ」や先進校の取り組み（堀田・足代小，2013／堀田・藤の木小，2014／堀田・春日井市教委・出川小，2015）を参考にし

ながら，1人1台端末の活用を想定した教室のICT環境づくりについて述べる。

#### ①1人1台端末

教師によるICT活用と同様に，1人1台端末が整備されたからといって，毎時間，授業の初めから終わりまで活用するわけではない。授業によって，活用する時間・しない時間があり，活用する1単位時間の中でも，活用する時間帯・しない時間帯がある。だ

図10-3 ▶ 1人1台端末環境
（文部科学省，2018c）

からこそ，1人1台端末は持ち運びのできるノートPCやタブレットPC等が想定されている。また，小学校学習指導要領（平成29年告示）解説総則編（2017）では，確実に身に付けさせるべき基本的な操作の一つとして，キーボード入力をあげているので，タブレット端末を導入するとしても，Bluetoothなどで接続できるキーボードを整備したい。さらに，不具合や充電忘れに備え，予備として数台準備しておくとよい。

#### ②学習用ツール

教室で児童生徒が1人1台端末を活用できるようになれば，さまざまな学習活動を展開することが可能となる。想定される授業場面は本章10-5で述べるが，それらを実現するためには，ワープロソフトや表計算ソフト，プレゼンテーションソフトなど，各教科や総合的な学習の時間等で共通に活用できる学習用のツールの導入は必須である。なお，学習用ツールには，児童生徒用に開発された統合型ソフトやビジネスで使われている一般的なソフトを使うことが考えられる。

#### ③大型提示装置・実物投影機・指導者用コンピュータ

これら教師が使用するICT機器については，本書第7章7-2の2）にまとめられている。なお，児童生徒が1人1台端末を活用する授業を効率的に進めることを考えると，指導者用コンピュータには，児童生徒の端末画面

を一覧したり，それぞれの画面やコンテンツを選んで提示したりできるようなソフトが導入されていることが望ましい。

### ④無線 LAN システム

児童生徒の1人1台端末は持ち運びのできるものであるから，校内 LAN やインターネットへの接続は無線ということになる。児童生徒全員が教室のどこからでもストレスなくネットに接続できるような無線 LAN システムが必要であり，同時接続台数や接続可能範囲を考慮に入れて整備し，学習がスムースに進むことを期待したい。

なお，端末の持ち帰りが想定される場合などは，LTE（4G）[(2)] 等の活用も考えられる。

### ⑤充電保管庫

1人1台端末は，授業で使わないときはまとめて置いておくとよい。まとめて保管しながら充電のできる充電保管庫があると便利であり，スペースが限られている教室では，必要に応じて移動できる可動式のものが望ましい。

図 10-4 ▶ 充電保管庫

### ⑥データ共有スペース

撮影した写真などのデータを学級全員で共有したり，レポートや新聞，プレゼンテーションなどを協働制作したりするのに，データを共有するスペースがあるとICTを活用した学習活動をスムースに進めたり，作成したデータを簡単に蓄積しておくことができる。

データを共有できるスペースは，大きく分けて2通りの方法が考えられる。

・校内サーバー　校内 LAN を使って接続できるサーバーにデータを置く。サーバーについては，自治体単位で教育委員会が設置しているところもある。

・クラウド　インターネットを使って接続できるクラウドスペースにデータを置く。ただし十分なセキュリティ対策が必要であり，教育委員会が一元管

理するパブリッククラウドを活用することが望ましい。

**⑦学習規律づくり**

これは機器の整備ではないので「最終まとめ」にはないが，1人1台端末環境において，教師は学習規律やタブレットPCの操作技能が必要だと感じることが明らかになっている（八木澤ほか，2017）。

具体的には，先生や友達が話しているときは，端末を見たり操作したりしないことなどがあげられる。また，端末が自分専用であれ，他のクラスとの共用であれ，各自が責任をもって大事に扱う必要がある。

このような指導は，例えば発表の仕方やノートの使い方などの学習規律と同じで，最初に丁寧にしておくと徹底しやすい。また，全校で統一しておけば，学年が変わるたびに指導をする必要もなくなる。

**⑧留意事項**

1人1台端末の環境では，目の疲労や姿勢など，健康面への影響も懸念されるため，文部科学省は活用の留意点をガイドブックにまとめている（2014b）。また，人間工学の観点からJES子どものICT活用委員会が「学校におけるICT機器活用に関する人間工学ガイドライン」を検討している（柴田ほか，2017）。留意点として，「教室環境」では，蛍光灯や太陽光の映り込み，カーテンの使用，実物投影機と電子黒板に関する配慮など，「見る・読む」では姿勢や視距離，映り込みを防ぐ工夫として傾けることなど，「書く・描く」では，ペンの持ち方や姿勢など，「撮る」では，撮影のブレを防ぐことや映像酔いへの配慮など，「発表する」では，グループの人に見やすいような配慮などがあげられている。

図10-5 ▶ ICT活用の人間工学ガイドラインを示すイラスト案 （柴田ほか，2017）

## 10-4　ICT活用のために必要な基本的な操作

児童生徒が1人1台端末を授業で活用するためには，操作や学習指導の規律を身に付けておくことが前提となる。

小学校学習指導要領（平成29年告示）解説総則編（2017）第3章 第3節の1（3）に，「コンピュータ等や教材・教具の活用，コンピュータの基本的な操作やプログラミングの体験」として，以下の記述がある。

> 第2の2の（1）に示す情報活用能力の育成を図るため，各学校において，コンピュータや情報通信ネットワークなどの情報手段を活用するために必要な環境を整え，これらを適切に活用した学習活動の充実を図ること。また，各種の統計資料や新聞，視聴覚教材や教育機器などの教材・教具の適切な活用を図ること。
> 　あわせて，各教科等の特質に応じて，次の学習活動を計画的に実施すること。
> ア　児童がコンピュータで文字を入力するなどの学習の基盤として必要となる情報手段の基本的な操作を習得するための学習活動
> イ　児童がプログラミングを体験しながら，コンピュータに意図した処理を行わせるために必要な論理的思考力を身に付けるための学習活動

イのプログラミング教育については，本書第13章に整理されている。

アについて，「学習の基盤として必要となる情報手段の基本的な操作」を身に付けさせる学習活動を，各教科等の授業で計画的に実施することが求められている。小学校では，情報手段に慣れ親しませることから始め，学習活動を円滑に進めるために必要な程度の速さでのキーボードなどによる文字の入力，電子ファイルの保存・整理，インターネット上の情報の閲覧や電子的な情報の送受信や共有などの基本的な操作を身に付けることが必要とされている。中学校の総則編には操作に関する記述はなく，だからこそ小学校段階で確実な習得が求められているのである。ここでは，先にあげたIE-Schoolの取り組みによる情報活用能力の体系表例（表10-1）における，「情報技術に関する技能」の5段階のステップ（文部科学省，2018a）を参考にしながら，基本的な操作の具体のめやすや，それを身に付けさせるための学習活

動を紹介する（執筆時，ステップは5段階で，ステップ①が小学校低学年，ステップ⑤が高等学校修了段階で，ステップ⑤の内容のみ検討中）。

**①情報手段に慣れ親しませる**

| Step ① コンピュータ起動や終了，デジタルカメラなどの基本操作 | Step ② | Step ③ | Step ④ |
|---|---|---|---|
| | | | |

　本章10-3でも触れたが，1人1台環境の場合，端末の扱い方や学習規律を最初に丁寧に指導する必要がある。具体的には，端末の出し入れの仕方や持ち方，置き方，起動・終了の仕方，コンピュータやネットワークへのログインの仕方，充電の仕方，マウスやスタイラスペンの使い方やタッチ操作，音量や画面の明るさの調節，充電量の確認の仕方などがある。学習規律としては，机上の教科書・ノートと端末の置き方や，先生や友達の話を聞くときには，画面を閉じたりスタイラスペンをしまったりして，端末を見たり操作したりしないことなどがある。

　端末を活用した学習活動を考えている授業のはじめに，まずこれらの指導を行うとよい。先進的に実践されている学校の中には「タブレット開き」として1時間設定して，丁寧に指導をしているところもある。コンピュータ室の場合は，生活科での学校探検の一環として指導を行うことも考えられる。児童用の統合型ソフトには，マウスの操作を練習するツールが入っているものがあるので，活用するとよい。

　デジタルカメラなどの操作は，特に指導しなくても児童生徒は慣れていると思われる。ただし，ぶれないようにすることや，必要に応じたアップ（拡大）・ルーズ（広範囲）の使い分けなどは，観察等の記録をさせる学習に合わせて指導しておきたい。なお，タブレット端末のカメラ機能ならば写真の取り込みなどの指導は必要なくなる。

**②キーボードなどによる文字の入力**

| Step ① | Step ② キーボードなどによる文字の正しい入力方法 | Step ③ キーボードなどによる文字の正確な入力 | Step ④ キーボードなどによる十分な速さで正確な文字の入力 |
|---|---|---|---|
| | | | |

　キーボード「など」とあるので，タブレット端末ではフリック入力や音声

入力を使うことも考えられる。しかし、「学習活動を円滑に進めるために必要な程度の速さ」が求められていることを考えると、指導を行ったうえで練習をさせ、キーボードによる速くて正確な入力を身に付けさせたい。

図10-6 ▶ キーボー島アドベンチャー
（スズキ教育ソフト）

国語科の第3学年でローマ字を学習するが、第3学年から始まる総合的な学習の時間でコンピュータなどを活用していくことを考えると、学年の早い時期にローマ字を学習した後、キーボード入力の指導も行いどちらも継続的に練習させるとよい。児童用の統合型ソフトにキーボード入力練習のツールが入っているものもあるし、無料のウェブサービスも公開されている。ウェブサービスの一つ、「キーボー島アドベンチャー」は、堀田ら（2005）が小学生向けに開発し、その効果も実証されていて、2018年10月末現在、全国で7,199校、教員22,611人が登録している。ゲーム仕立てで、進級とともに入力が上達するようになっているが、一朝一夕で身に付くものではない。教員は進級状況の把握ができるので、賞賛や励まし、競争などによって、意欲の持続化を図りたい。

なお、「必要な程度の速さ」のめやすは示されていないが、例えば社会人向けのICT検定を行っているICTプロフィシエンシー検定協会（P検）によると、「ICTの基礎的な知識・技能を有する人材」とする最も低い4級が、5分で225字以上の入力を想定している。また、「キーボー島アドベンチャー」では、最も高い級である1級には、先進的に実践を進めている学校でスキルの高い児童を想定して、1分間に50字の入力が設定されている。

### ③電子ファイルの保存・整理

| Step ① 電子ファイルの呼び出しや保存 | Step ② 電子ファイルの検索 | Step ③ 電子ファイルのフォルダ管理 | Step ④ 電子ファイルの運用（圧縮・パスワードによる暗号化、バックアップ等） |
|---|---|---|---|

1人1台端末環境で、データを共有したり、協働学習を行ったりするとき、ファイル名を工夫しないとほかの人にわかりにくく、また、ファイルの保

存・整理が正しくできないと，ほかの人のデータを上書きしたり，削除してしまったりすることになる。指導する操作の内容としては，新しいファイルに適切な名前を付けて保存することや上書き保存，別名での保存，フォルダを開くことや新しいフォルダの作成，ファイル・フォルダの移動やコピー，削除などがある。

　初めて作品制作をするときなどに合わせて指導するとよい。ファイル名やフォルダ名は，作品・活動の内容や自分の名前など，ほかの人から見てもわかりやすくなることを意識させるとよい（堀田，2010）。

④**学習用ツール**

| Step ① 画像編集・ペイント系アプリケーションの操作 | Step ② 映像編集アプリケーションの操作 | Step ③ 目的に応じたアプリケーションの選択と操作 | Step ④ 目的に応じた適切なアプリケーションの選択と操作 |
| --- | --- | --- | --- |

　学習用ツールとしては，上記にあげられているソフト以外に，本章10-3の環境づくりのところでもあげたワープロ，表計算，プレゼンテーションなどのアプリケーションがある。導入されるものによって操作が異なる部分があるので，ここで詳細には触れないが，特に学校向けにつくられているものは，画面がわかりやすく，操作が簡単になっていて，指導に多くの時間をかけなくても使えるようになってきている。

　学習活動の中ではじめは一斉に全員で使わせるようにして，最低限必要な機能を指導する。それから，さまざまな教科等・単元や題材で繰り返し，「学習の道具」として使う場面を設定してだんだん慣れさせる。目的に応じた選択や操作が適切にできるようにしていく。

⑤**インターネット上の情報の閲覧・電子的な情報の送受信や共有**

| Step ① | Step ② インターネット上の情報の閲覧・検索 | Step ③ 電子的な情報の送受信や AND，OR などの論理演算子を用いた検索 | Step ④ クラウドを用いた協働作業 |
| --- | --- | --- | --- |

　1人1台端末環境で，例えばインターネットを使って調べ学習を行う際に，操作が身に付いていないと調べるのに時間がかかるうえ，教師は操作のフォローに追われ，教科等の目標達成がおろそかになってしまう。インターネット上の情報の閲覧の指導は，段階を追って丁寧に指導したい。

身に付けさせるための学習活動は，各教科や総合的な学習の時間のさまざまな場面で想定できる。ここでは，操作の指導を2段階に分けて紹介する。

最初の段階として，ブラウザの起動・終了，リンクのクリックや［戻る］・［進む］ボタンによるページ移動，タブやウィンドウの切替などがある。いきなり検索させるのではなく，まずは閲覧するページやリンク集を教師が指定したり，あらかじめ関連するページをブックマークに入れておき，そこから選ばせたりする。それから，「Yahoo! きっず」のようなディレクトリ型検索(3)を使って調べたいページを各自閲覧させる。なお，最初の指導時期は第3学年頃だと思われるが，この頃は読めない漢字や意味のわからない言葉も多い。国語辞典や「Yahoo! きっず」の読みがなを付ける機能の利用，わからない言葉をさらに検索することなども指導するとよい。

ブラウザでの閲覧に慣れてきたら，次の段階として，GoogleやYahoo! Japanなどの検索サイトを使ったキーワード検索の仕方を指導する。検索窓へのキーワード入力，［検索］や虫眼鏡のボタンのクリック，検索結果から，コメント等を参考に目的のページを探してリンクをクリックすることなどがある。検索に慣れてきたら，すべての条件を満たすANDやいずれかの条件を満たすOR，その条件を除外するNOTなど，論理演算子を使って，検索する範囲を広めたり，絞ったりできるようにする。また，引用のために文章や画像をコピーする操作の指導も考えられるが，その場合は，出典を明記することなど著作権の指導も必ず行うようにする。

電子的な情報の送受信や共有について，以前は，他校や外部の方とのやりとり，交流などは電子メールや電子掲示板，TV会議システムなどが使われていた。しかし現在では，クラウドサービスを使ったデータのやりとりやSNSを使ったテキスト・音声・映像での交流が可能になっている。操作や情報のやりとりが簡単になれば，学習活動の可能性が広がるが，相手を尊重する必要があることは変わらず，セキュリティにはいっそう注意しなくてはならない。なお，これらのことに関連して情報モラル教育は第12章を，情報セキュリティは第15章に整理されている。

## 10-5　児童生徒によるICT活用の授業場面

本章10-4で引用した小学校学習指導要領解説総則編（2017）第3章第3節1（3）「コンピュータ等や教材・教具の活用，コンピュータの基本的な操作やプログラミングの体験」にあげられている学習活動は次のものである。

> ○文章を編集したり図表を作成したりする学習活動
> ○様々な方法で情報を収集して調べたり比較したりする学習活動
> ○情報手段を使った情報の共有や協働的な学習活動
> ○情報手段を適切に活用して調べたものをまとめたり発表したりする学習活動

中学校学習指導要領解説総則編（2017）では，「適切に活用した学習活動の充実を図る」とあるだけで，例はあげられていないので，これが小・中学校で想定されている学習活動だといえる。

小・中学校の学習指導要領解説には，ICTを活用した学習活動があげられている。主なものは以下のとおりである。（文章は筆者が加除している）

> 小学校
> 　[国語] 発表の様子を録画し振り返る。
> 　[社会] 統計，写真などの資料やコンピュータを使って，調べて，図表などにまとめる。
> 　[算数] データを表に整理した後，コンピュータを用いていろいろなグラフに表す。
> 　[理科] 映像や模型，図書，コンピュータシミュレーションで調べる。
> 　[生活] 町探検で見付けたことをデジタルカメラやタブレット端末で撮影し発表する。
> 　[音楽] 創作用ソフト等を活用して試行錯誤し，リズムや旋律をつくる。
> 　[音楽] 自分の演奏をICレコーダーで録音する。
> 　[図工] コンピュータで，何度でもやり直したり，色を変えたりして様々に試す。
> 　[図工] 鑑賞活動で作品や作品に関する情報をインターネットから検索する。
> 　[家庭] グループごとに実験し，気付いたことをコンピュータを活用して共有する。
> 　[家庭] 包丁の使い方をタブレット端末で撮影し合い，繰り返し再現する。
> 　[体育] 走りや跳び方の様子をタブレットやデジタルカメラなどを活用して確認する。
> 中学校（総合以外もあるが，小学校と同様の学習活動なので省略）
> 　[総合] 収集した情報は数学科や国語科，技術・家庭科を生かして統計処理し，コンピュータでまとめ，深く分析する。さらに結果をプレゼンテーションにまとめる。
> 障害のある児童生徒への配慮事項（小学校・中学校とも）
> ・声を出した発表が困難な場合や，人前で話すことが不安な場合は，紙などに書いたものを提示したり，ICT機器を活用して発表したりする。
> ・時間をかけて観察をすることが難しい場合にはICT教材を活用する。

ICT-School の報告書にも，学習指導要領と各教科等の解説における ICT を活用した学習活動の抜粋が掲載されている。

　学びのイノベーション事業の報告書のポイント（文部科学省，2018c）では，ICT を活用した学習場面を［図 10-7］のように整理している。この報告書や ICT-School の報告書（文部科学省，2018b）には，ICT を活用した学習活動が位置づけられた場面・授業・単元の事例が多く紹介されているので参考にしたい。

　基本的な操作の指導だけ行っても，それが活用されなければ習熟されない。もちろん，操作の指導なしでは，ICT を活用した学習活動はスムースに進まない。例えば，デジタルカメラを授業以外でも日常的に活用させることで，低学年でも操作が習得され，教科の学習に活用できるようになった事例がある（宇田ほか，2005）。写真を使ったスピーチやキーボード入力の練習，学級日誌作成など，授業以外にも操作の指導や活用の機会を設けながら，カリキュラム・マネジメントを推進し，教科等の学習活動で積極的に活用させることで，操作の習得が徹底される（堀田，2012）。

　さらに今後は，先進的に実践され，既に成果が確認されている動画を使っ

**図 10-7 ▶学習場面に応じた ICT 活用事例**　（文部科学省，2018c）

た授業（三井，2016）や反転学習（佐藤ほか，2016），e-ラーニング（荒木ほか，2017）などの取り組みも広まっていくと考えられる。

【注】
(1) Internet of Things。あらゆるものがインターネットに接続されること。
(2) LTE。4G ともいう。携帯電話回線を使った移動通信システム。
(3) ディレクトリ型検索とは，カテゴリに分けられた検索のこと。人手で登録されており，検索結果の一覧から目的のページを見つけやすい。インターネットの発達によるウェブページの増加で，最近はロボット型検索（キーワードを元に自動的にページを収集）が主流。「Yahoo! きっず」は現在も人手で登録していて，小学生に適さないページが表示される心配がない。

【参考文献】
- 荒木貴之・齋藤玲・堀田龍也（2017）「非同期型 e ラーニングにおける中高生の調整学習の特徴の分析」『教育メディア研究』23（2），pp.1-14
- 宇田智津・野中陽一（2005）「低学年における情報機器を活用した授業実践の報告：デジタルカメラを活用した情報教育」『和歌山大学教育学部教育実践総合センター紀要』15，pp.15-20
- 佐藤和紀・深見友紀子・齋藤玲・森谷直美・堀田龍也（2016）「小学校高学年におけるリコーダーの演奏技能向上を目指した完全習得型反転学習と評価」『教育システム情報学会誌』33（4），pp.181-186
- 柴田隆史・斉藤進・青木和夫・岡田衛・窪田悟・栗田泰市郎・外山みどり・久武雄三・宮本雅之・吉武良治（2017）「学校における ICT 機器活用に関する人間工学ガイドライン」『人間工学』53，pp.206-207
- スズキ教育ソフト「キーボー島アドベンチャー」 http://kb-kentei.net/
- 内閣府ウェブサイト「Society 5.0」 https://www8.cao.go.jp/cstp/society5_0/index.html （2018 年 10 月閲覧）
- P 検 -ICT プロフィシエンシー検定協会 https://www.pken.com/
- 堀田龍也（2010）『わたしたちとじょうほう 3 年 4 年（改訂版）』学研教育みらい
- 堀田龍也（2012）『管理職・ミドルリーダーのための「校務の情報化」入門』教育研究開発所
- 堀田龍也・高橋純（2005）「キーボー島アドベンチャー：検定機能を実装した小学生向け日本語キーボード入力学習システムの開発と評価」『日本教育工学会論文誌』29 No.3, pp.329-338
- 堀田龍也・東みよし町立足代小学校（2013）『足代小学校フューチャースクールの

キセキ』教育同人社
- 堀田龍也・広島市立藤の木小学校（2014）『藤の木小学校 未来の学びへの挑戦』教育同人社
- 堀田龍也・春日井市教育委員会・春日井市立出川小学校（2015）『学習規律の徹底とICTの有効活用－わかりやすい授業の実現をめざして－』教育同人社
- 三井一希（2016）「授業内での動画視聴を取り入れた小学校算数科の授業デザイン」『日本教育工学会論文誌』40（Suppl.），pp.41-44
- 文部科学省（2014a）『学びのイノベーション事業実証研究報告書』
- 文部科学省（2014b）『児童生徒の健康に留意してICTを活用するためのガイドブック』
- 文部科学省（2017）「学校におけるICT環境整備の在り方に関する有識者会議（最終まとめ）」
- 文部科学省（2018a）『情報活用能力を育成するためのカリキュラム・マネジメントの在り方と授業デザイン』
- 文部科学省（2018b）『主体的・対話的で深い学びの実現に向けたICT活用の在り方と質的評価』
- 文部科学省（2018c）『ICTを効果的に活用した子供たちの主体的な学びの実現へ～学びのイノベーション事業実証研究報告書のポイント～』
- 八木澤史子・堀田龍也（2017）「1人1台端末の環境における若手教師とベテラン教師のICT活用に対する意識比較」『教育メディア研究』23（2），pp.83-94
- Yahoo! きっず　https://kids.yahoo.co.jp/

若い先生へのメッセージ

> あなた自身はICTやインターネットを使うことは得意ですか？
> 得意な人，自分が教える立場になるということを自覚したうえで，どんどん活用させてください。苦手な人，例えば泳ぎが苦手でも水泳指導はしないといけないですよね。ICT活用も同じで，これからの子供たちには絶対に必要なことです。私だってコンピュータを使うようになったのは仕事を始めてから。でも今はその使い方や指導の仕方を教える立場です。子供とともに学びながらでもいいと思うので，頑張って活用させてください。

（渡邉光浩）

# 第11章 情報活用能力の育成

▶学習のポイント

小学校の情報教育について,情報活用能力の定義と,その育成の動向について概観したうえで,学校現場での取り組みについて,情報教育を研究主題として実践に取り組んでいる学校の校内研究を例にあげて紹介する。また,情報活用能力を育成する教材開発について,各教科・領域の中で指導する教科横断型教材と,独立した教科をもとに指導する教科型教材について学ぶとともに,これらを活用した授業実践から,情報活用能力の指導法について理解を深める。

**教職課程コアカリキュラムとの対応** （2）の2,（3）の2

## 11-1　小学校での情報活用能力を育成するための方策

　学習指導要領（平成29年告示）（2017）では情報活用能力が言語能力,問題発見・解決能力と並び「学習の基盤となる資質・能力」として重要視されている。それに伴い,学校教育の中で情報活用能力をどのようにして育成すればよいのかについて注目が集まっている。では,情報活用能力とはどのような力なのだろうか。文部科学省によれば『教育の情報化に関する手引』（文部科学省,2009）において情報活用能力を「情報活用の実践力」「情報の科学的な理解」「情報化社会に参画する態度」として定義している。

　情報活用能力の定義によれば,コンピュータなどの情報手段を活用する力だけでなく,情報そのものをどのように活用するのかということについても言及されていることがわかる。これらの定義をもとに2011年に公表された「教育の情報化ビジョン」では,情報活用能力を育成するための教材開発が求められ,その後に多種多様な教材が数多く開発されてきた（文部科学省,2011）。

　近年では平成25年から26年にかけて,児童・生徒の情報活用能力の習

得状況を測定する情報活用能力調査が行われ，平成 27 年に児童・生徒の情報活用能力に関する傾向が示された。この調査で示された小学生の傾向は，「整理された情報を読み取ることはできるが，複数のウェブページから目的に応じて，特定の情報を見つけ出し，関連付けることに課題がある」「情報を整理し，解釈することや受け手の状況に応じて情報発信することに課題がある」「自分に関する個人情報の保護については理解しているが，他の写真をインターネット上に無断公表するなどの他人の情報の取扱についての理解に課題がある」の 3 点が明らかになった（文部科学省，2015）。また，OECD の国際成人力調査（PIAAC）では，読解力，数的思考力の 2 分野において平均得点で参加国中第 1 位であったが，IT を活用した問題解決能力については，「コンピュータ調査を受けなかった者を母数に含めたレベル 2・3 の者の割合で見ると OECD 平均並みに位置する」という結果で，IT を活用した問題解決能力に課題が見られた（文部科学省，2013）。

　これらの課題解決の一環として，小学校学習指導要領（2017）で次のように記述されている。

> 児童の発達の段階を考慮し，言語能力，情報活用能力（情報モラルを含む。），問題発見・解決能力等の学習の基盤となる資質・能力を育成することができるよう，各教科等の特質を生かし，教科等横断的な視点から教育課程の編成を図るものとする。(第 1 章 総則　第 2 の 2 (1))

このように教科横断的に情報活用能力を育成することができるよう，情報教育推進校（IE-School）で調査研究が実施され（文部科学省，2018），情報活用能力が体系的に整理された。この調査では，学習の基盤となる資質・能力としての情報活用能力を，「知識及び技能」「思考力，判断力，表現力等」「学びに向かう力・人間性等」の「3 つの柱」で整理している（本書第 10 章の［表 10-1］）。この体系表を踏まえることで，児童生徒の発達の段階を考慮し，また，それぞれの教科等の役割を明確にしながら，教科横断的な視点で情報活用能力を育成することができる。

　以上のように，情報活用能力を育成するためにさまざまな方策が講じられ

ている。次項では，情報活用能力を育成するために開発された教材や授業実践について述べる。

## II-2　情報活用能力を育成するための教材開発

### 1) 教科横断型で情報活用能力を育成するための教材開発

次に，教科横断型で情報活用能力を育成するために開発された教材である「情報学習支援ツール」とNHK学校放送番組『しまった！情報活用スキルアップ』について紹介する。

#### ①情報学習支援ツール

「情報学習支援ツール」は，京都市総合教育センター・研究課の研究で開発された「情報教育スタンダード」をもとに，情報活用の実践力を育成するための実践授業を6年間積み重ねて開発された教科横断型の教材である。情報学習支援ツールには，「学習支援カード(別名 実践カード)」，「情報ハンドブック」，「情報ハンドブックデジタル版」がある。[1]ここでは，3つのベースとなっている学習支援カードについて述べる。

学習支援カードとは，情報活用の実践力を育成することにつながる学習活動（以下情報活動）を課題解決的な学習過程で整理し，一覧表にしたものであり1年から6年までのすべての学年のカードがある。カードは「情報を集める」「情報をまとめる」「情報を伝える」の3つの領域で構成されている。これらの領域設定は高比良ほか（2001）が示した「情報活用の実践力という上位概念の下に，収集力，判断力，表現力，創造力，発信力，伝達力という6つの下位概念を持つモデル」から，酒井ほか（2006）がこのモデルをもとに情報活用の実践力育成プログラムを開発する際に「集める，まとめる，伝える」活動を中心目標に位置づけたことを参考に設定されている。

また，それぞれの領域は細分化され，次のような中領域が設定されている。
A.「情報を集める」領域
　「情報を集める方法を選ぶ」

「必要な情報を選ぶ」
「情報を整理する」
B.「情報をまとめる」領域
　「情報をまとめる方法を選ぶ」
　「情報のまとめ方を選ぶ」
　「わかりやすく，伝わりやすくまとめる」
C.「情報を伝える」領域
　「情報を伝える領域を選ぶ」
　「聞いている人にわかりやすく伝える」
　「聞いたことや書かれたものを見て，伝え合う」

図11-1 ▶「情報学習支援ツール」の学習支援カード3年生版

　さらに，中領域の中には情報活動が児童にわかる文言で示されている。このように学習過程を領域ごとに示すことで，すべての教科・領域の学習で課題解決的な学習の流れを意識して学習を進めることができるようになると考えられる。また，領域の中に情報活動が示されていることにより，児童が学習を進める際に，どのような情報活動（学習方法）があるのかを確認し選択することができ，主体的に学習を進めることに対する意欲を高めることにつながると考えられる。

　学習支援カードはラミネート加工し，下敷きとして携帯させることで，各教科・領域の学習課題や学習計画を設定する活動や，学習を振り返る活動で情報教育の視点から学習を見ることができるようになる。このことが，児童の情報活用の実践力についての理解を深め，各教科・領域の学習の中で，これらの力を効果的に育成することにつながると考えられる。

② NHK学校放送番組『しまった！ 情報活用スキルアップ』

　NHK学校放送番組『しまった！情報活用スキルアップ』（以下，『しまっ

た！』) は平成28年度に制作された情報活用能力を育成するための学校放送番組である。[2] 本番組では情報活用能力を情報活用スキルとして紹介し，その力を高める方法を紹介している。番組が放送され，「NHK for School」ウェブサイトで配信が始まった際に，番組を視聴した後の授業展開の例が欲しいとの要望が多かったことから，翌年に番組視聴後の演習教材が開発され，新たにウェブサイトで配信されることとなった。

『しまった！』は，10分間の番組で，全10回で構成されている。全10回は「調べる」「まとめる」「伝える」という3つのテーマで構成されており，1話ごとに特定の情報活用スキルに絞って番組がつくられている（表11-1）。

10分間の番組の流れは全10回共通しており，番組前半でテーマとなる情報活用スキルが発揮されずに失敗するシーンが紹介され，後半でできるようになるためのポイントが3点紹介されるという流れでつくられている。木村ほか（2017）は，番組を視聴しての情報活用スキルに対する発見数について調べ，本番組を視聴することで児童が「番組最後に示される3点よりも多く情報活用スキルについての発見をすることができた」と示している。このことから，本番組の視聴を取り入れた授業設計によって，情報活用能力の理解や習得が深まると考えられる。

**表11-1 ▶『しまった！』番組テーマ**

| 放送回 | | 番組のテーマ |
| --- | --- | --- |
| 1 | 調べる | インタビュー |
| 2 | | 写真撮影 |
| 3 | | インターネット検索 |
| 4 | まとめる | 情報を整理する |
| 5 | | 考えを整理する |
| 6 | | 表とグラフで表現する |
| 7 | 伝える | 話す力を高める |
| 8 | | プレゼンテーションを作る |
| 9 | | 新聞づくり |
| 10 | | よりわかりやすく・具体的に |

『しまった！』を視聴した後に取り組む演習教材は，番組の教師用ウェブページに公開されている。全話に対応する問題があり，各話ごとに，「ふりかえろう」のワークシートと「もっとチャレンジ」のワークシートが掲載されている。「ふりかえろう」の演習教材では，番組で紹介された3つのポイントについて確認する問題，ポイント

を意識することでどのような効果があるのかを考えさせる問題，ポイントとしてあげられたことを理解しやすくするような問題が設定されている。

また，「もっとチャレンジ」（図11-2）では，番組で紹介された情報活用スキルを体験するような問題が設定されている。例えば，第5回では，番組でスマートフォンが便利な理由と根拠をフィッシュボーン図で整理する方法が紹介されており，演習教材ではコンビニエンスストアが便利な理由と根拠を同じように整理する問題が設定されて

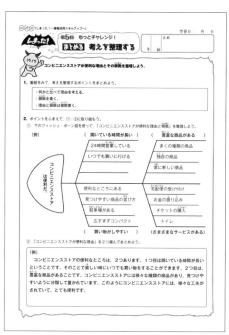

図11-2 ▶『しまった！』第5回演習教材「もっとチャレンジ」（NHK for School ウェブサイトより引用。2019/1/7 参照）

いる。このように，番組で紹介されたことを追体験することで，情報活用スキルに対する理解が深まると考えられる。木村ほか（2018）は，『しまった！』を視聴した後，演習教材に取り組む授業を受けた児童の理解度について調査している。その結果，「番組を視聴した後に，情報活用スキルに対する理解度が最も高まるが，演習教材に取り組んだり，取り組んだことを友達と交流したりすることにより，児童が自らの情報活用スキルを振り返り，これらの力に対する課題に気づくことができるようになる」と示している。このことから演習教材に取り組むことにより，児童の情報活用スキルに対する理解をさらに深めることにつながると考えられる。

## 2）教科型で情報活用能力を育成するための教材開発

　京都教育大学附属桃山小学校では，平成23年度から4年間にわたり，文部科学省研究開発指定を受け，小学校課程における情報教育を核とする新教科「メディア・コミュニケーション科（以下 MC 科）」を開発した。その後，平成27年度から文部科学省教育課程特例措置校の指定を受け，現在も研究が継続されている。

　同校では，MC 科の開発に伴い平成27年度に本教科の学習指導要領試案や実践事例集を作成している。しかし，これらの資料だけでは，人事異動等で着任した教師が本教科の理解を深め，児童の指導にあたることが困難であった。そこで，同校は，すべての教師が情報活用能力を育成する指導を効果的に行うことができるように，本教科の教科書開発に取り組んだ。堀田ほか（2012）は，同校が教科書開発に取り組む以前に，小学校段階で情報に関する独立教科が設置されることを想定して情報テキストを開発している。このようにテキストに整理することにより「これを見た教員は各教科での指導場面で，情報教育の系統性を意識して学習指導を行うことができる」としており，教科書開発が情報活用能力の効果的な指導につながると考えられる。

　MC 科教科書の開発は，平成27年度から3年間にわたって実施された。1年目は，MC 科の単元を見直し，すべての単元の詳細な実践記録を蓄積し，本教科の指導内容を確定した。2年目は，教科書の紙面構成を確定し，教科書の試作版を作成した。また，それを活用した実践授業が行われた。そして，3年目は，試作版での実践をもとに記述内容や紙面構成の充実を図り，教科書を完成させた（図11-3）。この3年間の歩みの中で，教科書開発の根幹となった2

**図11-3 ▶ MC 科教科書**

表 11-2 ▶ MC 科の基本方針と教科書開発の重点の関係 （京都教育大学附属桃山小学校, 2017）

| MC 科の教科の基本方針 | MC 科教科書開発の重点 |
|---|---|
| ① 21 世紀型情報活用能力の育成<br>②メディアとコミュニケーションを一体とした指導<br>③課題解決を主体とした指導 | ① 21 世紀型情報活用能力について記載する。<br>②コミュニケーションを前提としたメディアの特性について記載する。<br>③課題解決的な学習過程について記載する。 |

年目の研究について紹介する。

2年目の研究では、教科書の紙面構成を確定させ試作版が開発された。教科書開発について、本教科の目標を達成するための指導方法として示された基本方針をもとに、教科書開発の重点が3点設定された（表11-2）。

重点① 21 世紀型情報活用能力について記載する

単元名や1時間毎の課題を示した節タイトルに、21 世紀型情報活用能力がイメージしやすい文言で設定されている。例えば、4年生で学習する「プレゼンテーションで考えを伝えよう」の単元であれば、「情報を集める」学習過程で「どのようなことを伝えればよいだろうか」「プレゼンテーションをするために情報を集めよう」が設定されている（表11-3）。ここでは、伝えることを明確にし、どのようなメディアで、どのような情報を集めるのかを考える。よって、「メディアや情報を選ぶ力」を高めることにつながるのである。このように、単元名や節タイトルを 21 世紀型情報活用能力の定義

表 11-3 ▶ MC 科 4 年 教科書の単元名・節名

| 単元名 | | プレゼンテーションで考えを伝えよう |
|---|---|---|
| 学習過程 | 節番号 | 節タイトル |
| 課題設定 | 1節 | プレゼンテーションって何だろう。 |
| | 2節 | 学習の計画を立てよう。 |
| 集める | 3節 | どのようなことを伝えればよいだろうか。 |
| | 4節 | プレゼンテーションをするために情報を集めよう。 |
| まとめる | 5節 | プレゼンテーションの資料を作ろう。 |
| | 6節 | しっかりと伝わるだろうか。 |
| 伝える | 7節 | プレゼンテーションをしよう。 |
| ふりかえる | 8節 | プレゼンテーションをふりかえろう。 |

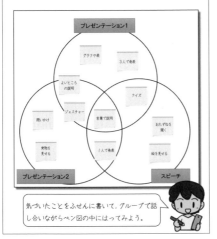

図11-4 ▶ メディアの特性について示された紙面

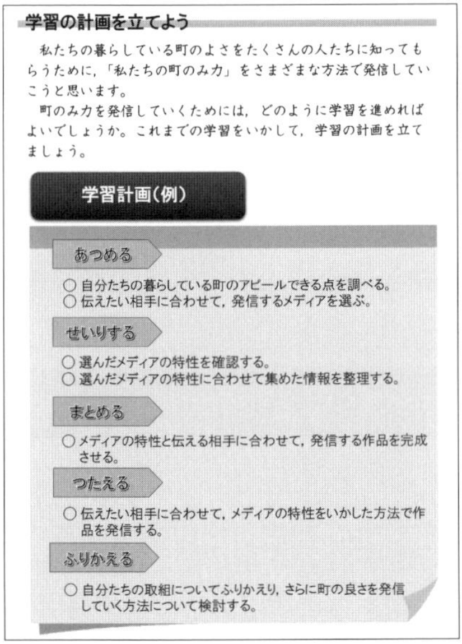

図11-5 ▶ 課題解決的な学習過程を記載した紙面

と関連させながら設定することで、これらの力を育成しやすくした。

重点② コミュニケーションを前提としたメディアの特性について記載する

　単元で新しく学ぶメディアについて、既習のメディアと比べたり、新出メディア同士を比較したりして、メディアの特性を理解することができるように記載されている。5年生の「CMを作って伝えよう」の単元では、さまざまな商品のCMを共通する視点で分析し、共通点や相違点を見つけることから、CMの特性に気づくことができるように記載されている。また、4年生の「プレゼンテーションで考えを伝えよう」の単元では、プレゼンテーションと既習事項であるスピーチを比較し、共通点や相違点を書き出す活動が例示されており（図11-4）、このような活動を行うことでメディアの特性を理解しコミュニケーションを行う際に適切なメディアを選択することができるようになると考えられる。

重点③　課題解決的な学習過程について記載する

　単元のはじめに課題解決的な学習過程を明確にした学習計画例が記載されている。学習計画は，すべての単元で（情報を）「集める」「整理する」「まとめる」「伝える」「ふりかえる」の学習過程で示されている（図 11-5）。また，それぞれの過程の中でどのようなことを学ぶのかについて具体的に記載し，児童が単元の見通しをもつことができるように記載されている。このように，すべての単元がこれらの学習過程をもとに記載されることで，児童は MC 科の学習がどのような順序で進むのかを理解し，主体的に学習を進めることができるようになると考えられる。

　京都教育大学附属桃山小学校では，教科の基本方針をもとに教科書開発の重点を設定し開発を行った。このように重点を設定して開発した教科書を活用したことに対して，教科書を活用した児童（341 名）にアンケート調査を行ったところ，重点として設定した 3 点について「わかりやすくなった」と回答した児童の割合が有意に多い結果が得られたとされている（木村ほか，2017）。このことから，教科書が開発されたことで，MC 科を通じて情報活用能力を効果的に育成することができるようになったと考えられる。

## 11-3　情報活用能力を育成するための教材を活用した授業実践

### 1）メディア・コミュニケーション科の教科書を活用した授業実践

　京都教育大学附属桃山小学校は，平成 30 年度に MC 科教科書を全学年の児童に配付し，授業実践に取り組んでいる。ここでは，5 年生の「情報を批判的に読み解こう～CM を作って伝えよう～」の授業実践について紹介する。本単元は，［表 11-4］に示した 4 つの学習過程で授業を進めることになっている。

過程 1　CM の工夫を見つけるために，CM を分析する学習が行われた。教科書に CM 分析シート（図 11-6）が例示されているため，それらの視点をもとに，グループごとにジャンルを決めて CM の分析が行われた。児童

**表 11-4 ▶ MC 科教科書の学習過程**

| 過程 1 | テレビなどで放送されている CM を分析・考察する。 |
|---|---|
| 過程 2 | CM の特性を生かして作品作りに取り組む。 |
| 過程 3 | 映像の見せ方やテロップなどの工夫が受け手にどのようにとらえられるかを考える。 |
| 過程 4 | CM が社会の中で果たす役割や受け手への影響を考える。 |

が選んだ CM のジャンルは，「自動車，洗剤，テーマパーク，飲み物，食品，スマートフォン，ゲーム，映画」であった。これらの CM を分析することで，CM の特徴が明らかになった。この活動で児童らが気づいた CM の特徴は「商品のよさや新しさを伝えている」「伝えたいことを伝える際にキャッチコピーが，短い言葉で効果音とともに入れられていることが多い」「商品によってターゲットにしている対象がある」などであった。

過程2　過程1で気づいた CM の特徴をもとに，「学校のみ力を伝える CM 作り」が行われた。ここで教科書が効果的に活用されたのは，資料を編集する場面である。教科書に掲載されている「CM の構成（例）」（図11-7）をもとに，集めた動画や BGM などの情報を図に整理し，CM の作成に取り組む姿が見られた。このように図に整理して CM の構成を考えることで，動画とナレーション，セリフ，キャッチコピーなどの関係が明確になり，CM の構成が考えやすくなることに気づいたようである。

過程3　作成した CM を確認したり，他の児童が視聴し課題を指摘し合ったりする活動が行われた。この過程で教科書が効果的に活用されたのは，他の児童が作成した CM を見る際に，本単元のはじめに活用した「CM 分析シート」を活用したことである。このシートをもとに CM を視聴することで，作成された CM のよいところや課題が明確になり，児童たちの意見交流が盛んに行われた。

過程4　単元を振り返る学習として CM の役割や影響について考える学習が行われた。その際に，「批判的に考える」とはどのように考えることなのかを教科書の文言をもとに確認していた。その後，単元のはじめに分析した CM を再度視聴し，分析する学習が行われた。実際に CM づくりを体験し

【CM分析シート】

5年　3組　2番　名前（　飯田　良太　）

| | |
|---|---|
| 紹介しているもの（商品・サービス） | 車（ワゴンタイプ） |
| キャッチコピー | 「のびのび　ワクワク　のりおり　ラクラク」 |
| 登場人物 | 車　子ども2人　お父さん　お母さん　おばあちゃん |
| CMで伝えたいこと | 車内が広くて、乗りおりが簡単 |
| 音楽の印象 | 楽しくなるような感じ<br>みんなでドライブに行きたくなるような音楽 |
| 伝え方の工夫<br>CMの特ちょう | ・車の横のドアが開いて、車いすがかん単に入る<br>・みんな笑顔　楽しそう<br>・燃費のよさがグラフと数字で出てくる<br>・車と車の名前が最後に大きく出てくる<br>・登場人物はだれもしゃべっていない |
| その他 | ・CMの最後に会社の名前とマークが出てくる |

図 11-6 ▶教科書に掲載されたシート

（図 11-6，7 ともに MC 科 5 年教科書より）

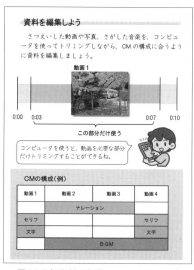

図 11-7 ▶資料の編集についてのページ

た後にもう一度同じ CM を批判的に視聴することで，単元のはじめには気づかなかったことに気づく児童の姿が見られた。

このように，京都教育大学附属桃山小学校では，MC 科の学習の際に教科書を効果的に活用し，児童の情報活用能力を高める研究が全学年で実施されている。MC 科教科書は一般の小学校にはない特別な教科の教科書であるが，他教科の学習の中でも活用できる場面がたくさんある。同校の研究の中で他教科との関連が検討された際には国語科との関連が強かったとされている。今後，本教科書と他教科との連携について研究が進んでいくことが望まれる。

### 2）「情報学習支援ツール」を活用した情報活用能力の指導法

「情報学習支援ツール」は，児童が情報活用能力の一部を理解することを目的に開発された教材である。学習支援カードは，ラミネートして下敷きとして配付し，授業や家庭での自主学習で参照することができるようにすることで情報活用の実践力を効果的に育成することができると考えられている。木村ほか（2016）は，学習支援カードを児童に配付し，1 年間家庭での自

主学習で活用させたところ，毎回の学習でカードが用いられたとともに，「児童の感想やノートから情報活用の実践力の高まりが見られた」と示されている。ここでは，学習支援カードを授業や，家庭での自主学習で効果的に活用するための指導方法について紹介する。

学習支援カードを授業や自主学習で活用するためには，児童とカードの出会いを工夫したい。学習支援カードを児童に配付する際は，次の3つのステップでカードに書かれていることを読み取らせることが効果的である。

> ① カードに書かれていることについて交流する。
> ② カードに書かれていることから思ったことや疑問に思ったことを交流する。
> ③ カードをどのような場面で活用することができるのかについて交流する。

まず，①について交流することにより，カードの構成が「集める」「まとめる」「伝える」と課題解決的な学習の流れで整理されていることに気づく。また，一つ一つの項目に学習活動が書かれていること，その横にチェック欄があり経験した活動を記録することができることに気づく。次に②について交流することにより，このカードの項目の記述などからすべての教科・領域で活用することができることに気づく。最後に③について交流することにより，授業で見通しをもつ際や，自分で学習をする際に活用することができるということに気づく。このようにカードの記述について交流させることにより，このカードの活用方法と情報活用の実践力を高める方法について理解することができるのである。

次に，カードの授業での活用について紹介する。授業では，学習計画を立てる際や学習の振り返りで活用することが効果的である。従来から各教科・領域の学習の中で学習計画を考えることが多いが，その際に内容についての計画だけでなく，どのような方法で学習を進めるのかを，カードを参照することで考えさせることができるようになる。また，授業の振り返りをする際に，内容的な振り返りとともに，方法的な視点からも振り返りを行う。このようにカードを参照して学習の計画を立てたり振り返りをしたりすることで，教科学習の中で情報活用の実践力を意識して学習を進めることにつながって

いく。

　最後に，カードを家庭での自主学習で活用することについて紹介する。

　家庭での自主学習ではカードに記述されている情報を「集める」「まとめる」「伝える」の流れで学習を進めるように指導する。児童が学習のテーマを決められないときは，教師の側からテーマを設定するとよい。カードを参照することにより，課題解決の流れがわかり主体的に学習を進めやすくなる。児童にカードを積極的に参照させるには，自主学習の振り返りで，カードに記載されている情報活動をノートに記述させたり，カードのチェック欄に印を付けさせたりすることがよい。このようにすることで児童が積極的に何度もカードを参照し情報活用の実践力に対する理解を深めたり，経験していない情報活動に挑戦しようとする意欲を高めたりすることにつながっていく。

### 3）NHK学校放送番組『しまった！情報活用スキルアップ』及び演習教材を活用した授業モデル

　『しまった！』は放送回ごとに情報活用スキルをテーマとして制作されている。それらのテーマに従って，各教科・領域の学習に合わせて単元計画の中に盛り込んで視聴すると効果的である。例えば，第1回「調べる　インタビュー」や第2回「調べる　写真撮影」は，社会科の学習で見学に行く前時に視聴することにより，見学での情報収集が円滑にできるようになる。また，第4回「まとめる　情報を整理する」や第5回「まとめる　考えを整理する」などは，学年がスタートした早い段階で視聴することにより，さまざまな教科の情報を整理する場面で身に付けたスキルを活用することができる。それでは，情報活用スキルを効果的に高めるにはどのように番組を

図11-8 ▶ 『しまった！』を視聴してから演習教材に取り組む授業モデル

視聴し，演習教材に取り組ませればよいのであろうか。

[図11-8] は『しまった！』を視聴し，演習教材に取り組む1時間の授業モデルである。まず，本時で学ぶ情報活用スキルを単元の学習との関係を明確にして確認する。このときに，どうしてこの時間にこの情報活用スキルを学ぶのかを児童に理解させてから視聴することが大切である。次に，『しまった！』を視聴する，その際に特にメモなどをとる必要はなく，視聴後に，演習教材「ふりかえろう」に取り組むことで情報活用スキルのポイントを確認することができる。その後，演習教材「もっとチャレンジ」に個人で取り組ませ，考えたことを交流させる。交流させることで，さまざまな考え方や，情報活用スキルのあり方に出会うことができるため，これらの力を効果的に育成することにつながると考えられる。

ここで紹介した授業モデルは，すべての放送回に対応している。同じ流れで番組を視聴し演習教材に取り組むことを繰り返すことで，児童が番組から大切な情報をしっかりと収集することができるようになる。このような積み重ねが児童の情報活用能力を効果的に育成することにつながると考えられる。

【注】
（1） 情報学習支援ツール　http://www.sakura-sha.jp/al-johogakusyu/
学習支援カード・情報ハンドブック「明日からできる！教科の中での情報教育」http://www.pef.or.jp/05_oyakudachi/contents/ti_03.html
情報ハンドブックデジタル版　EduMall（内田洋行）内で配信中 www.edumall.jp
（2） NHK for School『しまった！情報活用スキルアップ』http://www.nhk.or.jp/sougou/shimatta/

【参考文献】
- 木村明憲（2017）「情報活用能力を育成する教科『メディア・コミュニケーション（MC）科』の教科用図書の開発」京都教育大学連合教職実践研究科修了論文
- 木村明憲編（2016）『情報学習支援ツール』さくら社
- 木村明憲・高橋純・堀田龍也（2016）「情報活用の実践力の育成を意図した自主学習における学習支援カードの活用と効果」『教育情報研究』32（2），pp.25-36
- 木村明憲・堀川紘子・楠本誠・佐和伸明・福本徹・服部里衣子・高橋純・堀田龍也（2017）

「NHK学校放送番組『しまった！』の視聴による情報活用スキルの発見数の変化」『日本教育工学会研究報告集 JSET-17-1』pp.419-426
- 木村明憲・高橋純・坂口真・服部里衣子・堀田龍也（2018）「情報活用スキル育成のための放送番組と演習教材の開発」『日本教育工学会研究報告集 JSET18-1』pp.317-324
- 京都教育大学附属桃山小学校（2017）「平成29年度京都教育大学附属桃山小学校研究紀要」
- 京都教育大学附属桃山小学校著　浅井和行・堀田龍也・黒上晴夫監修（2016）「Media Communication」
- 酒井統康・南部昌敏（2006）「児童の評価活動を基盤とする情報活用の実践力育成プログラムの開発と評価」『日本教育工学会論文誌』30（3），pp.193-202
- 高比良美詠子・坂元章・森津太子ほか（2001）「情報活用の実践力尺度の作成と信頼性および妥当性の検討」『日本教育工学会論文誌』24（4），pp.247-256
- 堀田龍也・高橋純（2012）「小学校段階の情報に関する独立教科を想定したテキストの開発と改訂」『日本教育工学会研究報告集 JSET12-2』pp.77-84
- 文部科学省（2009）『教育の情報化に関する手引』
- 文部科学省（2011）「教育の情報化ビジョン」
- 文部科学省（2013）「OECD国際成人力調査（PIAAC）調査結果の概要」
- 文部科学省（2015）「情報活用能力調査結果の概要」
- 文部科学省（2018）『情報活用能力を育成するためのカリキュラム・マネジメントの在り方と授業デザイン』

### 若い先生へのメッセージ

　情報教育は，各教科・領域の授業の中で行う。そのため，教科の目標を達成することが第一に置かれ，情報活用能力を育成することに意識が向きにくいのが現状である。しかし，児童が主体的に学習を進めるうえで，情報活用能力は欠かせない力である。今後の未来を見据え，児童の情報活用能力を育成することは大変重要なことである。本章で紹介した実践や教材をもとに，情報活用能力を育成するための実践について興味をもっていただきたい。

（木村明憲）

# 第12章 情報モラル教育

▶学習のポイント

社会の情報化に伴う情報モラル教育の必要性や，情報モラル教育は情報活用能力の一部に含まれていることについて，政策文書をもとに確認する。そのうえで，メディアや情報社会に関する科学的な理解を踏まえた実践例や授業づくりの考え方について，近接するメディア・リテラシー教育と比較しながら学ぶ。

**教職課程コアカリキュラムとの対応**　（2）の2，（3）の2

## 12-1　児童生徒の情報モラルに関する現状と課題

　内閣府（2018）が発表した青少年のインターネットの利用状況によれば，青少年の82.5％が，主にスマートフォン，タブレット，携帯ゲーム機，ノートパソコン等でインターネットを使用し，特に中学生のスマートフォン利用の普及が進んでいる。また，利用内容としては，小学生はゲームが7割，動画視聴が6割，中学生は動画視聴が8割，ゲームが7割，SNS等によるコミュニケーションが7割となっている。利用時間は小学生が97分，中学生が148分と，中学生になると同時に劇的に長時間利用する傾向にある。

　また，保護者のインターネット利用内容では，SNS等によるコミュニケーションと情報検索がそれぞれ9割であり，児童生徒の利用内容との乖離がある。この乖離が，保護者に児童生徒の利用状況を見えなくさせていることが考えられる。また，インターネットを安全・安心に使うための注意点についての保護者の認知は，「出会い系サイトや著作権等の違法情報の問題を知っている」（83.0％）は高く，「インターネットの過度の利用に関する問題を知っている」（59.0％）は相対的に低い。さらに，スマートフォンを利用する青少年の保護者のうち，84.4％がなんらかの方法で青少年のインターネット利用に関する指導等を実施しており，その内容は「フィルタリングを

使っている」(44.0％),「子供のネット利用状況を把握している」(36.1％)が上位となっている。

さらに，三菱総合研究所（2009）の調査によれば，情報モラル教育の内容を理解している保護者は2割弱に留まる。「情報モラル教育は誰が行うのが適切であるか」という質問に対して「学校が行うべきだ」と回答している保護者は前回調査13.4％から28.0％に増加している。したがって，家庭で情報モラルを教えていくことが難しい状況にあり，学校教育で指導していくことの必要性が見える。

酒井ほか（2012）の調査によれば，小学校の保護者からの相談で増えてきているのが，携帯型ゲーム機や携帯音楽プレーヤーでのインターネット接続やそれに伴うトラブルに関するものである。調査は2012年に行われているものであるが，上記の状況を鑑みると，よい方向に進んでいるとは考えにくく，相談内容は幅を広げ，さらに多くの相談が寄せられているのではないかと予想される。

情報モラル教育は日進月歩である。日々進化するICT機器やアプリケーションによって，児童生徒のスマートフォン等の使い方が変化し，これまでの生活をも一変する。このために教師や保護者は児童生徒の実態を把握することが難しく，指導が手遅れになることや，的外れな指導となることもある。児童生徒，保護者と教師との良好な関係を築き上げながら，情報モラルに関する実態を明確に把握したうえで授業を実施していきたい。

## 12-2　学習指導要領における情報モラル教育の位置づけ

### 1）学習指導要領における情報モラル教育の位置づけ

小学校学習指導要領（平成29年告示）（2017）において「情報モラル」という言葉に着目すると，総則における「教育課程の編成　2　教科等横断的な視点に立った資質・能力の育成」では，「情報活用能力（情報モラルを含

表 12-1 ▶情報活用能力の要素の例示 (文部科学省, 2018) より (下線・囲み線は筆者)

| | | 分類 |
|---|---|---|
| A.<br>知識及び技能 | 1　情報と情報技術を適切に活用するための知識と技能 | ①情報技術に関する技能<br>②情報と情報技術の特性の理解<br>③記号の組合せ方の理解 |
| | 2　問題解決・探究における情報活用の方法の理解 | ①情報収集、整理、分析、表現、発信の理解<br>②情報活用の評価・改善のための理論や方法の理解 |
| | 3　情報モラル・セキュリティなどについての理解 | ①情報技術の役割・影響の理解<br>②情報モラル・セキュリティの理解 |
| B.<br>思考力、<br>判断力、<br>表現力等 | 1　問題解決・探究における情報を活用する力<br>(プログラミング的思考・情報モラル・セキュリティを含む) | ※事象を情報とその結び付きの視点から捉え、情報及び情報技術を適切かつ効果的に活用し、問題を発見・解決し、自分の考えを形成していく力<br>①必要な情報を収集、整理、分析、表現する力<br>②新たな意味や価値を創造する力<br>③受け手の状況を踏まえて発信する力<br>④自らの情報活用を評価・改善する力　　　　等 |
| C.<br>学びに向かう力・<br>人間性等 | 1　問題解決・探究における情報活用の態度 | ①多角的に情報を検討しようとする態度<br>②試行錯誤し、改善しようとする態度 |
| | 2　情報モラル・セキュリティなどについての態度 | ①責任をもって適切に情報を扱おうとする態度<br>②情報社会に参画しようとする態度 |

む)」等の「学習の基盤となる資質・能力を育成していくことができるよう，各教科等の特質を生かし，教科等横断的な視点から教育課程の編成を図るものとする」とされている。また，特別の教科道徳においては，情報モラルに関する指導を充実させることが記述されている。

　文部科学省（2018）による情報活用能力の体系表例では，「A．知識及び技能」，「B．思考力，判断力，表現力等」，「C．学びに向かう力・人間性等」のそれぞれに情報モラル・セキュリティが位置づけられている（表 12-1）。カリキュラム・マネジメントによって，各教科等で適切に情報モラル教育を実施していきたい。

## 2) 学習指導要領で想定される情報モラル教育の学習活動

　小学校学習指導要領（平成 29 年告示）解説総則編（2017），第 3 章 第 3 節「教育課程の実施と学習評価」1 の「(3) コンピュータ等や教材・教具の活用，コンピュータの基本的な操作やプログラミングの体験（第 1 章第 3

の1の (3))」では，情報モラルについて次のように記述されている。

> 　情報モラルとは，「情報社会で適正な活動を行うための基になる考え方と態度」であり，具体的には，他者への影響を考え，人権，知的財産権など自他の権利を尊重し情報社会での行動に責任をもつことや，犯罪被害を含む危険の回避など情報を正しく安全に利用できること，コンピュータなどの情報機器の使用による健康との関わりを理解することなどである。
> 　このため，<u>情報発信による他人や社会への影響について考えさせる学習活動</u>，<u>ネットワーク上のルールやマナーを守ることの意味について考えさせる学習活動</u>，<u>情報には自他の権利があることを考えさせる学習活動</u>，情報には誤ったものや危険なものがあることを考えさせる学習活動，健康を害するような行動について考えさせる学習活動などを通じて，児童に情報モラルを確実に身に付けさせるようにすることが必要である。その際，情報の収集，判断，処理，発信など情報を活用する各場面での情報モラルについて学習させることが重要である。また，情報技術やサービスの変化，児童のインターネットの使い方の変化に伴い，学校や教師はその実態や影響に係る最新の情報の入手に努め，それに基づいた適切な指導に配慮することが必要である。
> 　併せて児童の発達の段階に応じて，例えば，インターネット上に発信された情報は基本的には広く公開される可能性がある，どこかに記録が残り完全に消し去ることはできないといった，情報や情報技術の特性についての理解に基づく情報モラルを身に付けさせ，将来の新たな機器やサービス，あるいは危険の出現にも適切に対応できるようにすることが重要である。さらに，情報モラルに関する指導は，道徳科や特別活動のみで実施するものではなく，各教科等との連携や，さらに生徒指導との連携も図りながら実施することが重要である。
> （下線及び改行は筆者）

　下線は，具体的な学習活動の例である。例えば「情報発信による他人や社会への影響について考えさせる学習活動」や「ネットワーク上のルールやマナーを守ることの意味について考えさせる学習活動」などの記述を参考にして授業を展開したい。また，それぞれの教科等においては［表12-2］のような記述が見られる。該当箇所でも情報モラルの授業が実践できる。

**表 12-2 ▶小学校学習指導要領（2017）で見られる記述の例　（下線は筆者）**

| 教科等 | 具体的な記述や想定される実践 |
|---|---|
| 国　語 | (2)話や文章に含まれている情報の扱い方に関する次の事項を身に付けることができるよう指導する。<br>ア　共通，相違，事柄の順序など<u>情報と情報との関係</u>について理解すること。 |
| 社　会 | (4)我が国の産業と情報との関わりについて，学習の問題を追究・解決する活動を通して，次の事項を身に付けることができるよう指導する。<br>イ　大量の情報や情報通信技術の活用は，様々な産業を発展させ，国民生活を向上させていることを理解すること。 |
| 算　数 | ア　目的に応じて<u>データ</u>を集めて分類整理し，<u>データの特徴や傾向</u>に着目し，問題を解決するために<u>適切なグラフを選択</u>して判断し，その結論について多面的に捉え考察すること。 |
| 理　科 | イ　天気の変化は，映像などの<u>気象情報を用いて</u>予想できること。<br>(4)天気，川，土地などの指導に当たっては，<u>災害に関する基礎的な理解</u>が図られるようにすること。 |
| 生　活 | 学習活動を行うに当たっては，<u>コンピュータなどの情報機器について，その特質を踏まえ</u>，児童の発達の段階や特性及び生活科の特質などに応じて適切に活用するようにすること。 |
| 音　楽 | ウ　児童が様々な感覚を働かせて音楽への理解を深めたり，主体的に学習に取り組んだりすることができるようにするため，<u>コンピュータや教育機器を効果的に活用</u>できるよう指導を工夫すること。 |
| 図画工作 | (10)コンピュータ，カメラなどの情報機器を利用することについては，<u>表現や鑑賞の活動で使う用具の一つとして扱う</u>とともに，必要性を十分に検討して利用すること。 |
| 家　庭 | C　消費生活，環境　次の(1)及び(2)の項目について，課題をもって，<u>持続可能な社会の構築</u>に向けて身近な消費生活と環境を考え，工夫する活動を通して，次の事項を身に付けることができるよう指導する。<br>イ　<u>購入に必要な情報を活用</u>，身近な物の選び方，買い方を考え，工夫すること。 |
| 体　育 | (10)保健の内容のうち<u>運動，食事，休養及び睡眠</u>については，食育の観点も踏まえつつ，健康的な生活習慣の形成に結び付くよう配慮するとともに，保健を除く第3学年以上の各領域及び学校給食に関する指導においても関連した指導を行うようにすること。 |
| 外国語・外国語活動 | オ　児童が身に付けるべき資質・能力や児童の実態，教材の内容などに応じて，<u>視聴覚教材やコンピュータ，情報通信ネットワーク，教育機器などを有効活用</u>し，児童の興味・関心をより高め，指導の効率化や言語活動の更なる充実を図るようにすること。 |
| 特別の教科道徳 | (6)児童の発達の段階や特性等を考慮し，第2に示す内容との関連を踏まえつつ，<u>情報モラルに関する指導を充実すること</u>。 |
| 総合的な学習の時間 | (3)探究的な学習の過程においては，コンピュータや情報通信ネットワークなどを適切かつ効果的に活用して，<u>情報を収集・整理・発信する</u>などの学習活動が行われるよう工夫すること。その際，コンピュータで文字を入力するなどの学習の基盤として必要となる情報手段の基本的な操作を習得し，<u>情報や情報手段を主体的に選択し活用できる</u>よう配慮すること。 |

## 12-3　情報モラル教育を実現するための教材

### 1）情報モラル教材の種類

　教材とは，一定の目的や目標を達成するために行われる教育において使われる素材のことである。つまり，授業を中心とした教育活動において，目的を達成するために提示や活用するための素材ということになる。広義には，児童生徒の身の回りにある生の事物や現象なども，教育にあたる者が目的に照らして選択・編集して提示・活用するものを教材という。したがって，情報モラル教材とは情報モラルに関する目標を達成するために教師が提示したり，児童生徒が活用したりするもののことを指す。

　情報モラル教育を実現するための教材はインターネット上に多く存在する。一方でその教材を使用する教師は，どのような教材をどのような実態に応じて活用すればよいかがわからない，という状況にもある。現に検索サイトで情報モラル教材を検索すると，教材会社が販売しているものや，教育委員会やNPO等の公共団体が無償で提供しているものなど，実にさまざまな教材がある。その種類は，デジタル教材（動画シミュレーション，事例アニメ，スライド，クイズなど），カード，マンガ，紙芝居，かるたなど多岐にわたる。

　教材の質には軽重あるが，教師は情報モラル教材にはどのようなタイプがあるのかを知り，そのうえで活用する必要がある。石原（2011）は，情報モラルの授業で用いられるストーリー仕立ての教材を「物語教材」と定義し，物語教材を調査し，同じような構造やパターンをもつものを4つのパターンに類型化した。さらに新田ほか（2018）は，石原が示した4つのパターン（[表12-3]の(1)〜(4)）を踏まえて，スマートフォンやSNSの登場によって変化してきた教材を分析し，さらに4つを加えている（同(5)〜(8)）。児童生徒の実態に応じて教材特性を踏まえたうえで授業を実施したい。

表 12-3 ▶ 情報モラル教育の物語教材の類型　（新田ほか，2018）より

| (1)暗転型 | 登場人物の不注意や小さな悪意，判断ミスなどの些細な問題行動が，情報社会の特性により増幅され，その結果，より深刻な状況を招くというパターンのもの |
|---|---|
| (2)問いかけ | 最終的に暗転までは展開されないものの，その直前で話が終わり，学習者に「あなたはどう思いますか」と問いかけを行っているもの |
| (3)解説クイズ型 | 情報モラルの事案，事件に関する知識や問題への対処法などを登場人物が解説するもの |
| (4)活用提案型 | ネットワークの光の部分に焦点を当て，インターネットのよりよい使い方を学習者に提案するもの |
| (5)オープンエンド型 | 「最終的に暗転までは展開されないものの，その直前で話が終わるもの」や「考えさせるような終わり方」「暗転前に終わる教材，この後に教師が問いかけできそう」と記述されたもの |
| (6)解決型 | 「解決できたパターン」「解決した」と記述されたもの |
| (7)失敗体験型 | 「失敗談かつ怒られたパターン」「悪い例を示している」と記述されたもの |
| (8)反省型 | 「登場人物が反省して終わる」「模範型の映像」と記述されたもの |

## 2）情報モラル教材の内容

　情報モラル教材の代表例として動画コンテンツ等のデジタル教材がある。動画教材の場合，時間は短くて 2 分，長くて 5 〜 10 分程度のものが多く，15 分程度のモジュールの時間でも授業ができるよう設計されている。実際に起きた事件等の事例がドラマ形式で描かれ，何が失敗だったのか，どんな行動が間違いだったのかなどを児童生徒が考えて学習できるよう工夫されている。特別の教科道徳のための読み物教材もある。

　情報モラル教育は，教科の枠を超えた領域であり，これまで学ぶ機会や環境がなかった教師も多い。例えば，「事例で学ぶ Net モラル」（広島県教科用図書販売）では，動画教材のほか，教師用ガイドとして，指導書や学習指導案，マルチメディア教材と同時に提示するためのキーシーン掛図や使い方ガイド，テストなども提供している。情報モラルに関わる事件等は，学校外で起きることが多く，学校側から保護者への働きかけが欠かせないため，保護者会や PTA 懇談会などで活用するための指導資料も提供されている（図 12-1）。教師は，児童生徒や家庭の実態に応じて，日頃の学級経営や授業の

中で繰り返し実践し，意識させていくことが求められる。

### 3）メディア・リテラシー教育の教材

メディア・リテラシー教育は情報モラル教育と近接している（中橋，2014）。日本のメディア・リテラシー教育は，1994年に起きた松本サリン事件の冤罪報道をきっかけに発展した。当時は，マスメディアからの情報を批判的に捉える，といった学習が多かったが，その後インターネットが長足の進歩を遂げたことにより，現在では，メディアを活用した情報の発信に関する責任やコミュニケーションの方法も，学習の範囲とされることが多い。このことで，さらにメディア・リテラシー教育と情報モラル教育との距離は近づいている。

図 12-1 ▶「事例で学ぶ Net モラル」

メディア・リテラシー教育の先進国であるカナダでは，1990年代から，メディア・リテラシーに関する学習が英語（国語）で実践されている（菅谷，2000）。カナダで活用されているメディア・リテラシー教材の一つに『スキャニング・テレビジョン』がある（鈴木，2003）。この教材パッケージは，「メディアが構成された現実」「イメージと価値観の販売」「環境化するメディア」「地球市民」「ニューテクノロジー」というテーマで18の映像教材が提供されている。例えば，その一つに「スパゲッティの木」がある。イギリスのBBCテレビが1957年4月1日のエイプリルフールに放映したもので，スイスとイタリアの国境ではスパゲッティを木から栽培して収穫している，という内容の架空のドキュメンタリー番組（モキュメンタリー）である。児童が教材を視聴すると，映像どおりに信じ込む児童，スパゲッティは小麦粉から作られることを主張する児童，何が本当なのかわからなくなって混乱する児童，スイスではそうしていると言う児童に分かれることが多い。そこで議論となり，どうして本当のように感じてしまったのか，メディア分析を

通してメディアに対する批判的思考を育成する授業が展開できる。

**4）学校放送番組**

　NHK 学校放送番組では，『体験メディアの ABC』(2001 〜 2004 年放送)，『メディアのめ』(2012 年〜)，『スマホ・リアル・ストーリー』(2014 年〜)，『メディア・タイムズ』(2017 年〜) など，継続して教材を制作している。

　『メディアのめ』はジャーナリストの池上彰氏による問題提起から番組が始まり，メディアの現場では実際にどのような工夫がされているか紹介され，実際にその工夫を試してみる，という構成である。例えば，「写真」の放送回では，サッカーを専門とするスポーツカメラマンに密着し，サッカー選手のプレーの特徴を捉えて撮影するようにすると「伝えたい写真」を撮影できることを紹介している。また，アップとルーズとで人を撮影することで，印象がどう変わるか実演しながら解説している。

　『スマホ・リアル・ストーリー』は，人気俳優の鈴木福君が出演する情報モラル教育の学校放送番組である。小学生が実際に体験したスマートフォンによるトラブルや事件をドラマ仕立てで紹介している。ゲーム課金，架空請求，SNS によるグループはずし，なりすまし，画像流出の５つを取り扱っている。

　学校放送番組は，多くの教師や教育研究者がその企画・制作にかかわってつくられている。例えば『スマホ・リアル・ストーリー』を制作するうえでは，番組制作者は実際に小学生にアンケート調査を行ったりインタビューをしたりするなどして，番組制作に取り組んでいる。実態に即した教材を制作していることで，小学校現場で多くの教師が活用している。

　学校放送番組は，放送後に「NHK for School」ウェブサイトでストリーミング配信され，教室にインターネット環境があればいつでも動画視聴して，授業ができるようになっている。

## 12-4　情報モラル教育の実践

### 1）SNSのメディア特性を理解する情報モラル教育実践

2011年の東日本大震災や2016年の熊本地震，2018年の北海道地震ではTwitterなどのソーシャル・メディアで「流言」や「デマ」といった情報が流れている。災害時だからこそ，情報を適切に判断し，発信できる力が必要であるが，繰り返し流言やデマが確認されており，初等中等教育段階における防災教育的視点での実践が必要である。そこで，SNSのメディア特性を理解する情報モラル教育の授業を開発し，実践した事例を紹介する（佐藤ほか，2016）。

本実践は総合的な学習の時間において「防災教育」の位置づけで実施し，災害時におけるSNSの役割と災害時の「流言」や「デマ」について取り扱った。

1時間目　Twitterのメディア特性を理解する。

理解を促すために，実際にTwitterを使って授業用のアカウントを作成し，教師の説明に従って児童はタブレット端末を操作しながらツイートをしたり，リツイートをしたりした。授業アカウントは3つ作り，実際にアカウントを持っている児童に手伝ってもらいながら，フォロー，ツイート，リツイート等の体験を行った。

2時間目　災害時におけるTwitterの役割を理解する。

東日本大震災ではTwitterが電話に代わる連絡手段となり，また情報を共有するための手段になったことを，事例を踏まえて学習した。それに伴って，ユーザー数が約1週間で200万人増えたことも学習した。また，震災時にはデマツイートが増えたこと，それがリツイートによって多く拡散されたことを示し，その社会的影響について議論した。

3時間目　デマツイートを類推する。

それまでの学習を踏まえ，東日本大震災時に流れた実際の4つのツイートの中から，どれがデマツイートだと思うか，議論を行った。児童は判断基

表 12-4 ▶授業で使用した実際のツイート

| | ツイート | リツイート数 | お気に入り数 | 発信者設定 |
|---|---|---|---|---|
| (1) | 【拡散して下さい】現在流通しているガソリンには津波の影響で塩が混ざっていて，給油するとエンジンが焦げ付いて故障します。絶対買わないで下さい。修理費が 50 万円ぐらいかかります。 | 1543 | 321 | 個人名 |
| (2) | 医師会会長から指示あり，被曝予防のため，イソジンを 10 滴，水で薄めるなどして飲み込んで下さい。乳幼児～2 歳は 3 滴，3 歳～13 歳は 5 滴，体内に入れておくだけで効果があると。家族や友達に伝えてください。 | 143 | 2562 | 医師 |
| (3) | 【生存確認】県警によると，大船渡市綾里地区で津波に流され行方不明と伝えられていた中学生 23 人の生存を，きょう午前 1 時 37 分に確認。【IBC 岩手放送】 | 32 | 12 | 公共放送 |
| (4) | 初めてメッセージさせていただきます。今日の夕方，友人に防衛省の夫を持つ人が家族に「東京から家族を逃がせ」と言われたとのこと。その後，総務省の友人にも連絡したところ，総務省はほとんど空になっているそうです。拡散してください。お願いします。 | 379 | 293 | 個人名 |

準となるユーザー名，発信年月日，リツイート数，お気に入り数やこれまで学習したことを踏まえてデマを推測し，グループで判断する議論を行った。授業で使用したツイートを［表 12-4］に示す。授業で使用した表では「発信者設定」に実際のユーザー名を示していた。(3) 以外のツイートは，東日本大震災の際にデマとして発信されたツイートである。授業のまとめとしては，①リツイート数やお気に入りの数が多くても，個人による発信であることを踏まえて判断すること，②公共機関による情報発信を優先すること，③ Twitter は個人名が変更可能である点に留意すること，などを指導した。

授業の感想では「メディアの機能によって，情報の質や内容が変わることがわかった」「災害時は混乱の中で情報を判断しなければならない。デマをリツイートしてしまった人もわざとではない。情報を判断することは難しい」などの災害時のメディアのあり方を意識した記述が見られた。

2）タブレット端末を活用した際の情報モラル指導

タブレット端末を活用した学習が増えていく中で，情報モラルの観点から

好ましくない場面にも遭遇する。筆者が担任していたクラスでは児童全員がタブレット端末を活用していたが，[表12-5]は，児童が実際に起こした行動の一例である。このような場面に遭遇したときこそがチャンスと捉えることで，情報モラルの指導は充実する（佐藤，2013）。

　(1)，(7)，(8)，(9)は学習時に端末を活用する価値や，人としての行動のあり方を指導する。(2)，(3)，(5)，(6)などは著作権について指導する。(3)，(4)は肖像権について指導する。他にもさまざまな事例がある。これらの行動について，その場で一つ一つ指導していくことで，日常生活でスマートフォンを使う際にも，一歩立ち止まって考える態度や素養を身に付けさせたい。何もないところから情報モラルの指導を行うより，児童生徒の行動を元に指導していくほうが効果的である。

**表 12-5 ▶ タブレット端末を活用した際に起こした児童の行動**

| | |
|---|---|
| (1) | 学習に必要のない画像を検索し，壁紙にする。 |
| (2) | ダウンロード検索画像コレクションを作り，意味もなく眺める。 |
| (3) | 許可なく写真を撮影しようとする。 |
| (4) | 被写体となった人に許可を得ず，友達のタブレット端末にWi-Fiで転送する。 |
| (5) | コピー＆ペーストが当たり前になってくる。 |
| (6) | 録画機能を使い，自宅でテレビ番組を撮影してくる。それを休み時間に見合う。 |
| (7) | 学校という場にふさわしくない画像を検索する。それを友達に見せ不快な気分にさせる。 |
| (8) | 学習に夢中になっていると，廊下等で歩きタブレットをする。 |
| (9) | 慣れてくると大切に扱わない行動が目につく。 |

【写真・動画の撮り方とマナー】

　タブレット端末を活用し始めて，最初に使う機能として「写真・動画の撮影」がある。写真・動画を使うと，生活や理科，総合的な学習の時間等，多くの場面で観察したことを記録したり，その写真・動画を見せて説明したり，プレゼンテーションの資料にしたりすることができる。ただし，撮影の仕方やマナーを守らないと，よりよい活用はできない（佐藤ほか，2015）。

例えば，最初によく見かけるのが，逆光で被写体がよく見えない，手ぶれできれいに写っていないなどの「被写体が何なのかわからない写真・動画」である。したがって，課題に入る前に，写真・動画の撮り方，その際の持ち方などを丁寧に指導する必要があるだろう。

また，写真・動画を多用するようになると子供たちの写真・動画撮影に対する抵抗感は低くなるが，一方で担任としてマナーやモラルが気になってくる。課題と関係のない写真・動画を撮り始めたり，断りもなく友達を撮影したりすることもある。写真・動画撮影は，あくまでも学習課題として活用させ，人を撮影するときには必ず許可を得る，といった肖像権についても意識させながら指導する必要がある。

さらに，撮影したものが勝手にインターネットで公開されてしまったときの感情や思いなども情報モラル教育できちんと考えさせる時間を設けることも必要になってくる。

【歩きタブレット】

学習に夢中になると，友達とタブレットを眺めながら廊下を歩くシーンが見受けられることもある。歩きスマホは社会で大きな問題となっているが，学校では歩きタブレット問題も起きている。

歩きタブレットの問題は，教室を超えた学校の問題に発展していく。タブレット端末を導入する際には，視聴覚教育や情報教育，ICT機器の担当教員が職員会議等で，タブレット端末活用の学校ルールを提案して，学校のルールとして全校で統一していき，歩きタブレットを目撃したときは，全教師が同じ指導をしていく必要があるだろう。歩きタブレットを学校で指導することで，交通安全指導と同じで，社会で起きている歩きスマホへの対応になる。

【データ転送】

最近ニュースなどで，満員電車の中でスマートフォンの無線LANを用いたファイル転送機能を悪用して卑猥な写真を送りつける，といった事件が発生していると耳にする。学校でも，子供たちがタブレット端末を使いこなすようになってくると，教師が当初考えもしなかった機能をいつの間にか使い

始めることがある。その一例に，子供同士でのデータ転送がある。オペレーティングシステムによって，タブレット端末間で写真データ等の転送ができるものがある。例えば，グループで学習をしている際に，データを共有する，という学習の目的に沿った活用であれば問題なく，むしろ正しい使い方を積極的に行うことはいいことである。しかし，何の脈絡もなく，急にデータを転送するような行為に対しては，指導する必要がある。

### 3）保護者とともに育む情報モラル教育

　教師も保護者も，スマートフォンやゲーム機，携帯音楽プレーヤーに対する知識や，児童生徒の使用実態の把握が不足している。そのため，教師は授業を組み立てることができず，保護者は児童生徒が使用している端末に搭載されているペアレンタルコントロール（保護者設定）の機能も十分に生かしきれない，という実態を容易に想像できる。そこで，保護者会での情報モラル実践（佐藤ほか，2012）を紹介する。

　保護者会で，家庭で子供たちと決めているルールを聞いてみると，「○時間までなら使っていいことになっている」というように時間のルールが多く，それ以外のルールが設定されていないことが多い。そこで，①時間に関するルール，②料金に関するルール，③ネットに関するルール，④持ち運びに関するルール，⑤ルールを破ったときのルール，の5つのルールをつくるように設定した。

　保護者会から数日中に，ルールづくりをしたワークシートを提出してもらう。それぞれの家庭でさまざまな工夫が考えられていることが伝わってきた。例えば，①時間に関するルール「21時以降使わない，友達にもそのように伝えておく」，②料金に関するルール「原則課金しない，それでもしたいならお小遣いでカードを買う。クレジットカードは子供に見せない，貸さない」，③ネットに関するルール「他人に見せられないサイトは見ない」「履歴は消してもバレると思いなさい」，④持ち運びのルール「スマートフォンやゲーム機はリビングで充電する」などがルールとして設定されていた。また，

感想欄には「ルールは一度つくったら安心してしまいがちですが，定期的にルールを確認する時間を設けたい」「保護者が，スマートフォンやインターネットのことを知らないで使わせていたことに気づかされ，はずかしくなりました」「子供に使わせる前に，私たちがよく理解することから始めたい」などの意見が書かれていた。

保護者からの意見にもあるように，「定期的にルールを見直すこと」が大切である。家庭で情報モラルのルールづくりを促してみることを第一歩として，子供たちの情報モラルを向上させるとともに，子供たちの将来を守るという意識で取り組んでいただきたい。

【参考文献】
- 石原一彦（2011）「情報モラル教育の変遷と情報モラル教材」『岐阜聖徳学園大学紀要 教育学部編』50, pp.101-116
- NHK for School ウェブサイト www.nhk.or.jp/school/
- 酒井統康・長谷川元洋・佐藤和紀（2012）「ネット端末としてのゲーム機に焦点をあてた「保護者向け情報モラル研修会」の開発」『全日本教育工学研究協議会第38回全国大会CD論文集』
- 佐藤和紀（2013）「日常的にとりくむメディア・リテラシー実践」教育科学研究会編集『教育』815, pp.100-108
- 佐藤和紀（2018）「新学習指導要領における情報モラル教育」堀田龍也・西田光昭編著『だれもが実践できるネットモラル・セキュリティ』三省堂, pp.182-183
- 佐藤和紀・中橋雄（2015）「動画共有サイトへの作品公開に関する議論の学習効果：映像制作実践で育まれるメディア・リテラシー」『教育メディア研究』21（1）, pp.1-10
- 佐藤和紀・堀田龍也（2016）「ソーシャル・メディア経由の情報を読解するための実践の試行と評価：東日本大震災におけるTwitterの役割やデマ情報を題材に」『日本教育メディア学会研究会論集』40, pp.51-56
- 佐藤和紀・菊地弘明・小池翔太・酒井統康・福本徹・藤川大祐・原克彦（2012）「小学生のインターネット端末としてのゲーム機利用に関する「保護者向けゲーム機セットアップリーフレット」の開発と評価」『日本教育工学会研究報告集』12（5）, pp.211-218
- 菅谷明子（2000）『メディア・リテラシー 世界の現場から』岩波書店
- 鈴木みどり（2003）『スキャニング・テレビジョン日本版』イメージサイエンス

- 内閣府（2018）「平成29年度 青少年のインターネット利用環境実態調査報告書」
- 中橋雄（2014）『メディア・リテラシー論』北樹出版
- 新田梨乃・佐藤和紀・遠藤みなみ・杉山葵・吉野真理子・堀田龍也（2018）「教員養成大学の学生による情報モラルアニメ教材の内容の類型化の試み」『日本教育工学会研究報告集』18（4），pp.27-34
- 広島県教科用図書販売「事例で学ぶNetモラル」
- 三菱総合研究所（2009）「第7回小学生のインターネット利用に関する調査結果」
- 文部科学省（2018）「情報活用能力を育成するためのカリキュラム・マネジメントの在り方と授業デザイン」

若い先生へのメッセージ

　日常的にスマートフォンなどを使いこなす学生や若い教師は「情報モラル教育の指導に自信がある」という調査結果があります。一方で，スマートフォンの仕組みについては理解していない人も多いように思います。
　例えば，SNSでの発信一つでどんな情報が公開されているか，それはプライバシーが守られた発信なのか，個人情報が漏れていたらその先にはどんなリスクがあるのか。そして，その仕組みはどうなっているのか。いつもその先の何かを想像することが重要です。さらに私たち教師は，ICTで子供たちの生活はどう変わっていくのか，どんなリスクがあるのかを常に考えていかなければなりません。そうは言っても皆さんの世代は，他の世代と比べると詳しいわけです。日々の生活の中で皆さん自身の行動を振り返り，情報モラル教育の授業に生かしていただきたいと考えています。

（佐藤和紀）

■2刷にて補記

　令和3年度からは「GIGAスクール構想」が本格的に実施され，情報端末の家庭への持ち帰りが前提となる。たとえ保護者がICTのことをよく分からなくても，子供たちの活用を見れば何が良くて何がいけないかの判断も可能である。保護者の良識の範囲で家庭での指導をお願いしておく必要もある。

# 第13章 プログラミング教育

> ▶**学習のポイント**
>
> 2020年度から小学校で実施されるプログラミング教育について,その導入の経緯や諸外国の状況を理解する。次に,小学校におけるプログラミング教育の位置づけや目指すものについて,小学校学習指導要領をはじめとする公的資料などから理解する。そのうえで,小学生にプログラミングを学ばせるための手順や,具体的な授業の方法について学び,将来小学校教員となった際の授業設計や授業の実施に生かすことができるようにする。

**教職課程コアカリキュラムとの対応**　　　（3）の2

## 13-1　小学校におけるプログラミング教育導入の経緯

### 1) 子供たちに求められる学力の移り変わり

　1700年代後半からイギリスで起こった産業革命は,蒸気機関による機械化で生産効率を飛躍的に向上させた。これは第1次産業革命と呼ばれている。1800年代後半になるとアメリカやドイツで電力が導入され,蒸気機関より小型で扱いやすいモーターによる大量生産が始まった。これを第2次産業革命と呼ぶ。1900年代後半からは第3次産業革命と呼ばれ,コンピュータを用いた機械の自動化が進んだ。そして現在,コンピュータ（人工知能）による「自律的な最適化」(1)が進められている第4次産業革命の中で我々は生きている。

　子供たちに求められる学力は,その時の社会情勢により異なってくる。第2次産業革命までは,機械を扱ううえで必要な読み書き能力や基礎的知識が求められてきた。第3次産業革命が進むと,ICT活用スキルや情報活用能力が求められるようになってきた。そして,第4次産業革命では,IoTによって得られた大量のデータを活用して,コンピュータによる自律的な最適

化が進み，人間が関与しなくてもすむことが増えたように受け取ることもできる。しかし，取得したデータを活用した最適化やコンピュータの制御などは，すべて人間によってつくられたプログラムで動いている。したがって，コンピュータやプログラムの処理方法がある程度理解できていないと，コンピュータによる自律的な最適化を使いこなすことができなくなってくる。

　一方，実証主義と構成主義（又は構築主義とも呼ばれる）という教育理論（例えば久保田，2003）からも上記と同様な流れが見られる。実証主義では，教師が学習者に正解である知識を効率的に教えることが重要であり，学習とは受け身の学習者が教師の伝える知識を自分自身に正確に写し取ることである。この考え方は第1次から第2次産業革命の頃までの主流をなしていた。しかし，1980年頃，すなわち第3次産業革命の頃に注目され始めた構成主義では，学習とは学習者が主体的に知識を構築していく過程であり，学習者の社会との関わりが重視される。そして現在，構成主義はプログラミング教育との関連で再び注目されてきている。

## 2）プログラミング教育導入の経緯

　小学校学習指導要領（平成29年告示）（2017）では，わが国では初めて小学校におけるプログラミング教育に関する内容が明記された。わが国における情報教育については，目標として3つの観点「情報活用の実践力」「情報の科学的な理解」「情報社会に参画する態度」が示されている（文部科学省，2018b）が，これまで必修化されたプログラミング教育に関しては，「情報の科学的な理解」で中学校の技術・家庭科技術分野で「情報処理の手順を考え，簡単なプログラムを作成する」学習が示されていただけであった。

　2016年4月，日本の産業の競争力強化や国際展開の促進などを審議する政府の日本経済再生本部の下に設置された，産業競争力会議の第26回会議において，「日本の若者には，第4次産業革命の時代を生き抜き，主導していってほしい」ため，2020年度からの初等中等教育でのプログラミング教育を必修化することが明らかにされた。同日，文部科学省は「小学校段階に

おける論理的思考力や創造性，問題解決能力等の育成とプログラミング教育に関する有識者会議」を設置し，2016年6月に「議論の取りまとめ」を公表した。ここでは「プログラミング教育とは，子供たちに，コンピュータに意図した処理を行うよう指示することができるということを体験させながら，将来どのような職業に就くとしても，時代を超えて普遍的に求められる力としての「プログラミング的思考」などを育むことであり，コーディングを覚えることが目的ではない。」と示され，その後の中央教育審議会や関係会議等に引き継がれることを期待すると示された。

2016年12月，中央教育審議会による「幼稚園，小学校，中学校，高等学校及び特別支援学校の学習指導要領等の改善及び必要な方策等について（答申）」で，「時代を超えて普遍的に求められる「プログラミング的思考」などを育むプログラミング教育の実施を，子供たちの生活や教科等の学習と関連付けつつ，発達の段階に応じて位置付けていくことが求められる。」との答申が文部科学大臣に対してなされた。

これを受け，文部科学省では2017年2月に次期小学校学習指導要領改訂案を公表し，パブリックコメントを経て，2017年3月に告示された小学校学習指導要領では，総則，算数，理科，総合的な学習の時間において「プログラミングを体験しながら論理的思考を身に付ける」学習活動を行うことが明記された。

## 13-2　諸外国におけるプログラミング教育

### 1）諸外国におけるプログラミング教育

プログラミング教育そのものを直接的にねらったものではないが，2004年にリトアニアから始まった「ビーバーチャレンジ」は，小学校高学年から高校生程度までを対象とした情報科学コンテストである。ビーバーチャレンジは，当初ヨーロッパを中心に参加国が増えていたが，近年では全世界に参加国が増え，2017年には44の国と地域が参加した。日本は，ヨーロッパ

地域以外からの初めての参加国として，2011年から情報オリンピック日本委員会が主催して開催している。

プログラミング教育に関する諸外国の状況を調査した報告には，次のようなものがある。文部科学省（2015）による報告書では，①プログラミング教育に関して先進的な取り組みを行っている，②国際的な学習到達度調査において評価が上位になっている，という2つの観点から，23の国や地域を対象とした調査結果を報告している。また，太田ら（2016）は，①初等教育初年度からプログラミング教育を実施，②全国レベルのカリキュラム，③必修教科，を対象条件とした諸外国におけるプログラミング教育に関する調査結果を報告した。これによると，初等教育から実施しているのは，イングランド，オーストラリア，フィンランド，ロシア，インドで，インドは2005年から導入されている。また中等教育から実施しているのは，イスラエル，韓国，シンガポール，日本で，イスラエルは2000年からの導入で，日本は2012年度からである。

## 2）イギリスにおける「Computing」

英国ではディジタル産業界からの要請などを受け，イングランドの公立小学校の全学年を対象として，教科「Computing」が2014年9月から週1回実施されている。2014年度以前には，ICTの活用が主目的の教科「ICT」が1995年に定められて導入され，全学年で実施されていた。「ICT」ではICTの活用が主な内容であったが，「Computing」ではICTの活用に加えてComputational Thinkingの育成などが取り入れられた。

イングランドの公立小学校における教育内容については，教育省（Department for Education）によるNational Curriculumに従う必要がある。「Computing」のNational Curriculumでは，「教科の目的」の冒頭で，「児童がComputational Thinkingや創造性を用いることによって，世界を理解し変革していく」と記述されている。また，「Computing」の内容は3つの要素（Computer Science, Information Technology, Digital

Literacy）に分けられ，Key Stage と呼ばれる学年区分毎に，児童が教わるべき内容が示されている。小学校では，Key Stage 1 の 1 ～ 2 年生と Key Stage 2 の 3 ～ 6 年生となり，[表 13-1] のとおりである。

**表 13-1 ▶** 「Computing」で児童が教わるべき内容　（久野ら，2015）より

| Key Stage 1（5 歳～ 7 歳） |
| --- |
| －アルゴリズムとそのプログラムによる実装，ディジタル機器，命令によるプログラムの実行などの理解<br>－簡単なプログラムの作成とデバッグ<br>－簡単なプログラムの論理的推論による動作予測<br>－ディジタルコンテンツの作成，構成，格納，操作，取り出し<br>－技術の安全かつ他人を尊重した利用，個人情報，ネット上の素材の利用，誰に助けを求めるか<br>－学校外での一般的な情報技術の利用 |
| Key Stage 2（7 歳～ 11 歳） |
| －機器制御やシミュレーション等の特定の目的を達成するプログラムの設計，作成，デバッグ；問題を小さい部分に分けて解く<br>－連接，選択，反復の使用；変数や様々な入出力の使用<br>－単純なアルゴリズムが動作する様子の論理推論；アルゴリズムやプログラムの誤り発見と修正<br>－ネットワークの理解；www など複数のサービスの存在とそれらがコミュニケーション，協調作業を可能にすることの理解<br>－検索の活用と結果の選別・ランクづけの理解；コンテンツの評価<br>－多様なデバイスで動くソフトウェアの選択・利用・組み合わせによるプログラム構築；データや情報の収集・分析・評価・発信<br>－技術の安全かつ責任を持った利用，適切／不適切なふるまいの理解，問題の発見やその対処 |

[表 13-1] に示されるように，教わるべき内容については非常に簡潔に示されており，実際 Key Stage 1，2 の「Computing」の National Curriculum はわずか 2 ページの構成である（Department for Education, 2013）。他の教科，例えば英語（87 ページ）や算数（46 ページ）と比べると極めて少ない。そこで，「Computing」を推進するために CAS（Computing At School）という機関が設立され，小中学校教員向けガイドの作成やカリキュラムの解説，研修などを行っている。

「Computing」に関する教科書や教材，カリキュラムについては特に定められておらず，学校の裁量で自由に決定することができる。各種の団体によって教材が提供されているが，最も多くの小学校で採用されている教材は，RISING STARS 社が発行している「SWITCHED ON Computing」である。この教材は Havering Educational Services（ロンドン市 Havering 地区教育委員会）が CAS や Naace（The National Association for all those interested in technology in education）らと共同で開発したものである。

　イングランドの公立小学校では 3 学期制を採用しており，「SWITCHED ON Computing」は，各学期 2 単元，合計 36 単元で構成されている。各単元は「Programming」「Computational thinking」「Creativity」「Computer networks」「Communication/collaboration」「Productivity」の 6 つのカテゴリーのどれかに位置づけられている。「Programming」に関する単元は，小学校 1 ～ 5 年は各学年に 1 単元，「Computational thinking」に関する単元は 2 ～ 4 年で各学年に 1 単元，そして 6 年では年間を通してスマホのアプリを開発する単元（6 単元）が配置されている。1 ～ 2 年は，実際にはプログラミング言語は直接使用せず，アルゴリズムの概念などを学習する。3 年以上では，主に Scratch というプログラミング言語を使用してプログラミングを学習する。4 年以上では，プログラミングだけではなく，作成するソフトウェアの設計なども学習する。

　「SWITCHED ON Computing」以外の学習活動としては，中学年以上の算数の授業でプログラミングと関連させた教材を用いた授業や，多くの中学校のプログラミング教育で使用されている Python というプログラミング言語を用いて，6 年後半から中学校への進学に備えた授業を行っている学校もある。

　イングランドの公立小学校では，日本同様に原則として学級担任がすべての授業を実施する。「Computing」に関しては専科での教員配置も認められているが，「Computing」の授業時間以外の各教科で積極的にプログラミン

グ体験が取り入れられている学校は，全教員が「Computing」を担当できるように教員研修を行っている学校が多い。

## 13-3　学習指導要領等におけるプログラミング教育

　初等中等教育で扱う学習内容の法的根拠となるものは，学習指導要領である。また，「学習指導要領」に記載された記述に対応する詳細な解説及び活動例は「学習指導要領解説」で示されている。小学校のプログラミング教育に関しては，小学校学習指導要領（2017）（本節では「要領」と記述する）では「第1章　総則」「第2章　第3節　算数」「第2章　第4節　理科」「第5章　総合的な学習の時間」の4か所に記載されている。また，これらに対応して小学校学習指導要領（平成29年告示）解説（2017）（同「解説」）の「総則編」「算数編」「理科編」「総合的な学習編」で詳細が示されている。それに加えて『小学校プログラミング教育の手引 第二版』（文部科学省，2018a）（同「手引」）が発行され，さらに具体的な解説と授業例が示されている。

　本節では，主に「要領」と「解説」の総則で示されている小学校におけるプログラミング教育の位置づけと目的について解説する。

### 1) 小学校におけるプログラミング教育の位置づけ

　「要領」の第1章総則を見ても，プログラミングに関する具体的な記述は見当たらない。しかし，「解説」の該当箇所（p.50）を見ると，「イ　情報活用能力」には「プログラミング的思考」という言葉が出てきている。ここでは，プログラミング教育の位置づけが示されており，「プログラミング的思考」は「情報活用能力」の一つであり，「学習の基盤となる資質・能力」であることを示している。さらにこれらの資質・能力は各教科等の特質に応じて適切な学習場面で育成を図ることが重要であると「要領」「解説」で示されている。このことから，「要領」「解説」では5年算数，6年理科，

及び総合的な学習で，プログラミング体験が例示されているが，それ以外の全学年，全教科・全学習活動においても，プログラミング的思考の育成を図らなければならないということを示している。「解説」に記載された，5年算数，6年理科でのプログラミング体験については教科書にも掲載されるが，それ以外の学習活動ではどうすればよいのだろうか。実は，「手引」には「要領」に例示されていない教科での学習活動やその他の学校教育活動（ゲスト講師による教育活動やクラブ活動など）での学習活動例が掲載されているので，それらを参考にして授業設計を行うことができる。

また，前に記述した情報活用能力についても，文部科学省による情報教育の推進等に関する調査研究（IE-School）の成果報告書（2018b）において，「知識・技能」「思考力・判断力・表現力等」「学びに向かう力・人間性等」の資質・能力によって情報活用能力が整理されている（表13-2）。プログラミング教育に関しても，資質・能力に位置づけられている。「手引」や「要領」と加えて，プログラミング教育は「情報活用能力の育成」であることも意識して授業設計を行いたい。

**表 13-2 ▶情報活用能力の整理**

| 分類 | | | 想定される学習内容 | | |
|---|---|---|---|---|---|
| | | | 基本的な操作等 | 問題解決・探究における情報活用（プログラミング） | 情報モラル・情報セキュリティ |
| A. 知識及び技能 | 1 | 情報と情報技術を適切に活用するための知識と技能 | ①情報技術に関する技能 ②情報と情報技術の特性の理解 ③記号の組合せ方の理解 | ○ | ○ | |
| | 2 | 問題解決・探究における情報活用の方法の理解 | ①情報収集、整理、分析、表現、発信の理解 ②情報活用の評価・改善のための理論や方法の理解 | | ○ | |
| | 3 | 情報モラル・セキュリティなどについての理解 | ①情報技術の役割・影響の理解 ②情報モラル・セキュリティの理解 | | | ○ |
| B. 思考力、判断力、表現力等 | 1 | 問題解決・探究における情報を活用する力（プログラミング的思考・情報モラル・セキュリティを含む） | ※事象を情報とその結び付きの視点から捉え、情報及び情報技術を適切かつ効果的に活用し、問題を発見・解決し、自分の考えを形成していく力 ①必要な情報を収集、整理、分析、表現する力 ②新たな意味や価値を創造する力 ③受け手の状況を踏まえて発信する力 ④自らの情報活用を評価・改善する力 等 | ○ | ○ | ○ |
| C. 学びに向かう力・人間性等 | 1 | 問題解決・探究における情報活用の態度 | ①多面的・多角的に情報を検討しようとする態度 ②試行錯誤し、改善しようとする態度 | | ○ | |
| | 2 | 情報モラル・セキュリティなどについての態度 | ①責任をもって適切に情報を扱おうとする態度 ②情報社会に参画しようとする態度 | | | ○ |

## 2）小学校におけるプログラミング教育の目的

　「要領」の「第1章　第3の1（3）」では「プログラミングを体験しながら（略）論理的思考力を身に付ける」という記述が見られる（対応する「解説」はp.85から記載されている）が，この文中の「体験」という言葉が小学校におけるプログラミング教育のキーワードである。

　小学校でのプログラミング教育の目的の一つは，「解説」に記述されている「プログラミング言語を覚えたり，プログラミングの技能を習得したりといったことではなく，論理的思考を育む」ことである。つまり，小学校でのプログラミング教育は決して将来のプログラマーの早期育成などではなく（もちろん，授業を通して興味をもち将来そのような職業に就くことは問題ない），論理的思考（プログラミング的思考）を養うことである。

　では，「プログラミング的思考」とは何であろうか？「解説」では，

　　自分が意図する一連の活動を実現するために，どのような動きの組み合わせが必要であり，一つ一つの動きに対応した記号を，どのように組み合わせたらいいのか，（略）といったことを論理的に考えていく力

であると記述されている。この文中の「記号」を「命令」「指示」と読み替えると意味がわかりやすい。

　では，何のためにプログラミング的思考を養うのであろうか？　一つは「解説」の続きに記述されている。

　　プログラムの働きやよさ，情報社会がコンピュータをはじめとする情報技術によって支えられていることなどに気付き，身近な問題の解決に主体的に取り組む態度やコンピュータ等を上手に活用してよりよい社会を築いていこうとする態度などを育むこと

これは，児童が「プログラミングを体験」することで，生活の至るところでコンピュータが使用されている理由と，コンピュータはプログラムで動いており人間はプログラムによってコンピュータを制御することができるということに気づかせることにある。また，我々の問題解決の方法の一つとして，

人間が手作業で行うよりも，コンピュータを用いて行ったほうがはるかに正確で速く結果を得ることができ，我々の社会をよりよい方向に導くことができることに気づかせることにある。

　もう一つは，「解説」のやはり続きにある「教科等で学ぶ知識及び技能等をより確実に身に付けさせる」ためである。これは，児童が学習した知識が机上のものではなく，プログラミング体験を通して学ぶことで，現実として受け止めることで，より知識の定着を図ることを目的としている。

### 3）中学校との接続

　中学校におけるプログラミング教育は，中学校学習指導要領（平成20年告示）(2008)の「第2章　第8節　技術・家庭　第2　技術分野　2D　情報に関する技術　(3)のイ」で，「情報処理の手順を考え，簡単なプログラムが作成できること」と記述され，計測・制御の目的のためにプログラミングが必修化されていた。中学校学習指導要領（平成29年告示）(2017)では「第2章　第8節　技術・家庭　第2　技術分野　2D　情報の技術　(2)及び(3)」で，「生活や社会における問題を，(略)プログラミングによって解決する活動」「安全・適切なプログラムの制作，動作の確認及びデバッグ等ができること」と記載されている。これは従来の「プログラムが作成できること」から大幅に内容が強化されていることがわかる。このため，小学校段階で基礎的なプログラミング的思考を身に付けておかないと，中学校での学習に大きな影響を与えることになってくる。

## 13－4　プログラミングの授業

### 1）プログラミング言語

　プログラミングとはコンピュータへの命令を記述することである。命令は，通常プログラミング言語を用いて記述する。プログラミング言語には，大きく分けてビジュアル型プログラミング言語とテキスト型プログラミング言語

がある。ビジュアル型プログラミング言語は，命令がさまざまな色や形のブロックなどで表示されており，キーボードをあまり使わずに，ブロックの組み合わせでプログラムを作成するもので，Scratchなどが代表的である。テキスト型プログラミング言語は，キーボードからの入力によって文字で命令（多くは英語であるが日本語のものもある）を記述してプログラムを作成するものである。

低学年ではプログラミングそのものよりも，スキルの内容の理解が大切であるため，命令がボタン化され，児童は命令ボタンを順番に並べるだけなど，教育用に開発されたアプリを使用するか，ビジュアル型プログラミング言語でも，児童に直接プログラミングさせるのではなく，あらかじめ必要な命令ボタンのみを作成しておき，児童は命令ボタンの操作のみで使用できるように工夫するほうがよい。

中学年以上では，ビジュアル型プログラミング言語を使用してプログラミングを行うと，児童は扱い易い。高学年では，ローマ字を学習していることや，英語の学習活動が取り入れられること，中学校でのプログラミング教育との接続なども考え，テキスト型プログラミング言語を使用してもよい。

### 2）プログラミングの授業で留意すること

小学校のプログラミングの授業では，プログラミングすることが目的となるような授業は行ってはならない。小学校学習指導要領（平成29年告示）解説総則編（2017）にも示されているように，「コンピュータ等を上手に活用」できることや「教科等で学ぶ知識及び技能をより確実に身に付けさせる」こと，つまり，子供たちの生活で起こる内容や教科等で学習した内容を設定する必要がある。

### 3）算数第5学年における学習

『小学校プログラミング教育の手引 第二版』（文部科学省，2018a）では，小学校段階のプログラミングに関する学習活動をA～Fの6つに分類して

いる。ここでは，A分類の最初に掲載されている算数第5学年の正多角形を描く学習を例として解説する。正多角形は「辺の長さがすべて等しく，角の大きさがすべて等しい」という学習に対して，まず定規と分度器を用いて正多角形（例えば正六角形）を作図させる。しかし，手がきでは長さや角度を正確に作図するのはなかなか難しいことを認識させる。次に，「長さ100進む」「左に120度曲がる」「長さ100進む」「左に120度曲がる」「長さ100進む」「左に120度曲がる」とすれば正三角形をかくことができることを確認し，同じブロックが3回繰り返しているところがあることに気づかせて，[図13-1]のように「3回繰り返す」の中に「長さ100進む」「左に120度曲がる」と書くことができることを理解させる。その後，正六角形をかかせるなどして，どちらのプログラムがよいかを確認する。

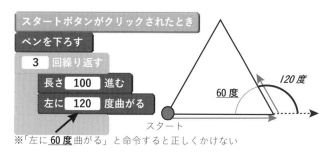

図13-1 ▶ 正三角形を正しくかくためのプログラム例　（文部科学省，2018a）より

### 4）プログラミングのスキルを身に付ける学習

プログラミング的思考に必要な基本スキルは，「順序」「分岐」「反復」があり，この順番で学ぶと理解しやすい。また，これらのスキルをより深く理解するためには「記憶（変数）」や情報表現（エンコード，フォーマット，抽象化）も同時に理解させることが望ましい。これらの基本スキルは，あらかじめ身に付けておいたほうが，教科に関する内容のプログラミング学習を行う際に初めてその場で「反復」などを学習するよりは認知負荷が小さいと

考えられる。

　それぞれのスキルは、「理解」と「訓練」のペアで学ぶことが重要である。「順序」を例にとると、「順序の理解」では、順番に命令を並べるということがなぜ重要であるのかということを、一斉授業を通して理解させる。特に小学校ではアンプラグドとよばれる手法を用いて、この時点ではコンピュータを使わずに、アナログ的な手法で理解をさせることが有効である。この後「順序の訓練」では実際にコンピュータ上でのプログラミング体験を通して行うが、この「訓練」では最初の1、2問は一斉授業で行うとしても、残りは個別学習で行う必要がある。

### 5）「順序」を学ぶ例

　プログラミング言語は、国語や英語などの言語活動と非常に似た側面がある。例えば、小学校学習指導要領（2017）「第2章第1節　第2の2 A（1）イ」の低学年の国語で「相手に伝わるように、行動したことや経験したことに基づいて、話す事柄の順序を考えること。」の記述があるが、「コンピュータに伝わるように、行動したいことを命令する順序を考える。」と読み替えれば、これはまさにプログラミングの「順序」スキルとなる。従って、低学年から「順序」のプログラミングスキルを身に付けることは可能であり、学年に応じて続くスキルを身に付けて行けばよい。以下に小学校1・2年生を対象とした「順序」の学習活動案を示す（表13-3）。

　児童は［図13-2］のワークシート上でロボット（駒）をスタート地点から2か所の三角コーンを通過してゴールさせることを考える。ロボットへの命令は、ボードに「すすむ」「みぎ」「ひだり」のマグネットから選び順番に貼り付ける。

　出来上がったプログラムに従って他の人がロボットを動かすことで、①正しいプログラムであれば誰でもゴールできる（ただし、プログラムが正しくても、人間が実演すると間違える場合もある）、②ゴールできるプログラムは何通りもある、③早くゴールできるプログラムとゆっくりゴールできるプ

ログラムがある,ことを体験させる。ここで,早くゴールできるプログラムがよいわけではないことに注意しなければならない。目的に合わせて早くゴールしたり,ゆっくりゴールしたりすることもプログラムで調整できることを示すことが重要である。

最後に,同様の動作を体験できるアプリを使い,④正しいプログラムであれば必ずゴールできる(プログラムが正しければコンピュータが間違えることはない),⑤コンピュータは疲れたなどと言わずに指示されたことを実行する,ことなどを示し,コンピュータがあると我々の生活で便利なことがたくさんあることを理解させる。

なお,2年生は向きがわかるロボット(駒)を使用し,「みぎ」「ひだり」は,「右に向く」「左に向く」として実施するが,1年生はおはじきなど向きの無いものを使用し,「みぎ」「ひだり」は,「右に動く」「左に動く」として実施するとよい。

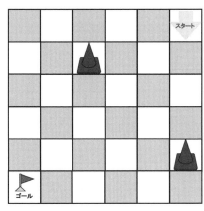

**図13-2 ▶ワークシート例**

表13-3 ▶低学年向け「順序」の指導例

| 時間 | 内　　　容 |
|---|---|
| 5分 | 導入：プログラムってなんだろう<br>発問「皆さんの周りの物で，コンピュータが入っているものは何？」<br>児童の回答例「パソコン，スマホ，タブレット，…」<br>以下を伝える：<br>・テレビ，炊飯器，掃除機，車，電車，飛行機，信号機，エレベーター，ICカード　などにも使われている<br>・コンピュータは働き者だけど自分で考えて動くことはできないのでプログラムでコンピュータに指示しなければならない |
| 15 | 活動1：ワークシート上でロボット（駒）を6×6マスの中を動かし，ゴールするプログラムを作成する<br>・ロボットの気持ちになって，ロボットを動かす命令が書かれたマグネットを順番にプログラムボードに貼らせる<br>・隣同士でプログラムを交換し，ゴールできるか確認させる |
| 10 | 活動2：児童が作ったプログラムのいくつかを実演する<br>・実物投影機などで投影して実演する<br>・同じ命令数で異なるルートでゴールしたものや，ゴールしているが命令数が異なるものを選んで実演する<br>・実演する人が間違えてみる |
| 10 | 活動3：タブレットで活動1と同様のプログラミングを体験する |
| 5 | まとめ |

【注】
（1）　各種のデータからコンピュータが自動的に判断して最適な解答を見つけていくこと。例えば，地図データや気象データ，交通規則，周囲の車や歩行者の状況を判断して車を自動運転する技術など。
（2）　イギリスの公教育はイングランド，ウェールズ，スコットランド，北アイルランド毎に教育制度や National Curriculum を定めている。多くの部分はイングランドのものと共通しているが，異なる部分もある。
（3）　元々は，ニュージーランドの Tim Bell によって提唱されたコンピュータ科学を学ぶ方法。コンピュータを用いない（＝コンセントに差し込まない＝アンプラグド）で，子供たちが体験的にコンピュータの働きを学ぶ。

【参考文献】
● 太田剛・森本容介・加藤浩（2016）「諸外国のプログラミング教育を含む情報教育

- カリキュラムに関する調査」『日本教育工学会論文誌』40（3），pp.197-208
- 久野靖・和田勉・中山泰一（2015）「初等中等段階を通した情報教育の必要性とカリキュラム体系の提案」『情報処理学会論文誌 教育とコンピュータ』1（3），pp.48-61
- 久保田賢一（2003）「構成主義が投げかける新しい教育」『コンピュータ＆エデュケーション』15，pp.12-18
- 情報オリンピック日本委員会（2018）「ビーバーチャレンジ」情報ページ　http://bebras.eplang.jp/
- 文部科学省（2015）『情報教育指導力向上支援事業（諸外国におけるプログラミング教育に関する調査研究）』
- 文部科学省（2018a）『小学校プログラミング教育の手引 第二版』
- 文部科学省（2018b）『次世代の教育情報化推進事業（情報教育の推進等に関する調査研究）成果報告書　情報活用能力を育成するためのカリキュラム・マネジメントの在り方と授業デザイン』
- Department for Education (2013) National curriculum in England: Computing programmes of study

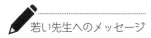
若い先生へのメッセージ

　小学校でプログラミングを教えなければならないと聞いて，プログラミングなんてしたこともないのに教えられない！　と思った方も多いのではないでしょうか。でも心配する必要はあまりありません。実はプログラミングの考え方は，ふだんの私たちが生活の中で使っているものなのです。例えば，料理をつくるときの手順を考えてみましょう。ご飯を炊く，魚を焼く，みそ汁をつくるとすると，仕上がり時間をそろえるためには，いちばん時間がかかることから始めて，それぞれを順番（米を量る，米を炊飯器に入れる，米を研ぐ，…）にかつ同時（並列）に（米を炊きながら，魚を焼き，みそ汁をつくる）作業していきます。このとき，自分の中で材料や器具の用意や料理の手順の段取りを描いて行うと効率的にできますが，これこそプログラミング（手順の段取りを決めること）なのです。是非，子供たちと一緒に楽しみながらプログラミングの授業をしてください。

（石塚丈晴）

# 第5部 学校の情報化

## 第14章 校務の情報化

▶**学習のポイント**

教育の情報化について,学校の業務の種類とそれに費やす時間を学び,校務支援システムを活用することにより,業務時間を短縮するとともに,児童生徒の成績や行動の記録等のさまざまな情報を総合的に把握し,細かな指導を行うとともに評価に生かし,各種データから学校の状況を把握し学校経営の改善を行っている事例を学ぶ。

**教職課程コアカリキュラムとの対応** （1）の3,（1）の4

## 14-1 校務の情報化の意味と目的

### 1）学校業務の種類と業務量

学校の業務は,JAPET校務情報化調査研究委員会の定義（日本教育工学振興会,2007）によると,「学校事務」,「事務以外の実務」,「授業」に分類される（表14-1）。広い意味では,このすべてが「校務」であるが,狭い意味では,「学校事務」の業務を「校務」と呼んでいる。学校では,教員は授業を行うだけでなく,教員事務として多くの事務処理を行っている。それは,児童生徒に直接関係する成績処理や通知表作成,指導要録管理,健康管理だけでなく各種報告書の作成がある。さらに,事務以外の業務としては,各種点検作業や校内外の見回り,登下校指導などがある。

**表 14-1** ▶学校の業務の分類　（日本教育工学振興会，2007）に筆者追記

| | | 学校の業務 | | |
|---|---|---|---|---|
| | | 校務（学校事務） | 事務以外の実務 | 授業 |
| 実施者 | 教員 | (1)教員事務<br>・教務関連事務（成績処理，通知表作成，教育課程編成，時間割作成等）<br>・学籍関連事務（転出入関連事務，指導要録管理，出欠管理等）<br>・保健関係事務（健康観察・報告等）<br>・各種報告書作成<br>・各種お便り作成等<br>・学年・学級経営（学級活動・HR，連絡帳の記入，学級通信作成，名簿作成等）<br>　内は，「教員勤務実態調査」の業務名を筆者が追記 | (4)教員実務<br>・見回り<br>・点検作業等<br>・生徒指導<br>・部活動・クラブ活動<br>・児童会・生徒会指導<br>・学校行事<br>・職員会議等<br>・個別打ち合わせ<br>・校内研修<br>・保護者・PTA対応<br>・地域対応<br>・行政・関係団体対応<br>・校務としての研修<br>・校外での会議等<br>・学校経営 | (7)授業<br>・授業<br>・課外授業<br>・授業（補助）<br>・授業準備<br>・学習指導 |
| | 管理職<br>（校長等） | (2)管理職事務<br>・業務報告<br>・稟議<br>・予算要求　等 | (5)管理職実務<br>・見回り<br>・点検作業<br>・教職員管理・指導等 | |
| | 事務官・現業職員 | (3)事務官・現業職員事務<br>・出退勤管理<br>・出張申請<br>・預かり金管理<br>・献立作成・報告<br>・物品購入・管理<br>・各種情報処理　等 | (6)事務官・現業職員実務<br>・現業業務<br>・見回り<br>・保守点検等 | |

**表 14-2** ▶学校業務従事時間の内訳　（教員勤務実態調査(平成28年度)結果をもとに筆者がまとめた）

| | （単位：％） | 小学校 | 中学校 |
|---|---|---|---|
| 学校の業務 | 校務(学校事務) | 12.4 | 15.2 |
| | 事務以外の実務 | 33.7 | 40.4 |
| | 授業 | 53.9 | 44.4 |
| | 計 | 100 | 100 |

| | （単位：分） | 小学校 | 中学校 |
|---|---|---|---|
| 学校の業務 | 校務(学校事務) | 82 | 103 |
| | 事務以外の実務 | 223 | 274 |
| | 授業 | 357 | 301 |
| | 計 | 662 | 678 |

　「教員勤務実態調査（平成28年度）の分析結果及び確定値の公表について（概要）」（文部科学省，2018a）における「業務内容（教諭）」の分類25種類を［表14-1］の「校務（学校事務）」，「事務以外の実務」，「授業」の分類に分けて，教諭が1日に費やす各時間の割合を調べたのが［表14-2］である。1日の学校業務に占める校務の割合は，小学校で12.4％，中学校で

15.2%であった。また，時間としては，小学校で82分，中学校で103分であった。授業時間にすると，毎日約2時間を校務に使っていることになる。小学校を例にとると校務に取り掛かることができるのは，児童が帰った15時以降になることを考えると数字以上に負担感は高いと考えられる。さらに，事務以外の実務もあるので負担感はさらに高いといえる。

### 2）校務の情報化の目的

校務の情報化とは，表面的には校務にかかわる情報を電子化してコンピュータで処理していくことである。校務の情報化が進んでいる学校の職員室は，教職員1人1台のコンピュータが整備されていて，[図14-1]のイメージである。

**図14-1** ▶校務の情報化が進んだ職員室の例
（文部科学省，2010）より

各コンピュータは，サーバに接続されていてデータを共有することができ，過去の報告書や提出書類を参照することができる。さらに，校務支援システムを使って，成績処理や通知表作成，特別活動等の記録，日々の生活状況の記録，出欠の登録，健康管理などを共有することができるようになっている。

校務の情報化の目的は，大きく2つに分けることができる。

1つ目は，サーバでのデータの共有や校務支援システムの使用により，教職員の校務にかかわる時間や負担を軽減し，軽減した時間を子供に接する時間に使いきめ細かな指導，教材研究などに使ったりして，よりわかりやすい授業を行い，教育活動の質を向上させることである。

2つ目は，校務支援システムを使い，一人一人の子供の状況を総合的に細かく把握し，よりきめ細かな指導を行い教育活動の質を向上させるとともに，学校経営を改善することである。どちらも，最終の目的は学校経営の改善である（図14-2）。

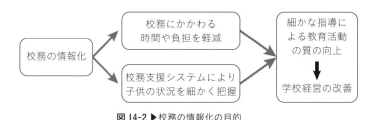

図 14-2 ▶校務の情報化の目的

## 3）校務支援システム

校務支援システムは，教職員の業務改善を行うための専用のシステムで，名簿管理を中心として成績処理，通知表作成，出欠登録，保健情報，特別活動の記録，行動の記録などの各機能間でデータを相互にやりとりすることができるシステムである（図 14-3）。さらに，グループウェア機能をもちメールや電子掲示板，スケジュール，文書管理機能等を使うことで教職員間の情報共有を行うことができるものもある。

さらに，校務支援システムを発展させて，教務系（成績処理，出欠管理，時数管理等），保健系（健康診断票，保健室来室管理簿等），学籍系（指導要

図 14-3 ▶校務支援システムのメニュー画面の例 （スズキ教育ソフト）

録等），学校事務系などを統合したシステムとして統合型校務支援システムが開発されている。

## 14-2　業務の軽減と効率化の具体例

### 1）業務時間の削減効果（定量的効果）

校務支援システムの導入効果には，①定量的効果（業務時間の削減等，数値化できる効果）と②定性的効果（教育の質の向上等，数値化できない効果）がある。[表14-3]は，統合型校務支援システムの導入前と導入後を比較して業務削減時間を調べた資料である（文部科学省，2018b）。これらの

**表14-3 ▶ 定量的効果の一覧**　（文部科学省，2018b）より。自治体名は筆者が変更

| 自治体名 | 削減効果 | 名簿・出席簿 | 日々の成績 | 学期末の成績 | 通知表 | 指導要録 | 保健管理 | グループウェア | その他 | |
|---|---|---|---|---|---|---|---|---|---|---|
| A | ●教員1人あたり／年：103時間 | ○ | ○ | ○ | ○ | ○ | ○ | ○ | | ※1 |
| B | ●教育1人あたり／年：89.2時間（モデル校1校と未導入校との比較により算出） | ○ | | ○ | ○ | ○ | | | | |
| C 3市合同 | ●教員1人あたり／学期<br>・平成27年度下半期（要録・調査書作成を含む）:20.53時間<br>・平成28年度上半期（要録・調査書作成を含まない）:2.46時間 | ○ ※2 | ○ | ○ | ○ ※3 | ○ ※3 | | | ○ ※4 | |
| D | ●教員1人あたり／学期：<br>・小学校:41.7時間<br>・中学校:38.8時間（※）<br>※中学校では，平成30年度から調査書でもシステムを利用予定のため，これを開始すると+4〜10時間の業務改善効果が出ると想定。 | ○ | ○ | ○ | ○ | ○ | ○ ※5 | | | ※1 |
| E | ●教頭1人あたり／年:229.8時間<br>　（1日平均57分）<br>●教員1人あたり／年:224.1時間<br>　（1日平均56分） | ○ ※6 | ○ | ○ | ○ | ○ | ○ | ○ | ○ ※7 | |
| F | ●教員1人あたり／年：<br>・平成25年度（モデル校平均）:80時間<br>・平成26年度（モデル校平均）:96.2時間<br>・平成28年度（全校平均）:114.2時間 | ○ | ○ | ○ | ○ | ○ | | | | ※1 |

※1　A市,D市,F市の対象業務の分類は，聞き取り調査結果に基づく想定
※2　名簿作成は上半期の効果にのみ含まれる
※3　下半期の効果にのみ含まれる
※4　気づきの入力・情報共有,調査書作成（下半期のみ）
※5　保健管理機能の一部のみ利用
※6　名簿作成は含まない
※7　日誌／週案

数値は，教職員へのアンケートやヒアリング，システムへのアクセス数等のデータに基づき算出した数値である。

## 2）職種による業務軽減の具体例
### ①教員
・文書作成の効率化

　従来は，コンピュータを使っていても，各自が同じような形式の文書を一から作成し，各自でそのデータを保管していることが多かったが，前年度までの報告書や文書のデータをサーバに保存して共有することにより，それを参照して文書作成を効率的に行い，時間も短縮することができる。学年や学級通信，年間・月間予定表なども，前年度のファイルを使うことにより文章の枠組みを再利用するなどして効率よく作成することができる。

・教材作成の効率化

　学校の業務としての授業準備になるが，ICTを活用した授業を行うために個々に作成したワークシートなどの教材を学年ごとに蓄積することにより，前年度のものを修正して使うことができるので新規に作成するより時間を短縮することができる。

・データの転記にかかる時間の短縮と転記ミスのない正確な集計作業

　校務支援システムを使うことにより児童生徒の名簿情報を一度入力しておくと，成績処理や出欠管理等の機能ごとに名簿情報が転送されたり，学年が上がるときにも情報が引き継がれたりするので再度入力する必要がなくなり作業時間を削減することができる。所見も校務支援システムに蓄積された学習及び生活の記録を参照することにより効率よく作成することができる。

　通知表作成なども名簿や成績，出席データから自動的に転記されるので転記にかかる時間が短縮されるとともに転記ミスもなくなる。特に，中学校や高校では，進路指導用の資料や進学先に提出する書類を数多く作成する必要があるので，校務支援システムにより自動的にデータの転記と計算が行われることによる負担軽減と時間削減効果は大きい。

・保護者への迅速な緊急連絡

　　電子メールを用いた一斉連絡システムを用いることにより，気象警報発令に伴う休校園の緊急連絡や運動会の開催・順延の連絡も短時間で行うこともできる。従来は，クラスの連絡網を使って順番に伝える仕組みを使っていたが，長時間かかっていた。また，学校の電話台数や回線数は，限られているので，緊急連絡中に，外部から学校へ電話がかかりにくくなることがなくなる。

②**管理職**

・教職員への連絡に要する時間の短縮

　　グループウェアの電子メールや電子掲示板などを使用し，全教職員への連絡を一斉に行うことができるので連絡時間を短縮することができるとともに正確に伝えることができる。また，出張の情報もグループウェアのスケジュール等に記入することにより，職員室の連絡黒板に記入しなくても全員が把握できるので効率がよくなる。

・提出文書決裁の効率化

　　提出文書も，電子メールで送ることにより修正も容易になる。また，電子決裁機能があると紙に印刷することがなくなるのでさらに効率がよくなる。

③**養護教諭**

・保健データ入力の効率化

　　児童生徒の保健データ管理機能も校務支援システムに組み込んであると，健康診断記録の入力と集計作業を効率よく行うことができる。

　　また，各種統計データも校務支援システムを使うことですばやく作成することができるとともに，各種治療勧告書についても該当児童生徒の抽出から書類の印刷まで自動的に行うことができるので，一つ一つを手動で行うことと比べると大変効率的である。

④**事務職員**

・文書のやりとりの効率化

　　事務職員は，教育委員会や学校間の文書のやりとりが特に多いので，電

子メールを使って公文書の送受信を行うことができると非常に効率的である。また，グループウェアの文書管理に各種様式を登録しておくことにより，教員への提出文書の依頼も効率よく行うことができる。

・備品管理の効率化

事務職員にとって，備品管理は負担が大きいが，備品管理システムが導入されていると備品の集計や検索も早く行うことができ管理を効率よく行うことができる。また，備品の画像も登録できるので備品を購入した教職員に人事異動があってもどのような備品なのか確認しやすくなる。

⑤**教育委員会**

・各学校との効率的な文書のやりとり

従来，各学校との文書や報告のやりとりは，紙で行われていたため，学校へ文書が届くまでに数日かかることもあった。急ぐ書類や報告書は，とりあえずFAXで送っておいて，後日原本を送付することも行われていた。それを，電子メールや電子掲示板を使用して公文書の送付を行うことにより，効率的に短時間で行うことができる。

・各種集計作業の自動化

校務支援システムが教育委員会とも連動していれば，各学校園で入力した数値の報告が自動集計され効率よく行うことができる。また，インフルエンザの流行期には，欠席数や理由を効率的に把握し，予防対策を早く行うことができる。

## 14-3　教育活動の質の改善の具体例

### 1) 教育活動の質の向上効果（定性的効果）

宮田ら (2014) は，2012年から2013年にかけて，校務支援システムを導入した公立小・中学校12校131名に質問紙調査を実施した。運用前・1学期後・学年末の3回において，その使用に伴う校務の状況に関する意識の変容を，6項目について「4：とてもそう思う」から「1：まったく思わ

ない」までの4件法で一要因分散分析及び多重比較（Tukey法）を用いて比較した。その結果，校務の状況の6項目すべてにおいて，校務支援システムの運用効果が認められた。多重比較によると「出欠状況の把握」「転記ミスの少なさ」「個人情報の保護」の3項目において，運用前と比較して1学期後，学年末が有意に高い結果であったが，1学期後と学年末では有意な差は見られなかった。一方，「情報共有」「評価内容の質的向上」「効率的な処理」の3項目は，運用前と比較して1学期後，1学期後と比較して学年末が有意に高い結果であったことを報告している（表14-4）。「出欠状況の把握」「転記ミスの少なさ」「個人情報の保護」は，システム運用初期に改善を実感する項目，「情報共有」「評価内容の質的向上」「効率的な処理」は，運用が進むにつれて改善を実感する項目といえる。

**表14-4 ▶校務の状況に関する意識の推移** （宮田ら，2014）より

| 項目 | 平均（分散） a: 運用前 | 平均（分散） b: 1学期後 | 平均（分散） c: 学年末 | 多重比較 |
|---|---|---|---|---|
| 出欠状況の把握 | 3.39 (0.69) | 3.60 (0.59) | 3.65 (0.61) | a<b a<c |
| 転記ミスの少なさ | 2.76 (0.68) | 3.27 (0.67) | 3.38 (0.63) | a<b a<c |
| 個人情報の保護 | 2.92 (0.68) | 3.30 (0.60) | 3.29 (0.61) | a<b a<c |
| 情報共有 | 2.95 (0.71) | 3.20 (0.64) | 3.44 (0.67) | a<b<c |
| 評価内容の質的向上 | 2.66 (0.59) | 2.88 (0.61) | 3.11 (0.63) | a<b<c |
| 効率的な処理 | 2.81 (0.67) | 3.37 (0.62) | 3.56 (0.58) | a<b<c |

6項目についての以下4段階による評価の平均値
4：とてもそう思う
3：少しそう思う
2：あまり思わない
1：全く思わない

## 2）職種による教育活動の質の向上の具体例

### ①教員

・業務にかかる時間の削減による効果

　業務にかかる時間の削減により生まれた時間を子供と直接接したり，授業準備にかける時間を増やしたりすることができ，きめ細かな指導を行う

ことができる。大阪市の校務支援ICT活用事業の取り組みでは，効率化によって教頭では年間136.3時間（1日平均34分），教員では年間168.1時間（1日平均42分）が創出され，その時間を授業準備（教材研究）にかける時間，子供と触れ合う時間，子供の作品やノートを見る時間，部活動の指導にあたる時間に向けられていることがアンケート調査からわかっている（大阪市，2014）。

・生徒指導の質の向上

　校務支援システムにクラブ活動や委員会活動，各種活動，日常の様子が記録として残されていると，それを教職員で参照することにより児童生徒の理解が深まり，きめ細かな指導ができる。また，担任以外でも気がついたことがあれば，校務支援システムに追記することにより，担任が気づかない点もわかり多面的な子供理解につながるとともに，早期に対応することもできる。各教職員も校務支援システムに児童生徒について気がついた点を記録することを通して，児童生徒を見る目が細やかになる。

・個々のデータを把握しての指導

　児童生徒の出欠の記録，成績テスト結果，健康診断結果等の個々の記録をもとに全体との比較を行ったり，過去の指導経過も参考にして，これからの指導内容を考えたりすることができ，きめ細かな指導を行うことができる。特に，過去の指導内容を具体的に知っておくことは，保護者面談時に保護者の信頼を得ることに役立つ。

・通知表等や指導要録への記載事項の充実

　児童生徒の日常の様子が校務支援システムに蓄積されるので，通知表等の所見欄の内容が充実し，保護者に喜んでもらえる。

・学習指導案や教材の共有による授業の充実

　個々に作成した学習指導案や教材をサーバに保管し，共有することができるようにしておくと，本年度使用するときは，それをもとに修正して使えばよくなる。このことにより，新規に作成するよりも，時間も節約することは，業務軽減と効率化の具体例で述べたが，さらに，削減された時間

を学級の実態に合わせた教材の修正に割くことができ，より児童生徒の実態に即した教材に改善することができる。

　特にICT教材の場合，授業ごとに新規に作成していると大変な労力と時間がかかってしまうが，蓄積された教材を再利用し修正することでICTを活用した授業が大変行いやすくなる。広島市の藤の木小学校は，学年ごとに教科書に即したタブレット用のICT教材をサーバに蓄積して共同利用を図り，授業効果を上げている。

・個人情報管理の向上

　児童生徒の情報を校務支援システムで一元管理することができるので，個人情報が分散することがなくなり，セキュリティ機能が高まる。また，児童生徒の個人情報や成績が入ったデータを校外に持ち出すこともなくなるので，情報漏えいの防止に役立つ。

・教員の異動への対応

　市内各学校で同じ校務支援システムを使用していると，学校間で仕事の進め方に違いが少なくなる。そのため，人事異動で他の学校に異動しても新しい職場の仕事に慣れやすくなり，仕事内容の質の向上につながる。

・教職員間のコミュニケーションの促進

　グループウェアの電子掲示板やメール機能により，教職員間の意思疎通がスムーズになる。スケジュール表に各学年の行事を記入しておくと，グループウェアで週間行事を確認することができるので行事予定黒板を見るより学校全体の動きを把握しやすくなる。

②**管理職**

・学校全体の状況の迅速な把握

　校務支援システムで，毎日の出欠の状況（図14-4）や成績の状況，授業進度，行動の記録，保健室の来室記録等をいつでも見ることができるので学校の状況を把握しやすくなり早い段階での対応が可能になる。

③養護教諭
・児童生徒の状況を把握しやすくなる

　健康診断記録や来室記録を一元管理できるので，それをもとに児童生徒の状況を把握しやすくなり担任への連絡も細かく行うことができる。また，児童生徒を個別に見ているとわかりにくい点も全体と比較することで気づきやすくなる。

④保護者
・学校からの連絡メールによる安心・安全情報の提供

　電子メール等の一斉送信システムにより，不審者情報や警報発令等による臨時休校，行事の中止などの連絡をすぐに受け取ることができるので，子供たちへの安心・安全への対応を早くすることができ，子供の安全を守る質が向上する。

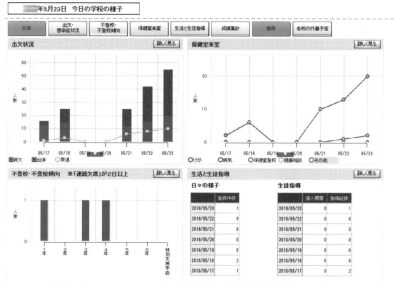

図14-4 ▶出欠状況等の表示例　（スズキ教育ソフト）

## 14-4　校務の情報化と学校経営の改善

### 1）個々の児童生徒への的確な指導

　学習及び生徒指導，保健状況等に関する各児童生徒の情報を一元管理することができるので，個々の状況を把握しやすくなり，指導内容も時系列で見ることができ根拠に基づく指導ができる。さらに，保護者に指導の根拠を詳細に説明することができるので学校への信頼を得やすくなる。

### 2）学習状況の的確な把握と対策

・学習状況の把握による問題の発見

　　管理職は，校務支援システムで学級や学年の成績を見ることにより，各学級の評価が妥当なものか確認することができる。また，過去の成績と比較して，変動が大きい児童生徒については，その子供のもつ問題点の早期発見につなげることもできる。さらに，各担任は，自分の担当している学級と他学級の成績を比較することにより，指導内容や方法の問題点に気づくことができる。経験の少ない教員の場合，データをもとにすることで先輩教員や管理職に相談しやすくなる（図14-5）。

・学習評価の精度の向上

　　校務支援システムの活用にあたり，各教科の評価規準の統一を行うので，観点別評価の配点の仕方などについて話し合う中で共通理解が進み，教員間での差がなくなる。結果として学校経営の質が向上することになる。

### 3）児童生徒の出欠状況の把握

・インフルエンザ等による学級閉鎖の迅速な判断

　　校務支援システムにより校長室や職員室，保健室，教室などから出欠の状況を確認できる。さらに，市内の校務支援システムが連動していると近接地区の感染者数や学級閉鎖の状況も見ることができ，インフルエンザ流

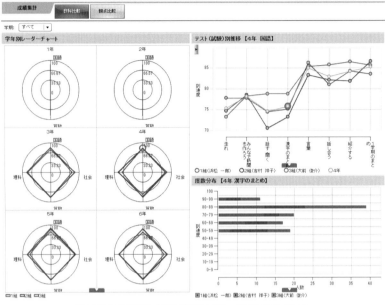

**図 14-5** ▶ 各教科の成績比較の表示例 （スズキ教育ソフト）

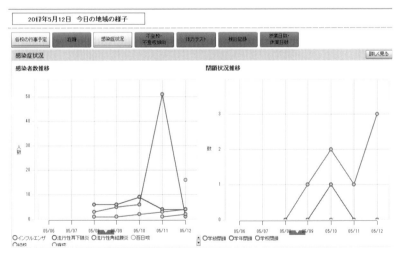

**図 14-6** ▶ 近接地区の感染者数・学級閉鎖数等の状況の表示例 （スズキ教育ソフト）

行の判断や学級閉鎖の判断を迅速に行うことができる（図 14-6）。
・欠席者の把握による不登校への早期の対応

　校務支援システムで，不登校傾向にある（連続欠席 2 日以上）児童生徒名を一覧表で表示させる（図 14-7）。次に個々の名前を選択すると個人の月別の欠席日数や保健室への来室回数等の情報を確認することができる（図 14-8）。それをもとに学校としての対応を早期に考えやすくなる。

**図 14-7** ▶不登校傾向のある（連続欠席2日以上）児童生徒数の表示例　（スズキ教育ソフト）

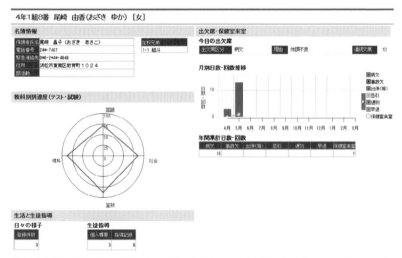

**図 14-8** ▶児童生徒ごとの月別の欠席日数・保健室への来室回数の表示例　（スズキ教育ソフト）

【参考文献】
- 大阪市（2014）「校務支援ICT活用事業の検証結果をとりまとめました」同市ウェブサイト（2018年10月参照）
- スズキ教育ソフト「スズキ校務シリーズ」
- 日本教育工学振興会（2007）「校務情報化の現状と今後の在り方に関する研究」同会ウェブサイト（2018年10月参照）
- 日本教育情報化振興会（2018）『ICT教育環境整備ハンドブック2018』pp.18-19
- 宮田明子・伊藤三佐子・山本朋弘・堀田龍也・片山淳一・鈴木広則（2014）「校務支援システムの運用による校務の状況の改善に関する教員調査の経時的分析」『日本教育工学会論文誌』38（Suppl.），pp.69-72
- 文部科学省（2010）『教育の情報化に関する手引』p.145
- 文部科学省（2018a）「教員勤務実態調査（平成28年度）の分析結果及び確定値の公表について（概要）」，p.13
- 文部科学省（2018b）『統合型校務支援システムの導入のための手引』p.14

若い先生へのメッセージ

　教員にとって校務は，授業以外に時間をとって行わなければならないのでどうしても負担感が高くなってしまいます。皆さんも，教員として働き始めると，授業以外にも多くの仕事があると感じるかもしれません。しかし，校務は，授業とならんで大切な仕事です。教育実習に行ったときに，教員がどのような校務をしているのか調べて見てみてはどうでしょうか。

　ICTを使って校務の負担を減らすことは，校務の情報化の表面的な目的です。真の目的は，児童生徒に関するさまざまな記録をもとに校務支援システムという道具を使って教職員が子供たちの状態を的確に把握し，細かな指導に生かしたり，学校としての指導方針を考えたりして，学校経営を改善していくことです。皆さんも教員になったときに，ぜひ校務の情報化の意味を思い出してください。

（梶本佳照）

# 第15章 学校の情報管理

▶学習のポイント

情報社会を支える教師には,学校における情報管理の基本を理解し,積極的な情報活用によって教育の質の向上と業務改善に努める必要がある。また,ICT活用が一段と進化する現代の学校における情報管理上の課題を理解し,意識と行動を変革する必要がある。

本章では,授業改善や校務改善における情報管理,情報セキュリティ対策としての情報管理の大きく2つの観点から,学校における情報管理について説明する。

**教職課程コアカリキュラムとの対応** （1）の3,（3）の2

## 15-1 学校における情報管理とはなにか

現代の学校は,膨大な情報を管理しながら日々の業務を推進している。教師には,学校が扱う情報の性質をよく理解し,適切に対応する情報管理が常に求められている。

情報管理といえば,「情報を漏えいさせないように守る」というイメージを強くもつかもしれない。しかし,情報管理には,2つの意味がある。

『大辞林 第三版』（三省堂,2006）によれば,情報管理とは,「①情報を有効に利用するため,効率的・統合的に運用すること。②情報が漏洩しないように管理すること。」とある。つまり,情報管理とは,「情報を有効に活用するための管理」と「情報を漏えいさせないための管理」なのである。

高度情報社会といわれる現代社会は,膨大な情報で溢れている。この情報を有効に活用するためには,情報を効率的に取得したり,情報を検索しやすいようにわかりやすく保存したりするなどの管理が必要である。

また,個人情報等の大切な情報が他人の手に渡ってしまったり,壊されてしまったりしたら大きな損害が発生する。このようなことがないように大切

な情報は漏えいしたり，破壊されたりしないように厳格に管理する必要がある。

このような情報管理の重要性は，学校においても全く同様である。情報は確実に守られると同時に，いつでも利用しやすいように管理しなくてはならない。情報社会を支える教師になるためには，なにより，自らが適切な情報管理能力を身に付ける必要がある。

本章では，授業や校務の改善に資する情報管理と情報セキュリティ対策として脅威から情報を守る情報管理の2つの視点から教師に求められる情報管理の基本について述べる。

## 15−2　授業改善における情報管理

教師の最も大事な業務は，よりよい授業の提供である。

毎日の授業の質を高めるためには，教師の情報管理が重要な意味をもつ。ここでは，授業改善を進めるための情報管理や地域や学校の実態に合わせた自作教材に関する情報管理について述べる。

### 1）授業改善に資する情報の管理

授業改善に資する情報にはどのようなものがあるだろうか。

文部科学省や教育委員会からは，最も基本となる授業改善の情報が提供されている。教科書の解説書も基本的な授業改善に資する情報といえるだろう。授業や学級経営の改善を目的とした研究紀要，書籍，定期的に刊行される専門誌なども貴重な情報である。

授業改善に資する情報は，多種多様かつ大量に提供されている。こうした授業改善に資する情報に漫然と接するだけでは，授業改善を効率的に進めることはできない。大量の情報の中で，混乱が生じるだけである。そこで，こうした情報を分類し整理することが情報管理の第一歩となる。例えば，次のような分類整理である。

・学習指導要領やその解説などの基本情報
・学年別の情報
・教科別の情報
・新しい教育課題に関する情報（例えば，プログラミング教育）
・学校の課題に対応した授業改善の情報（例えば，基礎基本の徹底）

こうした情報は，校内で分類整理をしたり，職員室内で決められた場所に保管したりして，すぐに活用できるようにしておく必要がある。

**2）自作教材作成のための情報管理**

児童生徒の実態に応じた教材を自作する際にも，情報管理は欠かせない。

自作教材の作成と共有は，これまでも行われてきた。各学校の教材室には，苦労して作成された自作教材が保管されていることが多い。しかし，管理が不十分なために，貴重な自作教材が埋もれているのではないだろうか。

毎回白紙の状態から自作教材を作成するには多くの時間と労力を要する。一度作成した教材を適切に管理することにより，その教材は必要なときに何度も繰り返し使えるようになる。ICT化が進んだことにより，自作教材の作成は容易となり，管理もしやすくなった。

例えば，授業資料として作成したスライドデータは，フォルダにわかりやすく管理することで，次の授業の際に簡単に取り出して使うことができるだろう。デジタルデータであれば，修正を行い，新たな知見を加えたり，新たな発問や指示を加えたりして，より改善された教材として授業に活用することも簡単にできる。

こうした情報管理は，学校全体の組織的な取り組みとしてなされることが重要だ。そのために，自作教材は，共有フォルダに保管し，他の教師が積極的に活用できるようにしなければならない。工夫された自作教材が多くの教師によって使われることで，学校全体の授業の質を向上させることが可能となる。さらに，教材を共有し他の教師とともに議論し改善することにより教

材の質をより高めることも期待できる。

## 15-3　校務改善における情報管理

　現代の学校では，教師の多忙化を改善することが強く求められている。

　その実現のためには，適切な情報管理によって，学校の業務改善を推進することが欠かせない。

　現在の学校には，校務情報の管理に課題がある。多くの学校では，業務に必要な文書類は各個人がそれぞれの机の中や自分のフォルダに保管管理する慣行が続いている。各人が独自の考え方と方法で情報を保管することで，組織全体としての情報の整理や共有が難しくなっている。

　このことにより，次のような問題が発生する可能性がある。

・必要なとき即座に情報を取り出せない
・業務の引継が十分できない
・最新の情報への更新ができず，共通の資料をもとにした議論が困難
・情報の重複作成が発生し，時間とコストの無駄遣いが発生
・不要な情報の廃棄が計画的に進まず，無駄なコストが発生

　こうした問題が積み重なり，多忙化の原因の一つとなっているのである。多忙化だけではなく，組織的な意思決定の遅れや混乱にもつながるのは容易に想像できるであろう。

　教職員全員が，個人毎に文書管理するという慣行を見直し，情報管理を適切にしなければ，働き方改革の実現は困難である。そのために必要な基本的なポイントを3点あげたい。

　第一に，学校における校務にかかわる情報は，個人の資産ではなく，学校という組織の資産であることを意識しなければならない。情報が手書きのも

のであれ，デジタル化されたものであれ同じである。

　第二に，校務情報管理のルールを一人一人が守ることが重要である。学校の情報資産を共有する意識があったとしても，情報整理や保管のルールを守らなければ，業務の改善にはならない。

　第三に，校務情報は，常に最新のものに更新されなければならない。情報を共有する意識をもち，ルールを守り保管したとしても，古い情報と新しい情報が混在していては，情報管理は適切とはいえない。情報は，常に最新のものに更新される必要がある。古い情報は保管期限の過ぎたものから順次廃棄しなければならない。特にデジタルデータは，大量に蓄積されやすく，それによって本当に必要な情報を発見しにくくなってしまう。これでは効率的な業務進行は期待できない。もちろん，過去の情報のすべてに価値がないわけではない。どの情報を残し，どの情報を廃棄するか分類したうえで期限を設定するルールが必要である。

　以上のような基本ポイントを全員で着実に実行することで，校務情報は適切に管理され，教師の多忙化の改善につながる。

## 15-4　情報セキュリティ対策

　情報化の加速度的な進展によって，学校には情報管理の一環としての確かな情報セキュリティ対策が求められている。

　2020年度より全面実施される学習指導要領では，「情報活用能力」が「学習の基盤となる資質・能力」として位置づけられている。高度情報化時代に欠かせない情報活用能力を育てるために，学校ではICT環境のよりいっそうの整備が進められる。そして，プログラミング教育も含めた多くの学習の中で積極的なICT活用が拡大する。

　また，働き方改革の実現のためにも，統合型校務支援システムをはじめとしたICTの活用がますます必要となる。これまで紙媒体で処理されていた情報がどんどんデジタル化されていくだろう。

このように，これからの学校では，情報化が授業の面でも校務の面でもこれまで以上に加速する。学校にはこれまで以上に多くのコンピュータ等が導入され，ネットワークに接続したうえで活用されることになるだろう。

こうした情報化による学校改善は，一方では瞬時に大量の情報が漏えいするなどのリスクが高まることでもある。このリスクを減じながら学校の情報化を加速し，教職員も児童生徒も安心してICTを活用できるようにするためにこそ，確実な情報セキュリティ対策が講じられる必要がある。

文部科学省は，2017年10月に「教育情報セキュリティポリシーに関するガイドライン」（以下，ガイドライン）を策定した。ここでは，このガイドラインおよび，同年11月に同じく文部科学省より発行された「『教育情報セキュリティポリシーに関するガイドライン』ハンドブック」（以下，ハンドブック）に基づきながら，特に教職員一人一人が意識すべき情報セキュリティ対策の基本について述べる。

### 1）情報セキュリティ対策とはなにか

学校では，日々の業務の中で価値ある情報が大量に生み出されている。各種の名簿，成績，出席簿，健康に関する情報，学習記録，運営にかかわる情報，学校要覧等々，膨大な情報が生産されている。こうした学校が保有している情報全般が情報資産である。こうした情報自体に加えて，これを保管しているパソコンやUSBなども情報資産とされる。

情報セキュリティ対策とは，こうした重要な学校の情報資産を学校内外のさまざまな脅威から守ることである。

### 2）情報資産に対する脅威とその原因

ハンドブックでは，「機密情報の漏えい」「不正アクセス」「データの改ざん」「情報の滅失」などを，情報資産に対する脅威としてあげている。さらに，情報資産がこうした「脅威」にさらされる原因として次の5つの観点を示している。

①内部の者による情報資産の窃取・改ざん等
　②自然災害等による情報資産の滅失等
　③児童生徒のいたずら等による情報資産の窃取・改ざん等
　④悪意のある外部の者による情報資産の窃取・改ざん等
　⑤教職員の過失による情報資産の漏えい・紛失等

　こうした観点からもわかるとおり，学校の大切な情報資産に対する脅威は，学校のいたるところにあるといっても過言ではない。外部からの攻撃等による脅威だけでなく，学校では内部にも多くの脅威やその原因を抱え込んでいるのである。

　特に学校が他の行政機関などと違うのは，児童生徒が教室やパソコン室で授業中や休み時間に情報システムに触れる機会があることである。一般には，公的な情報システムに児童生徒が触れることはない。しかし，学校では児童生徒が積極的にコンピュータ等の情報システムを活用し学習することが必要なのである。

　実際に2016年には，生徒が教職員用のサーバにログインし，1万人分以上の個人情報を窃取した事件があった。学校では，IDやパスワードが児童生徒の目に触れることがないよう，十分な管理が求められる。

### 3）個人情報漏えいの実態と処分

　学校では，個人情報の漏えいが繰り返し起きている。
　ISEN（教育ネットワーク情報セキュリティ推進委員会）の「平成29年度学校・教育機関における個人情報漏えい事故の発生状況 調査報告書 第2版」（2018）によれば，2017年度には，182件の個人情報の漏えい事故が発生し，延べ126,571人の個人情報が漏えいしたとされる。
　これらの事故を種類別に集計したのが［図15-1］のグラフである。これによれば，書類やUSBメモリ，パソコンなどの「紛失・置き忘れ」による個人情報の漏えいが最も多く，「誤配布」が2番目に多く発生したことがわ

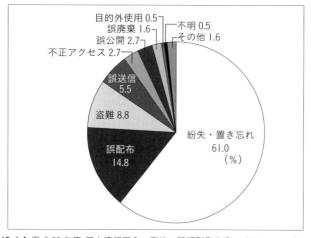

図 15-1 ▶平成 29 年度 個人情報漏えい事故の種類別発生率　(ISEN, 2018) より

かる。両者を合わせると約 75％となる。これは，前述の観点のうち「⑤教職員の過失による情報資産の漏えい・紛失等」にあたるものである。つまり，教職員自身が情報資産を脅かす脅威の大きな原因となっているのである。

情報漏えい等に対しては，厳しい処分が下されている。文部科学省の「平成 28 年度公立学校教職員の人事行政状況調査」(2017c) によれば，個人情報の不適切な取扱いにかかわって，次のような懲戒処分等が行われている。

まず，懲戒処分にあたる減給が 6 名，戒告が 17 名。加えて監督責任を問われたものが 1 名であった。また，懲戒処分にはあたらないものの訓告等を受けた教職員は 325 名，監督責任を問われたものが 194 名となっている。こうした処分は毎年のように繰り返されており，学校への信頼を揺るがす大きな問題となっている。

教職員に悪意がなくとも，ほんの少しの油断で重要な個人情報の漏えいは起こりえる。情報漏えいを防ぐには，教職員の情報セキュリティに対する意識を高めることがなにより重要である。加えて，次に見るような組織的な対策や堅牢なシステムの構築も加えて，総合的な対策を行うことが必要となる。

### 4）情報セキュリティ対策①情報資産の分類

　情報セキュリティ対策の第一歩は，情報資産の分類である。

　学校の情報資産は，多種多様で膨大である。公開が積極的に求められる情報や公開しても差し支えない情報もあれば，児童生徒の成績や家庭の状況など決して漏えいが許されない個人情報もある。こうした情報を一律に守るのではなく，万が一の場合の影響からその重要性に応じて分類しそれぞれ適切に守ることが求められる。

　ガイドラインでは，機密性（情報を漏えいさせない），完全性（情報を改ざんさせない），可用性（情報がいつでも扱える状態を保つ）の3つの観点から情報資産を評価し，それを総合して4段階の重要性分類を行い，［表15-1］のような例示をしている。

　この表によれば，重要性分類Ⅰは，「セキュリティ侵害が教職員または児童生徒の生命，財産，プライバシー等へ重大な影響を及ぼす」と定義され，指導要録の原本，教職員の人事情報などが情報資産の例として示されている。重要性分類Ⅱは，「セキュリティ侵害が学校事務及び教育活動の実施に重大な影響を及ぼす」とされ，出席簿，評定一覧表，健康診断票，児童生徒の個人情報などが例示されている。

　この重要性分類ⅠとⅡにあげられる情報は，「校務系情報」といわれる。一人一人の成績，生徒指導にかかわる情報，健康，家庭の状況にかかわる個人情報等，そこには他人に知られたくない機微な情報がたくさん含まれている。こうした重要性分類Ⅰ，Ⅱにあたる校務系情報が，外部に漏れたり破壊されたりしては，大変な問題となる。そのため，校務系情報はインターネット等を通じた外部からの侵入ができないようにするとともに，内部の児童生徒もアクセスできないところに保管されなければならない。

　ただし，この校務系情報であっても，保護者との緊急連絡メール等，インターネットを通じた発信の際に必要なことがある。こうした情報は「校務外部接続系情報」として，インターネットに接続された環境で管理される必要

表 15-1 ▶学校における情報資産の分類の例示 （文部科学省, 2017a）より。例示の補足は省略

| 重要性分類 | 情報資産の分類 定義 | 機密性 | 完全性 | 可用性 | 情報資産の例示 持ち出しの禁止 | 持ち出しの制限 | 持ち出しの制限無し |
|---|---|---|---|---|---|---|---|
| I | セキュリティ侵害が教職員または児童生徒の生命，財産，プライバシー等へ重大な影響を及ぼす。 | 3 | 2B | 2B | ・指導要録原本<br>・教職員の人事情報<br>・入学者選抜問題 | ・教育情報システム仕様書 | |
| II | セキュリティ侵害が学校事務及び教育活動の実施に重大な影響を及ぼす。 | 2B | 2B | 2B | ○学籍関係<br>出席簿／卒業証書授与台帳／転退学受付(整理)簿／転入学受付(整理)簿／就学児童・生徒異動報告書／休学・退学願等受付(整理)簿／教科用図書給付児童・生徒名簿／要・準要保護児童・生徒認定台帳／その他校内就学援助関係書類<br>○成績関係<br>評定一覧表／進級・卒業認定資料／定期考査素点表／成績に関する個票等<br>○指導関係<br>事故報告書・記録簿／生徒指導・特別指導等記録簿<br>○進路関係<br>卒業生進路先一覧等／進路希望調査／進路判定会議資料／進路指導記録簿／入学者選抜に関する表簿<br>○健康関係<br>健康診断に関する表簿／健康診断票／歯の検査表／心臓管理等医療情報／学校生活管理指導票<br>○児童・生徒に関する個人情報<br>○学校教職員に関する個人情報<br>○教職員に割り当てた機密性の高い情報<br>情報システムログインID／PW／情報端末ログインID／PW | ○成績関係<br>通知表／定期考査・テスト等の答案用紙(児童・生徒が記入済のもの)<br>○指導関係<br>児童・生徒等の個人写真・集合写真／指導カード(児童・生徒等理解カード)／教育相談・面接の記録・カード等／個別の教育支援計画(学校生活支援シート)／個別指導計画／家庭訪問記録・個別面談記録／教務手帳／週ごとの指導計画(個人情報が含まれるもの)<br>○進路関係<br>調査書／推薦書／私立高校入試に係る事前相談資料／公立高校入学者選抜に係る成績一覧表<br>○健康関係<br>児童・生徒等健康調査票／児童・生徒の健康保険等被保険者証の写<br>○その他<br>給食関係書類・寄宿関係資料<br>○名簿等<br>児童生徒名簿／保護者緊急連絡網／児童・生徒の住所録／座席表／PTA会員名簿／職員緊急連絡網・職員住所録／委員会名簿<br>○児童生徒の学習系情報<br>※(学習後に回収したもの)<br>児童生徒の学習記録／学習活動の記録 | ※学習後に回収した学習系情報は，児童生徒がアクセスすることを前提とせず，評価根拠等で保存されるため，校務系情報と同等の重要性とする。 |
| III | セキュリティ侵害が学校事務及び教育活動の実施に軽微な影響を及ぼす。 | 2A | 2A | 2A | | ○児童生徒の学習系情報(学習中)<br>児童生徒の学習記録／学習活動の記録<br>○学校運営関係<br>卒業アルバム／学校行事等の児童・生徒の写真 | |
| IV | 影響をほとんど及ぼさない。 | 1 | 1 | 1 | | | ○学校運営関係<br>学校・学園要覧／学校紹介パンフレット／使用教科書一覧／教育課程編成表／学校設定科目の届け出／特色教科冊子原稿／学校徴収金会計簿／学校行事実施計画／保護者等への配布文書文例／各種届雛形・校務分掌表／PTA資料／学園・学校・学年・学級だより／学校・学園ホームページ掲載情報／学校行事のしおり／授業用教材／教材研究資料／生徒用配布プリント |

がある。

　重要性分類Ⅲにあたる情報は,「セキュリティ侵害が学校事務及び教育活動の実施に軽微な影響を及ぼす」と定義され,児童生徒の学習記録,学習活動の記録（動画・写真等）が例示されている。

　この重要性分類Ⅲに該当する情報は,児童生徒が書いたワークシートや作品等,授業中に次々と生成されるものであるため,「学習系情報」とも呼ばれる。学習系情報は,互いに見合ったり,学び合ったりすることが前提とされる情報であり,教師も児童生徒もアクセスできることが重要である。そのため,校務系情報とは別に扱われる必要がある。

　しかし,その児童生徒の学習成果物に教師の評価が加えられた場合等には,個人の成績にかかわる機微な情報となるため,重要性分類Ⅱとして扱われるべき情報となる。

　重要性分類Ⅳに該当する情報は,漏えい等があっても「影響をほとんど及ぼさない」と定義され,学校紹介パンフレットや行事のしおりなどが例示されている。

## 5）情報セキュリティ対策②分類された情報資産の管理

　以上のように重要性によって分類された情報資産はどのように管理されなければならないのだろうか。

　現在の学校には,教室や職員室に多数のコンピュータが設置されている。それらは,どれも同じように情報資産にアクセスできるようにはなっていない。情報資産の種類によってシステムが切り分けられ,そこにつながっているコンピュータは扱える情報が限定されているのである。

　ガイドラインでは,情報資産を「校務系システム」「校務外部接続系システム」「学習系システム」に分けて管理するとしている。

　ガイドラインでは,重要性分類ⅠとⅡにあたる校務系情報は,インターネットに接続されない「校務系システム」で管理することを原則としている。

　保護者との緊急連絡メール等,インターネットを通じたやりとりが必要な

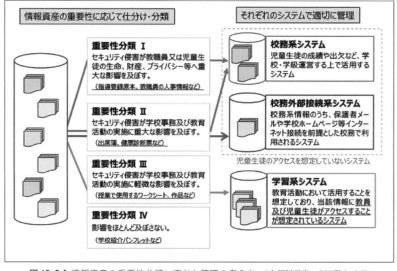

図 15-2 ▶情報資産の重要性分類に応じた管理の考え方 （文部科学省，2017b）より

校務外部接続系情報は，「校務外部接続系システム」で扱われる。

重要性分類Ⅲにあたる学習系情報は，児童生徒もアクセス可能な「学習系システム」で扱われる。これらを図にまとめると［図15-2］のようになる。

「校務系システム」，「校務外部接続系システム」，「学習系システム」は，完全に分離され，互いにアクセスできないようにする必要がある。例えば，児童生徒は，教室やパソコン室で学習用コンピュータに学習の一環として日常的に触れるが，そこから校務系システムに入りこむことができないように分離することが重要である。

このように，学校では情報漏えい等が起きないように，情報資産の重要性分類に応じてシステムそのものも別にして，情報を管理しているのである。学校に設置されるコンピュータ等情報機器は，今後さらに増えていくであろう。それらは，見た目は同じであっても，取り扱える情報の重要性分類は大きく異なるとともに，ネットワークへの接続も限定的に為されているのである。教職員は，どのシステムがどのように管理されているのか熟知して利用

する必要がある。

### 6）情報セキュリティ対策③組織的な対策

　情報セキュリティ対策は，組織的に行われる必要がある。

　各学校内部での組織的な対策はもちろん重要であるが，それ以前に，学校を設置し管理している教育委員会が，責任をもって組織的な対策を行わなければならない。

　さらに，ガイドラインでは，教育委員会と地方公共団体の首長部局と連携した情報セキュリティの確保を求めている。具体的には，教育情報セキュリティの最高責任者（CISO）は，地方公共団体におけるCISO（副市長等）とすることを基本としている。これは，教育委員会も地方公共団体の一部局であること，また，情報セキュリティに関する専門的な職員が不足していることが多いことから，CISOは統一して情報セキュリティの確保に取り組むことが重要なのである。

　かつて学校に少数のコンピュータが設置されていただけの時代と，大量のコンピュータが設置され，さらにそれらがネットワークにつながれて日常的に活用される現代とでは，情報セキュリティ対策を実行する組織が大きく異なるのは当然である。また，個人でICT機器を扱っている場合と，地方公共団体の責任ある業務の一環としてICT機器を扱う場合に違いがあるのも当然である。組織的な情報セキュリティの実施は，日常業務に制約を感じさせることもあるが，情報化社会のさらなる進展に伴い，ますます組織的な対応が重要となることを一人一人が理解することが大切である。

### 7）情報セキュリティ対策④教職員の遵守事項

　これまで見てきたように，学校の情報資産は，重要性によって分類され，それぞれを適切に守るシステムと組織によって守られることが必要である。

　しかし，それを実際に運用する教職員の意識が低いままでは，情報漏えい事故等はなくならない。ここでは，教職員が注意すべき基本的な行動につい

て述べる。

　第一に，教職員は，情報資産の外部への持ち出しは，情報漏えいに直結しやすい行動であることを認識し，十分注意しなければならない。

　そもそも重要性分類ⅠとⅡのレベルの情報資産は，外部への持ち出しそのものが禁止されている。これは紙媒体であっても同様である。このことは確実に守ることが必要である。

　業務上やむをえず持ち出す必要がある場合には，情報セキュリティ管理者の許可を得たうえで，さらに次のような注意が必要となる。

　USBメモリなどでの持ち出しの場合は，私物ではなく，学校で用意しているパスワードで守られたセキュリティの高いUSBメモリを使用するとともに，情報資産の暗号化処理をする必要がある。また，持ち出し後は，目的地に直行するとともに，やむをえず途中で駐車する場合などは，車内に放置してはいけない。車上荒らしによる盗難などの危険性があるからである。

　USBメモリの紛失，盗難などによる情報漏えいは毎年のように繰り返されている。小さいメモリにたくさんの情報を入れることができるなど非常に利便性が高いが，その小ささ故に事故が起きがちであることを十分意識し，情報を徹底的に守る必要がある。

　電子メールでの持ち出しの場合には，送信相手を間違えないよう十分注意しなければならない。また，情報資産を添付する場合には，暗号化するとともにパスワードをかけて送付する必要がある。

　この他にも，情報資産の外部への持ち出しについては，多くの注意すべき点がある。また，持ち出しの際の申告や許可を得る際の手続きなども細かく定められている。これらに十分注意をはらい，情報を確かに管理することが必要である。

　第二に，学校の情報システムには，安全に運用できるようにウイルス対策ソフトウエアがインストールされるなど，強固なセキュリティ対策が講じられている。特に外部からの攻撃に対して，情報資産を守るための対策は幾重にも為されている。

このシステムを安全に維持運営するために，教職員は次のような行動をしてはいけない。
　まず，利用しているコンピュータのウイルス対策ソフトの設定を無断で変更したり，削除したりしてはいけない。また，許可なく新しいソフトウエアをインストールしてはいけない。さらに，許可なく私物のコンピュータやUSBメモリなどを持ち込み，学校のネットワークシステムに接続してはいけない。こうした行為は，外部からの悪意のある攻撃を許すきっかけにもなる可能性がある。
　情報セキュリティにかかわる事故の大半は，ヒューマンエラーであるという。教職員は，教育委員会や学校で定められたルールを確実に守り，自分自身が紛失，置き忘れ，誤送信といった単純なミスを起こさないことである。
　これは，コンピュータ上の情報だけに限らず，紙媒体の情報の取扱いについても同じである。教職員は，日常的に多くの個人情報を扱いながら仕事を進めなければならない。児童生徒から集めた個人情報の記載された文書や評価情報の記載されたメモを不用意に机の上に置き忘れるようなことがないよう，十分に注意する必要がある。大事な文書を集めるときには，名簿を元にチェックしながら回収し，いつ誰から何を回収したのか，その都度記録するなどの丁寧さも重要である。こうした作業も我々が行うべき情報管理である。
　個人情報保護を確実に行うために，職員室のあり方も少しずつ変化を始めている。これまでは，子供も保護者も職員室の教師の机のすぐ側にまで入り親しく相談する光景がよく見られた。しかし，職員室内では常時個人情報が大量に扱われている。個人情報を大量に保管しているサーバが職員室内に設置されていることもある。それらを守るためには，職員室内に個人情報保護ゾーンを設定し，保護者や子供の出入りを制限する必要がある。
　このように，情報化の進化と共に，我々の情報管理に関する意識や行動は常にアップデートする必要がある。校内外での研修に積極的に参加し，同僚と助け合いながら適切な情報管理を進めて行くことが重要である。

【参考文献】
- ISEN（教育ネットワーク情報セキュリティ推進委員会）(2018)「平成 29 年度 学校・教育機関における個人情報漏えい事故の発生状況 調査報告書 第 2 版」
- NTT ラーニングシステムズ（2018）『学校の情報セキュリティ実践マニュアル』翔泳社
- 三省堂（2006）『大辞林 第三版』
- 田中功（2004）『情報管理の基礎知識 2 訂版』海文堂出版
- 文部科学省（2017a）「教育情報セキュリティポリシーに関するガイドライン」
- 文部科学省（2017b）『『教育情報セキュリティポリシーに関するガイドライン』ハンドブック』
- 文部科学省（2017c）「平成 28 年度公立学校教職員の人事行政状況調査について」同省ウェブサイト（2018 年 10 月閲覧）

若い先生へのメッセージ

情報管理といえば，どうしても難しい問題のように感じる方が多いと思います。また，個人での ICT 活用に比べると，勤務先の学校での ICT 活用には情報管理上の制限が多く，煩わしさを感じる方もいるかもしれません。

しかし，ここで見てきたように，情報管理への意識を高めることは，あなた自身の身分を守り，なおかつ効率的に業務を進めるために欠かせないことなのです。情報社会はますます高度なものとなり，学校もどんどん進化していくことでしょう。情報管理の基本をしっかり身に付けて，子供からも同僚からも頼りにされる教師としてご活躍されることを祈っています。

（新保元康）

| 参考 | 教職課程コアカリキュラム（2017年11月）抜粋 |

## 教育の方法及び技術（情報機器及び教材の活用を含む。）

**全体目標：** 教育の方法及び技術（情報機器及び教材の活用を含む。）では，これからの社会を担う子供たちに求められる資質・能力を育成するために必要な，教育の方法，教育の技術，情報機器及び教材の活用に関する基礎的な知識・技能を身に付ける。

### (1)教育の方法論

一般目標：これからの社会を担う子供たちに求められる資質・能力を育成するために必要な教育の方法を理解する。

到達目標：1) 教育方法の基礎的理論と実践を理解している。
2) これからの社会を担う子供たちに求められる資質・能力を育成するための教育方法の在り方（主体的・対話的で深い学びの実現など）を理解している。
3) 学級・児童及び生徒・教員・教室・教材など授業・保育を構成する基礎的な要件を理解している。
4) 学習評価の基礎的な考え方を理解している。
※幼稚園教諭は「育みたい資質・能力と幼児理解に基づいた評価の基礎的な考え方を理解している。」

### (2)教育の技術

一般目標：教育の目的に適した指導技術を理解し，身に付ける。

到達目標：1) 話法・板書など，授業・保育を行う上での基礎的な技術を身に付けている。
2) 基礎的な学習指導理論を踏まえて，目標・内容，教材・教具，授業・保育展開，学習形態，評価規準等の視点を含めた学習指導案を作成することができる。

### (3)情報機器及び教材の活用

一般目標：情報機器を活用した効果的な授業や情報活用能力の育成を視野に入れた適切な教材の作成・活用に関する基礎的な能力を身に付ける。

到達目標：1) 子供たちの興味・関心を高めたり課題を明確につかませたり学習内容を的確にまとめさせたりするために，情報機器を活用して効果的に教材等を作成・提示することができる。
※幼稚園教諭は「子供たちの興味・関心を高めたり学習内容をふりかえったりするために，幼児の体験との関連を考慮しながら情報機器を活用して効果的に教材等を作成・提示することができる。」
2) 子供たちの情報活用能力（情報モラルを含む）を育成するための指導法を理解している。

# 索引

＊は人名

## A-Z

CAI　96, 100
CAS（Computing At School）　204
Computing　203
ICT　19, 28, 93, 101
ICT-School　155
ICT 活用　83, 146, 152
　教師による―　104, 155
　児童生徒による―　152, 154
　―場面　117
ICT 環境　106
　教室の―　107, 156
ID　238
IE-School（情報教育推進校）
　　　　　　　153, 169, 207
NHK for School　100, 120, 172
PMI シート　147
Scratch　210
SNS　184
TPACK（技術に関する教育的内容知識）
　　　　　　　　　　　　52
Twitter　193
X チャート　145

## ア行

暗号化　245
アンプラグド　212
イーリィ＊　28

意思決定　40, 50
一時に一事　67
一斉学習　16
一斉指導　98
インストラクショナルデザイン　28
インターネット　96, 162, 184
ヴィゴツキー＊　27
ウイルス対策　245
『エミール』　26
遠隔学習　100
大型提示装置　20, 106, 156

## カ行

改ざん　238
学習活動　27, 139, 146
学習過程　30, 139
学習環境　19
学習技能（学習スキル）　21, 62
学習規律　20, 107, 158
学習系情報　242
学習形態　28, 30, 144
学習指導　28
　―案　16, 28, 93, 137
学習指導要領　9, 74, 79, 88
　―解説　12
学習習慣　21
学習状況　50, 228
学習内容　27
学習の手引き　79

249

学習用ツール　156, 162
拡大教科書　18
拡大提示　83, 114
学級経営　19
学校基本調査　8
学校教育法　9, 72
　　―施行規則　11
学校経営の改善　218, 228
学校週5日制　14
『学校と社会』　26
学校放送番組　100, 120, 171, 181, 192
カリキュラム・マネジメント　14
観察記録法　36
寛容効果　38
技術・家庭　201, 209
技能　112
基本的な操作（ICTの基本的な操作）
　　　　　　　　　153, 156, 159, 164
教育活動の質　223
教育課程　9, 74, 75, 136
教育基本法　9
教育的内容知識　47
『教育の過程』　27
教育の現代化運動　27
教育方法　25
教員勤務実態調査　217
教科書（教科用図書）　17, 28, 72, 95, 174
教科書研究　80, 86
教科書検定制度　72
教科等横断的な視点　169, 185
教具　28, 88
教材　17, 28, 76, 88 108
教材開発力　82
教材整備指針　19

教師作成テスト　36
教室の設備　28
教授・学習過程　92
教授行動　83
教授知識　45
教授メディア　92, 96
教師用指導書　76
協働学習　98
業務の軽減　220
グループウェア　219
グループ学習　16
形式陶冶　26
系列化　32
ゲーム　184
言語活動　140
構成主義（構築主義）　201
高等教育　8
光背効果（ハロー効果）　38
校務　216
　　―の情報化　218
校務系情報　240
校務支援システム　219
誤概念　48
国定教科書　72
黒板（板書）　96, 117
個人情報管理　226
個人情報漏えい　238
個別学習　16, 98
コメニウス*　25
コンセプトマップ　145
コンピュータ　52, 98, 156, 200

## サ行

産業革命　200
自学力　75
思考力・判断力・表現力
　　　　　　　　14, 33, 137, 207
指示　41, 56, 115
　禁止的—　61
　示唆的—　61
　—の役割　57
資質・能力　9, 14, 31, 88, 137
　学習の基盤となる—　152, 168, 206
実質陶冶　26
実証主義　201
実物投影機（実物投影装置）
　　　　　　　20, 83, 98, 106, 156
質問紙法　36
指導技術　24
指導言　58
指名　24, 40, 69
重要性分類　240
授業時数　11
授業設計　27, 90, 108, 136
授業についての教師の知識領域　48
主体的・対話的で深い学び　14
常設　107
焦点化　83, 84, 115
少人数指導　16
情報活動　171
情報活用能力（情報活用スキル）
　　　　　22, 152, 168, 172, 185, 206
情報活用能力調査　169
情報活用の実践力　179
情報管理　232

情報教育　174, 201
情報共有　219
情報資産　237, 240
情報セキュリティ対策　236
情報提示　83
情報モラル　169, 184
情報モラル・セキュリティ　186
情報モラル教材　189
初等教育　8
処分　238
シンキングツール　145, 147
人工知能　200
『スキャニング・テレビジョン』　191
図表, 掛図　97
スマートフォン　184
スモールステップ　113
製作物法　36
精緻化　32
『世界図絵』　25
窃取　238
全国学力・学習状況調査　34, 106
ソーンダイク＊　27

## タ行

大学入学共通テスト　13
体験の教育学（直接教授）　26
タイラー＊　26
タキソノミー　26
タブレット　154, 194
単元　15, 78, 137
　小—　16
知識・技能（知識及び技能）
　　　　　10, 14, 32, 111, 137, 169, 185

251

中央教育審議会　9, 74
中等教育　8
著作権　163, 184
　　―法　122
定性的効果　220
定量的効果　220
デジタル教科書　18
　　学習者用―　99
　　指導者用―　83, 99, 109
デジタル教材　19, 98, 109, 110, 190
デューイ＊　26
点字教科書　18
動画クリップ　122
統合型校務支援システム　220
到達度テスト　31
特別支援（特別な支援）　118
特別の教科道徳　186
図書教材　18

## ナ行

人間工学ガイドライン　158
年間指導計画　15

## ハ行

パスワード　238, 245
発達の再近接領域　27
発問　42, 56, 59, 64, 81, 115
　　拡散的―　60
　　示唆的―　60
　　収斂的―　60
　　対置的―　60
　　―の役割　56

発話　81, 83
ビジュアル型プログラミング言語　209
1人1台端末　154, 156
批判的思考　192
評価　34
　　学習―　34, 50, 228
　　形成的―　27, 34
　　個人内―　35
　　診断的―　34
　　絶対―　35
　　総括的―　30, 34
　　相対―　35
　　パフォーマンス―　37
　　ポートフォリオ―　37
　　目標準拠―　35
評価規準　94
　　観点別―　76
標準テスト　35
ピラミッドチャート　145
フィッシュボーン図　173
フィルタリング　184
フューチャースクール推進事業　154
フラッシュ型教材　110, 111
ブルーナー＊　27
フレーベル＊　26
プログラミング　201
　　―言語　205, 209
　　―的思考　202, 206, 208, 211
紛失　238
ペアレンタルコントロール　197
ペスタロッチ＊　25
ヘルバルト＊　26
偏見とステレオタイプ　38
ベン図　145

防災教育　193
保護者　184, 197

## マ行

マスメディア　191
学びに向かう力・人間性
　　　　　　　14, 138, 169, 186
学びのイノベーション事業　154
滅失　238
メディア・コミュニケーション科(MC科)
　　　　　　　　　　　　174
メディアの特性　176
メディア・リテラシー　191
　―教育　191
モキュメンタリー　191
目標　27
　学習―　27, 30, 137
　向上―　31
　行動―　26
　体験―　31
　達成―　31
問答（面接）法　36

## ラ行

らせん型教育課程　27
領域　27
　情意―　27
　精神運動―　27
　認知―　27
領域固有知識　27
ルソー*　26
レディネス　28

レポート法　36
漏えい　238
ロック*　26

## 執筆者紹介

(所属・職位 ※2024年2月現在。「元」は執筆時。) 執筆担当
※掲出順，＊は編著者

＊堀田 龍也（ほり た たつ や） （東北大学大学院情報科学研究科・教授，
　　　　　　　　　　　　　　　東京学芸大学大学院教育学研究科・教授） 第1章

髙橋 純（たか はし じゅん） （東京学芸大学教育学部・教授） 第2章

八木澤 史子（や ぎ さわ ふみ こ） （千葉大学教育学部・助教） 第3章

佐藤 正寿（さ とう まさ とし） （東北学院大学文学部・教授） 第4章

髙橋 伸明（たか はし のぶ あき） （岡山県笠岡市立笠岡小学校・校長） 第5章
　　　　　　　　　　　　　　　（元　笠岡市教育委員会・課長）

中尾 教子（なか お のり こ） （神奈川工科大学情報教育研究センター・准教授） 第6章
　　　　　　　　　　　　　　　（元　株式会社内田洋行教育総合研究所・主任研究員）

本多 博（ほん だ ひろし） （長崎県平戸市立南部中学校・校長） 第7章
　　　　　　　　　　　　　　　（元　長崎大学大学院教育学研究科・准教授）

堀田 博史（ほっ た ひろ し） （園田学園女子大学人間教育学部・教授） 第8章

塩谷 京子（しお や きょう こ） （放送大学・客員准教授） 第9章

渡邉 光浩（わた なべ みつ ひろ） （鹿児島女子短期大学・准教授） 第10章

木村 明憲（き むら あき のり） （桃山学院教育大学人間教育学部・特任准教授） 第11章
　　　　　　　　　　　　　　　（元　京都教育大学附属桃山小学校・教諭）

＊佐藤 和紀（さ とう かず のり） （信州大学教育学部・准教授） 第12章
　　　　　　　　　　　　　　　（元　常葉大学教育学部・専任講師）

石塚 丈晴（いし づか たけ はる） （大阪電気通信大学メディアコミュニケーションセンター・教授） 第13章

梶本 佳照（かじ もと よし てる） （新見公立大学健康科学部・特任教授） 第14章

新保 元康（しん ぼ もと やす） （認定NPO法人ほっかいどう学推進フォーラム・理事長） 第15章
　　　　　　　　　　　　　　　（元　札幌市立屯田小学校・校長）

◇装丁・本文デザイン
　志岐デザイン事務所(萩原 睦)
◇編集協力　鷗来堂
◇DTP　双文社印刷

## 編著者紹介

**堀田龍也（ほりた・たつや）**
東北大学大学院情報科学研究科教授，東京学芸大学大学院教育学研究科教授。博士（工学）。専門は，教育工学・情報教育。中央教育審議会委員のほか，デジタル教科書や教育データ利活用，情報活用能力調査等の委員を歴任。主な著書に『だれもが実践できるネットモラル・セキュリティ』（三省堂），『クラウドで育てる次世代型情報活用能力』（小学館）等。

**佐藤和紀（さとう・かずのり）**
信州大学教育学部准教授。博士（情報科学）。元東京都公立小学校主任教諭。専門は，教育工学・情報教育。文部科学省「情報活用能力調査の今後の在り方に関する調査研究」委員，同「教育の情報化に関する手引」執筆協力者等を務める。主な著書に『GIGAスクールはじめて日記：Chromebook™と子どもと先生の４カ月』（さくら社），『GIGAのつまずきに徹底対応！１人１台端末活用パーフェクトQ&A』（明治図書出版）等。

---

教職課程コアカリキュラム対応
**情報社会を支える教師になるための教育の方法と技術**

2019年3月15日　第1刷発行
2024年3月31日　第4刷発行

編著者　堀田龍也・佐藤和紀
発行者　株式会社 三省堂　代表者　瀧本多加志
印刷者　三省堂印刷株式会社
発行所　株式会社 三省堂
　　　　〒102-8371　東京都千代田区麴町五丁目7番地2
　　　　電話 (03)3230-9411
　　　　https://www.sanseido.co.jp/

落丁本・乱丁本はお取り替えいたします。
©Tatsuya Horita, Kazunori Sato 2019　　Printed in Japan
ISBN978-4-385-36264-9　〈教育の方法と技術・256pp.〉

本書を無断で複写複製することは，著作権法上の例外を除き，禁じられています。また，本書を請負業者等の第三者に依頼してスキャン等によってデジタル化することは，たとえ個人や家庭内での利用であっても一切認められておりません。